中等职业教育“十二五”规划教材
中职中专旅游服务类专业系列教材

中国旅游地理

郭新平　熊金顺　主　编
李庆会　吴存燕　宫焕卿　副主编
赵明华　主　审

科学出版社
北　京

内容简介

本书是中等职业教育旅游服务类专业规划教材之一。本书分为总论和分论两部分。绪论、第1章和第10章为总论，简要介绍中国旅游概况及旅游资源开发与旅游环境保护；第2章～第9章为分论，分别介绍了东北旅游区、华北旅游区、华东旅游区、华中旅游区、东南旅游区、西北旅游区、西南旅游区、青藏高原旅游区的旅游概况、主要旅游景观和风景名胜及旅游线路设计等内容。

本书紧密结合中等职业教育的特点，着力凸显职业教育特色。在体例编排上，图文并茂，使旅游知识更加直观生动；语言上更加精练，讲解深入浅出通俗易懂；比较同类教材增加了旅游线路设计和案例探究内容，注重强化学生的实践能力，突出其主体参与性。

本书可作为中职学校旅游服务与管理专业的教学用书，也可供旅游从业者和旅游爱好者参考。

图书在版编目(CIP)数据

中国旅游地理 / 郭新平，熊金顺编著. —北京：科学出版社，2012.6
（中等职业教育“十二五”规划教材·中职中专旅游服务类专业系列教材）
ISBN 978-7-03-034822-7

Ⅰ. ①中… Ⅱ. ①郭… ②熊… Ⅲ. ①旅游地理学－中国－中等专业学校－教材 Ⅳ. ①F592.99

中国版本图书馆CIP数据核字（2012）第126496号

责任编辑：毕光跃 涂 晟 / 责任校对：王万红
责任印制：吕春珉 / 封面设计：艺和天下设计
版式设计：金舵手

科学出版社出版
北京东黄城根北街16号
邮政编码：100717
http://www.sciencep.com

三河市骏杰印刷有限公司印刷
科学出版社发行 各地新华书店经销

*

2012年7月第 一 版 开本：787×1092 1/16
2019年9月第十三次印刷 印张：14 1/2
字数：344 000

定价：36.00元

（如有印装质量问题，我社负责调换〈骏杰〉）
销售部电话 010-62134988 编辑部电话 010-62135120-8802

中等职业教育"十二五"规划教材
中职中专旅游服务类专业系列教材编写指导委员会

序

Foreword

随着社会的发展，旅游业已成为全球经济中发展势头最强劲和规模最大的产业之一。它增长速度快、资源消耗低、带动系数大、就业机会多、综合效益好，因此，产业规模不断扩大，产业体系日趋完善。在我国，2009 年 12 月国务院出台了《关于加快发展旅游业的意见》（国发［2009］41 号文件），将旅游业定位为国民经济的战略性支柱产业和人民群众更加满意的现代服务业。2010 年，我国跃居全球第四大入境旅游接待国和亚洲第一大出境旅游客源国，第 3 届世界旅游展览会公布了世界旅游业 2010 年度报告认为中国是拉动全球旅游业走出低谷的重要力量。旅游已经成为中国居民生活消费的重要组成部分，服务人员的素质如何，对旅游业的长远发展至关重要。

中等职业学校作为向旅游行业输送合格一线从业人员的重要基地，迫切需要有针对性的、可操作性强的系列教材。2010 年年底，科学出版社邀请江西省旅游职业中等专业学校、青岛旅游学校、北京市外事学校、山东省济南商贸学校、包头机电工业职业学校、天津市旅游育才职业中等专业学校、四川省档案学校、重庆市旅游学校、武汉市交通学校等全国著名中等职业旅游学校主管教学的领导、专业课教师在北京共同研商中等职业学校旅游类专业的教学与教材建设等问题，确定出版本系列教材，并确定了要编写的书目、主编人选及编写要求等，而后由各书主编组织相关学校的教师共同编写。

本系列教材面向中等职业学校的学生，以培养德智体美等方面全面发展、具有综合职业能力、能胜任旅游行业第一线工作的高素质劳动者和中高级实用型人才为目标；力求渗透职业道德、服务意识教育，体现就业导向；注重实践技能的学习和掌握，难度适中，取材得当，符合中等职业教育学生的现状，以“做中教，做中学”为基本编写原则，强调、突出实用性。

本系列教材在编写过程中，得到了相关职业学校、有关行业、企业的大力支持与帮助，在此表示衷心的感谢。希望各地学校在使用本系列教材的过程中，及时提出修改建议，我们将不断改进，使其更加完善。

刘宇虹
2011 年 8 月
于青岛

前　言

Preface

本书是根据教育部颁发的中等职业学校旅游专业教学指导方案以及旅游行业日新月异的发展和需要编写的，是中等职业教育旅游类专业规划教材之一。

本书以提高学生的职业素质和能力为出发点，力求摆脱传统学科教学模式的束缚，避免抽象、枯燥、深奥、空洞的理论灌输，侧重各知识点在旅游实践活动中的具体应用，内容精练、通俗、实用。概括而言，本书具有如下特色：

第一，突出实用性。以学生为主体，以能力为本位，淡化理论讲解，精简基本的知识阐述，注重实用知识的传授，适应现代旅游发展需要，体现培养学生职业能力和综合素质的目标。

第二，彰显职业教育特色。坚持“做中学、做中教”，高度重视实践教学环节，每章单独设立旅游线路设计和案例探究内容，强化学生的实践能力和职业技能培养，提高学生的实际动手能力。

第三，充分利用图片的功能。本书附有大量的实景插图，使旅游知识更加直观生动，图文并茂，更能激发学生学习旅游地理的兴趣。

第四，强调学生主体参与性。本书设置了学习目标栏目，正文中穿插阅读之窗、知识链接、案例探究、旅游线路设计等课堂实训及阅读资料，便于进行情景教学，更好地激发学生学习的积极性、主动性和创造性。

本书由郭新平、熊金顺担任主编，李庆会、吴存燕、宫焕卿担任副主编；由郭新平拟定编写大纲并统稿，由山东师范大学赵明华主审。全书编写分工如下：郭新平编写绪论和第1章，吴存燕编写第2章和第5章，李庆会编写第3章和第7章，熊金顺编写第4章，葛爱春编写第6章和第9章，宫焕卿编写第8章并校对全书初稿，毕晓娟编写第10章。

在本书编写过程中，我们借鉴了国内同行的有关资料，很多同仁也提出了编写建议和修改意见，在此一并表示感谢。

由于编者水平有限，书中难免有不足之处，敬请广大读者不吝赐教。

郭新平

2012年5月

目　录

Contents

第3章 华北旅游区

第4章 华东旅游区

绪　论

探　究

1. 在曾经旅游去过的地方中，你认为哪里最美？
2. 你是在什么时间去的？旅游区的景点主要有哪些？你有哪些收获？

学习目标

1. 掌握旅游地理学的基本概念。
2. 了解旅游地理学的研究对象和中国旅游地理学的研究内容、学习目的。
3. 了解旅游区划的目的和任务，掌握中国旅游区的划分。

凤凰古城

天门山

西双版纳

玉溪抚仙湖

九寨沟

张家界

随着社会生产力的发展和人民生活水平的提高，旅游已成为一种普遍的大众休闲活动。旅游是指旅行、游览。它可以使人增长知识、陶冶情操、探险猎奇、休闲健身。旅游是人类的一种特殊社会活动，它起始于闲暇时间和剩余产品出现之时，随着社会生产水平的提高而发展。特别是第二次世界大战以后，随着世界经济的发展、人均收入和闲暇时间的增多、交通与通信技术的进步，旅游活动也迅速发展起来，成为当今社会人们一种短期性特殊的生活方式。旅游活动的内容十分丰富，有以游览名胜为主的观光旅游；有以各种游乐园为主的娱乐旅游；有以参加宗教、文化活动为主的宗教、文化旅游；有以品尝佳肴、探亲访友等为目的的暂时性移居旅游；有以放松身心、购物为主的度假旅游；有以运动、疗养为主的健身旅游；还有以探险、考察、摄影为主的专业性旅游。旅游活动不仅有益于旅游者的身心健康，还可促进各国、各地区人民之间的友好往来，增进彼此的了解和友谊，对于丰富人民生活，促进人类文化发展，维护世界和平都是十分有益的。

1. 旅游地理学的概念及研究对象

旅游地理学是伴随着旅游行业的大规模发展而兴起的地理学的一个分支学科，是研究人类旅游活动与地理环境、社会经济发展相互之间关系的一门学科。

旅游地理学研究的对象是旅游的主体、客体以及媒体，这也是旅游的三大基本构成要素。旅游者是旅游的主体；旅游资源是旅游的客体，是旅游者观赏游览的对象；媒体是指直接或间接为旅游者提供产品与服务的部门及行业和对旅游行业实施管理的部门机构。旅游地理学研究的最终目的是促进旅游业及社会经济的发展繁荣。

阅读之窗

中国古代的旅游

中国历史悠久，各朝各代，旅游活动作为人类文明的重要组成部分，或一种特殊的社会生活方式源远流长。

1. 巡游

历史上不少帝王出于政治和享乐的目的，到其统治地区巡视和游玩，称为“巡狩”。从黄帝神游五山、夏禹治水居外13年、周穆王的巡游，到秦始皇统一中国修“驰道”和“直道”，统一全国车轨便于通行，“巡游”时有发生。秦始皇曾5次大巡游，最后病死出游途中；汉武帝刘彻巡游次数、范围超过秦始皇，他在位期间命张骞率随从两次出使西域，开创了“丝绸之路”，沟通了中国与中亚各国在政治、经济、文化方面的联系；清朝帝王多次下江南巡游。

2. 宦游

旧指常年在外做官的人，或常年在外跑官的人，后人称他们的行为活动为宦游，即为求官而出游。

3. 周游

早在春秋战国时期，诸侯割据，各种学派的政治思想家到各国游说，四处宣扬自己的政治主张或道德观，期望得到重用。这种旅游称“周游”。例如，孔丘率弟子周游列国14年，为保存传播中国文化做出了巨大贡献。

4. 云游

西汉末年，佛教传入中国。东晋、唐、宋时期，僧侣为求佛法、取经、传播而远行，这种僧侣、道士的外出旅游称“云游”。著名的僧侣云游家有东晋的法显、唐代的玄奘等。

5. 漫游

唐、宋时期社会经济和文化发展到相当水平，文人墨客大多因官场失意，寄情山水，游历名山大川；古代官员升贬频繁，在漫长的离任与赴任途中游览了许多地方。这种文人学士们的旅游称为“漫游”。它使中国山水文化的发展达到鼎盛时期。例如，“一生好入名山游”的李白，留下了大量千古绝唱。明清时期，旅游继续发展，如明末的徐霞客游历了半个中国。

中国古代的旅游仅是少数人的一种特殊活动（限于帝王、贵族、官吏等士大夫阶层，平民百姓仅限于近距离出游），多以考察旅行为主。

2. 中国旅游地理研究的主要内容

中国旅游地理是旅游地理学的一门分支学科，研究的主要内容是中国地域范围内地理环境中旅游各要素发生、发展、分布及地域分异规律和它们之间的关系，即中国地域范围内人类旅游活动与地理环境及社会经济等的相互关系。

3. 学习中国旅游地理的目的和方法

学习中国旅游地理，可以更好地了解和掌握中国丰富多彩的旅游资源，提高对旅游资源的鉴赏能力，增强热爱祖国大好河山和悠久历史文化遗产的情感；了解和掌握中国主要旅游区的地理环境和旅游景点，可以为游客设计推荐合理旅游活动线路；了解和掌握旅游活动与地理环境之间相互影响的关系，可以提高认识、利用和保护环境资源的能力，为合理开发规划旅游资源提供科学依据，从而促进旅游业和社会经济的发展。

中国旅游地理知识也是现代服务与管理从业人员必备的基础知识和技能素养。学习中国旅游地理，能为祖国的旅游事业服务，能提高自身和全民族的文化素质和政治素质。

为了更好地学习和掌握中国旅游地理知识，推荐以下几种学习方法，以供参考借鉴。

（1）地图辅助学习法

学习地理离不开地图。中国旅游地理的内容都与中国一定地域紧密联系，如旅游地的地理位置、交通路线，旅游地理环境对各地旅游特色形成的影响等，都要以地图作为辅助学习工具，把知识内容落实到地图上，才容易掌握，融会贯通。

（2）实地考察法

实地考察、调查研究是地理学的学习和研究方法，同样适用于学习旅游地理。如果有条件对中国旅游地理中的部分旅游地进行实地考察，能增强理解、加深记忆，并且可能会有自己新的体验和新的发现，体验名胜效应。

（3）对比分析法

各地区旅游业发展的优势条件及旅游资源特色，只有通过比较，才能凸显出来；只有比较并进行综合分析，才能发掘总结出区域旅游特征与特色。对于学习者来说，对比分析更能增强理解和记忆这些优势条件和特色。

（4）溯源阅读拓展知识领域法

中国旅游地理所涉及的知识面广，有些相关知识又不可能在本书中系统介绍，对于其中的一些内容必须采用溯源阅读拓展知识领域的方法，才能领会得更深更透，防止死记硬背、一知半解。例如，学习园林旅游资源，可阅读《中国园林史话》、《中国园林美学》等相关参考书；学习各旅游区介绍的地域特色文化，可阅读《中国文化史纲》、《中华文化史》等相关书籍……这样既能将课本知识透彻理解，又能使学习者提高知识素养。

思考与练习

1．旅游地理学的概念及研究的对象是什么？

2．学好中国旅游地理可借鉴哪些学习方法？

3．学习中国旅游地理知识对旅游从业人员有什么意义？

案例探究

案例项目：本地区旅游景区（点）的调查报告。

实施过程与要求：

1．搜集本地区最新公布的旅游景区（点）及其旅游特色的相关资料。

2．到本地区旅游景区（点）进行实地调查。

3．撰写调查报告。

采取小组合作与个人学习相结合的形式完成调查报告。

教师指导：教师根据当地旅游地理环境的实际，事先让学生了解一些旅游方面的基本知识，分小组进行探究，引导学生对当地旅游资源特色进行归纳和总结，最后在班内进行交流。

第1章

中国旅游概况

探　究

1. 你所在地区旅游景区（点）有哪些？试着分类并说明分类依据。
2. 教师引导学生试着将景区（点）归类。

学习目标

1. 掌握旅游资源概念和分类，认识旅游资源主要特点。
2. 了解交通运输的主要方式，掌握中国旅游交通网。
3. 了解旅游区划分的目的和任务，掌握中国旅游区分区。

北京故宫

黄果树瀑布

曲阜孔庙

漓江山水风光

泰山

布达拉宫

1.1 中国旅游资源概述

我国国土辽阔，山川锦绣，风景名胜优越；我国有5000年的辉煌历史，人民创造了灿烂的文化，留下了丰富多彩的历史古迹和文化遗产；我国民族众多，各地风俗迥异独特且土产丰饶。因此，我国的旅游资源无比丰厚，具有雄厚的潜力和广阔的发展前景。随着中国经济的发展和开放程度的不断深化，旅游业已经成为我国经济发展新的增长点。目前，我国各地的旅游景区不断增加，基础设施建设不断完善，旅游景区国内外游客人数逐年增加。

1.1.1 旅游资源及其特点

所谓旅游资源，是指自然界和人类社会，凡能对旅游者产生吸引力、能激发旅游者的旅游动机，具备一定旅游功能和价值，可以为旅游业开发利用，并能产生经济效益、社会效益和环境效益的事物和因素。旅游资源是发展旅游业的物质基础。随着现代旅游业的兴起和飞速发展，旅游资源的内涵和外延也不断发展，旅游资源的开发和利用也就不仅局限于自然风景和人文景观上，也包括直接用于旅游目的的人工创造物。

旅游资源是一种特殊资源，具有多样性、独特性、永续性和不可再生性等特点。

1．多样性

中国旅游资源种类多样，各种旅游资源的历史文化积淀丰厚。旅游资源既有自然的，又有人文的；既有历史遗留的，又有现代兴建的；既有实物性的，又有体察性的。

2．独特性

旅游资源独具特色，独特性对旅游者具有很大的吸引力。中国的自然奇观不可胜数，如具有奇山、碧水、异洞三绝的桂林山水；以湖、溪、潭、泊为主，山水树石并茂，被誉为“人间仙境”的四川九寨沟风景区；溪水潺潺、奇峰耸立、怪石峥嵘的独特石英砂岩峰林地貌的武陵源等。人文景观更加丰富多彩，如万里长城、秦始皇陵兵马俑坑、敦煌莫高窟的壁画等。

3．永续性

旅游资源具有开发利用的永续性，可以长期甚至永远地重复使用下去。旅游者在旅游过程中可以利用它、观赏它，而不会带走它。旅游者只是从种种旅游活动中（如游览观光、泛舟滑雪、登山健行、摄影等）获得自身所需的身心放松和美好感受，并不消耗旅游资源本身。但旅游资源的永续性并非是绝对的，它只有在对旅游资源进行适度开发利用和有效保护的前提下才能实现。

4．不可再生性

开发利用旅游资源要注意尊重自然规律，对旅游资源使用不当、旅游者的不文明行为、自然

灾害、战争等都会使旅游资源遭到破坏。旅游资源一旦被破坏或消失，就很难或无法恢复，故具有不可再生性。例如，地质地貌资源经上亿年的地质变迁而形成，一旦破坏不可恢复；文物古迹是古人所创造，一旦破坏后即使加以人工修复也难现昔日风采，即便仿制出一模一样的外观，也仍然是仿制品，其价值无法与真品相比。因此，我们要加强保护意识，自觉保护旅游资源。

阅读之窗

太空之旅

2001 年 4 月 30 日，美国亿万富翁丹尼斯·蒂托花费 2000 万美元进入国际空间站，享受了为期一周的太空观光旅行活动。蒂托因此成为世界上第一位太空游客。迄今为止已经有数位游客完成了太空之旅。太空旅游的开辟使得普通人也能够像宇航员一样畅游星际。

“监狱”之旅

到瑞典首都斯德哥尔摩的游客都有机会在朗霍尔门监狱里住上一晚，体验“全新的生活”。当然游客是花钱当“犯人”，因为这座监狱已改造成为豪华饭店。客人入住后，身着囚服，带模拟刑具，而服务人员身着警装，客人离店时发给“释放证”。据说这种旅行尤其受到那些为教育子女而伤透脑筋的家长的欢迎，他们认为“监狱”之旅可以让青少年游客尝尝失去自由的滋味，从而懂得珍惜自由而不走歧路，能起到很好的教育和警示作用。

1.1.2 旅游资源的类型

旅游资源千姿百态、多种多样，按不同的原则和分类标准，有多种分类方法。例如，旅游资源按普查性应用分类可分为地文景观、水域风光、生物景观、天象与气候景观、遗址遗迹景观、旅游商品购物、人文活动等几大类；依据中国旅游景区质量等级的划分与评定，景区质量分 1A、2A、3A、4A、5A 五个等级。

大多观点是按景观属性和资源特色将旅游资源划分为自然旅游资源和人文旅游资源两大类。但现实中的旅游资源往往有许多是两者相互交融的综合景观。例如，黄河壶口瀑布属自然旅游景观，北京故宫属人文旅游景观，杭州西湖既有湖光山色，又有亭台楼阁，属自然、人文综合景观。

1.1.3 中国自然旅游资源

自然旅游资源是由自然界中地理环境要素和各种自然现象构成的，吸引游客前往进行旅游活动的自然景观。最基本的组成要素是山、水、气、光、动植物等。它们巧妙组合，构成千变万化的自然景象。我国拥有丰富的自然旅游资源。自然旅游资源常被划分为地质地貌类、水体风光类、气象气候类、生物景观类等旅游资源。

我国自然旅游资源中，以山水风光最为重要，其分布与自然地理环境密切相关。我国高大山峰集中分布在西部青藏高原上，如珠穆朗玛峰（中尼边界）、希夏邦马峰、慕士塔格山、公格尔山等，都是登山探险考察的理想之地。五岳名山（东岳泰山、西岳华山、北岳恒山、南岳衡山、中岳嵩山）、四大佛教名山（五台山、九华山、普陀山、峨眉山）以及众多名山（如黄山、庐山、天台山、雁荡山、莫干山、武夷山、井冈山、五指山、阿里山等）都分布在东中部地区。喀斯特地形主要集中在云贵高原，尤以桂林山水、云南路南石林最负盛名。火山遗址主要分布在东北地区省份（如五大连池、白头山天池等）、云南省、台湾省等地。沙漠戈壁主要分布在西北内陆干旱区。我国海岸线漫长，大连、北戴河、南戴河、烟台、青岛、普陀、厦门、汕头、深圳、北海、海口、三亚等地的沿海海滩，沙细浪平，是理想的海滨浴场和避暑胜地。

我国的水体旅游资源分布较广，但主要集中在秦岭、淮河以南地区。长江三峡、黄果树瀑布、壶口瀑布、太湖、西湖、日月潭等都是著名的旅游胜地。我国泉类繁多，藏、滇、闽、粤、台等地是我国温泉主要分布区，如临潼骊山，广东从化，云南安宁，广西象州，重庆南、北温泉，北京小汤山，台湾北投等地都是著名的温泉疗养旅游区。

我国气候旅游资源丰富。东北地区冬季严寒，呈千里冰封的冰雪景观；夏季凉爽，是理想的避暑胜地。南方地区普遍暖热，户外活动时间长，海南、广东、广西、云南、台湾等省份有热带风光。西北内陆地区，气温日变化大，素有“早穿皮袄午披纱”的说法。此外，还有吉林树挂、峨眉金顶佛光等一些特色资源。

我国生物旅游资源数量多、分布广。野生珍稀动植物资源主要分布在西南、西北和东北的深山老林、草原荒漠、湖泊沼泽区。例如，西双版纳、卧龙国家级自然保护区、神农架林区、长白山等地都是珍稀动植物资源丰富的地区。大熊猫、金丝猴、羚牛、白唇鹿、白鳍豚、扬子鳄等都是世界罕见的珍稀动物。北京香山红叶，昆明茶花，洛阳、菏泽牡丹，南京、武汉梅花等都是我国著名的观赏植物。

1.1.4 中国人文旅游资源

人文旅游资源是人类创造的、吸引游客前往进行旅游活动的物质财富和精神财富，是人类生产、生活、文化艺术活动的结晶，具有鲜明的时代性、浓厚的民族性和地方性。我国有5000多年悠久的历史和辉煌灿烂的古文化，在漫漫的历史长河中，先辈给我们留下了大量珍贵的文化古迹，人文旅游资源异常丰富，包括历史古迹、建筑园林、宗教文化、民俗风情、文化艺术等，集中反映了民族风采和地区特色。人文旅游资源常划分为古遗址和遗迹类、古建筑类、园林类、宗教类、民俗风情类、城市乡村旅游资源，购物类旅游资源等。

我国最具代表性的古建筑群有北京的故宫及其他建筑，承德避暑山庄及外八庙，曲阜的孔庙、孔府等。著名的古陵墓有陕西黄帝陵、秦始皇陵，北京十三陵，沈阳北陵、东陵，河北清东陵、清西陵，山东曲阜孔林，长沙马王堆汉墓，内蒙古昭君墓等。古代工程以万里长城、大运河、都江堰、赵州桥最负盛名。著名的石窟有大同云冈石窟、敦煌莫高窟、天水麦积山石窟、洛阳龙门石窟。古园林则以北京、承德的皇家园林和苏州园林最为典型。我国革命纪念地很多，著名的有井冈山、遵义、延安、西柏坡等。

我国民族众多，有许多各具特色的民族节日和地方风俗，如汉族的春节、元宵节、端午节、中秋节，藏族的浴佛节，傣族的泼水节，回族的开斋节、古尔邦节，蒙古族的那达慕大会，云南大理白族的三月街，山西五台山的骡马大会，广州、成都的花市等。

我国著名的四大工艺品是雕刻、刺绣、瓷器、漆器。著名土特产有丝绸、茶叶、酒和中药。

著名美食有鲁、川、苏、浙、粤、湘、皖、闽八大菜系以及北京菜、上海菜等20多种地方风味名菜。我国的书法、气功、武术、中医、京剧等均享誉世界。

我国著名的旅游城市有北京、上海、广州、深圳、杭州、西安、苏州、青岛、珠海、武汉、长沙、大连、昆明、桂林等。香港、澳门是国际著名的旅游城市。

阅读之窗

中国园林

中国园林大致可分五类。一为皇家园林，又称宫苑，如北海、中南海、故宫后花园、颐和园等；二为坛庙园林，如北京社稷坛（中山公园）、天坛、地坛、日坛、月坛，孔庙，苏祠等；三为寺观园林，如北京潭柘寺、白云观，杭州灵隐寺，成都青羊宫等；四为私家宅园，如北京恭王府，苏州拙政园、留园等；五为公众园林，如杭州西湖、济南大明湖等。

中国园林从风格上可分两大派系：北方园林与江南园林。北方多帝王园林，规模宏大，气势不凡，多野趣，具雄伟的阳刚之气。江南多私家园林，历史上是文人墨客、名士商贾云集之地，私家园林小桥流水，玲珑精巧，清秀淡雅。

有关园林的建构，自古有许多论述。例如，宋人郭熙讲过：“山以水为血脉，以草为毛发，以烟云为神采。”“山贵有脉，水贵有源，脉源贯通，全园生动。”在长期的实践中，人们还总结出一些章法和技艺。

首在神气——神气即风格、魂魄，这是最为重要的。例如，皇家园林就必须有帝王气派。

贵在层次——庙宇重重是层次，花鸟鱼虫是层次，大小高低、深浅浓淡是层次，即要有变化。

重在曲折——曲径通幽，千回百转，方寸之地能容大千世界，时时又给人柳暗花明之感。

精在特色——特色即唯此一家，如故宫角楼，天下无双。

妙在有景——小桥流水是景，湖光山色是景，景相当于诗中的意境，园林中不可无景，不可少佳景。

巧在框景——利用月亮门、菱形窗等形如画框的设计，突出某部分风景，似画龙点睛之笔。

法在借景——如颐和园自身有景，西借玉泉山宝塔又成一景。

奇在障景——利用假山叠石等遮掩风景，避免过于直露，常使人耳目一新。

思考与练习 》

1. 什么是旅游资源？
2. 旅游资源的主要特点有哪些？
3. 试举例说明自然旅游资源和人文旅游资源。
4. 说明自然旅游资源和人文旅游资源的区别。

1.2 中国旅游交通

随着国民经济和旅游业的发展，我国加大了对旅游交通的投入，改善了旅游交通基础条件，为旅游业的繁荣创造了良好的环境。常规旅游交通方式按其路线和运载工具的不同，可以分为铁路、公路、航空、水运以及其他运输方式。各种交通运输方式各有其特点和优势，在旅游过程中，各种方式优势互补、有机结合，形成便捷的交通网络。

1.2.1 中国主要交通运输方式

1．铁路旅游交通

铁路旅游交通是国内中长途旅游客运中选用的主要交通方式。铁路交通具有运价低、运载量大、受气候和天气变化影响小、安全、环境污染小等优点，符合旅游交通经济、舒适、安全和环保的要求，但具有造价高、建筑工期长、受地区经济和地理条件限制等缺点。

知 识 链 接

随着经济与技术的高速发展，100多年来，铁路运输几经革新，机车动力日益先进、环保，重型长轨替代了短轨，车厢造型更为美观合理，材料更为坚固、轻便，内部设施全面改观，更为舒适，主要体现以人为本的服务理念，技术装备不断改善，微波、光缆通信广泛应用。铁路行车速度大幅度提高，车次安排更为合理，夕发朝至，夜间乘车、白天旅游，符合旅游者希望经济、高效、省时的旅游心理需要。实行“新线新价”、“优质优价”、“季节浮动”等多元化运输形式，提高了铁路服务水平，也为旅游者提供了选择的余地。

2．公路旅游交通

公路旅游交通是最普遍、最重要的短途旅游客运方式。它不仅可以独立完成运送旅游者的任务，更是其他交通方式不可缺少的联运伙伴。特别是在不通铁路的区域，公路运输更是举足轻重。公路旅游交通的优点是灵活、方便，能实现从客源地直接到旅游点的“门到门”运送服务；短程旅行速度快；公路建设投资少、工期短、见效快。特别是高速公路的飞速发展，使游客乘坐更加舒适，缩短了旅行时间，增加了游览时间，这些都使公路旅游运输在旅游交通中的优势日益扩大。公路旅游交通的不利方面是运载量小，受气候变化影响较大，安全性能较差，排出的尾气对大气有污染。

3．航空旅游交通

航空旅游交通是国内外远距离旅游客运中选用的最主要交通方式。其优势在于快捷、舒适、灵活。航空旅游交通的旅途越长，这种优势表现得越突出。航空旅游交通也存在不足之处：空港占地面积大，用地条件高；飞机起落噪声污染严重，机场远离市中心；修筑高等级的机场专用公路、机场的投资较大；存在着最小飞行距离的限制；空中交通易受天气条件的制约。

4．水路旅游交通

水路旅游交通是在固定的水域或固定的航线上，使用船舶运载旅客，或在船舶上观光的一种运输方式，包括内河航运、沿海航运和远洋航运。

其优点是投资少、成本低、能耗少，对旅游者来说经济、舒适，而且这种融旅与游于一体的特色是其他交通运输方式无法比拟的。但是，由于水上航道的地理走向和水情难以人为控制，以及受轮船速度的限制，水路旅游交通在准时性、连续性、灵活性和运输速度方面，有很大局限性，致使水路的发展受到很多制约。

5．特种旅游交通

特种旅游交通主要作为旅游景区内客运交通的补充形式，在旅游交通中所占比例小，尚不成规模，但形式丰富多样，颇具民族特色、地域特色，深受旅游者欢迎。传统型的特种旅游交通，有马、骆驼等各种畜力及畜力车等原始型交通工具，有人力车、轿子、羊皮筏、乌篷船、雪橇、桦皮船等民俗型特种交通工具，使游客在娱乐中满足旅游者返璞归真、回归自然的心理需要，了解并汲取旅游地的民族文化。另一类是现代型的特种旅游交通，如索道、游艇、气垫船、热气球、直升机等，这些登山过海的现代化交通工具，既减轻了旅游者的徒步之劳，又节省了旅行时间，增加了旅游乐趣。

阅读之窗

索道旅游交通

客运架空索道（简称客运索道）是利用架空钢索支撑和牵引客车运送乘客的机械运输设施。游人进出景区交通道有汽车公路、步行盘道、架空索道三种形式。客运索道备受青睐，原因在于其独有的特点：对自然地形适应性强，爬坡能力大；能缩短运输距离，受气候条件的影响较小，基建费用少、能耗低；采用电力驱动，没有“三废”的排放及噪声污染；维护简单，容易实现机械化、自动化操作，劳动定员少。中国的客运索道是伴随着旅游业兴盛而发展起来的，从无到有，各种客运索道的形式也趋于完备。

1.2.2　中国旅游交通网

1．铁路线网

我国铁路已基本形成以北京为中心，以四纵、三横、三网和关内外三线为骨架，连接着众多的支线、辅助线、专用线，可通达全国的省市区的铁路网。四纵是指京沪线、京广线、京九线、集二—同蒲—太焦—焦柳线；三横是指京秦—京包—包兰—兰青—青藏线、陇海—兰新线、沪杭—浙赣—湘黔—贵昆线；三网是指西南铁路网、东北铁路网和台湾铁路网；关内外三线是指京沈线、京通线和京承—锦承线。

（1）南北方向的铁路干线

1）京沪线。京沪铁路由北京至上海，纵贯东部沿海四省和三大直辖市，所经城市天津、德州、济南、徐州、蚌埠、南京、无锡、苏州等都是历史文化名城，旅游资源丰富。

京沪线在天津交汇了京沈线，衔接天津港；在德州交汇了石德线，与京广线相连通；在济南交汇了胶济线，可达青岛港和烟台港；在兖州交汇焦石线，接通石臼所港；在徐州交汇了陇海线；在南京交汇了宁芜线，进而与皖赣线相连通；在上海交汇了沪杭线。

2）京广线。京广线北起北京，南止广州，是我国南北交通中枢，横贯我国中部六省市，途经石家庄、郑州、武汉、长沙等省会城市，跨越海河、黄河、淮河、长江、珠江五大流域，连接华北平原、长江中下游平原和珠江三角洲。

京广线是我国关内地区主要的南北向铁路，为我国铁路网的中轴，在北端北京交汇了京秦、京包、京原、京通、京承、京沈等铁路线，在南端广州交汇了京九线、广茂线和广梅汕线，可达香港、茂名和汕头。

3）京九线。京九线由北京至香港九龙，跨越北京、天津、河北、山东、河南、安徽、湖北、江西、广东九省市。京九线是我国铁路建设史上规模最大、投资最多、一次建成里程最长的铁路干线。它的建设对完善我国铁路布局，缓和南北运输紧张状况，带动沿线地区经济和旅游事业发展，推动革命老区经济发展，促进港澳地区稳定繁荣，具有十分重要的意义。

4）集二—同蒲—太焦—焦柳线。北起内蒙古二连浩特，南至广西柳州。北接蒙古国、俄罗斯铁路，可通往莫斯科；南连湘桂线抵凭祥市与越南铁路接轨。在湖北连接襄渝线，成为进入四川盆地及西南地区的主要铁路线。

（2）东西方向的铁路干线

1）京秦—京包—包兰—兰青—青藏线。这是我国北部地区一条重要的东西向铁路干线。东起秦皇岛，经丰润到北京的铁路线为京秦线；从北京向西经张家口、大同、集宁、呼和浩特到达包头的铁路线为京包线；从包头向西经银川到兰州的铁路为包兰线；自兰州到西宁的铁路线为兰青线；从西宁经格尔木到拉萨的铁路为青藏线。青藏线为世界上海拔最高、线路最长的高原铁路。

2）陇海—兰新线。陇海线东起黄海之滨的连云港，西止黄土高原的兰州，连通江苏、安徽、河南、陕西、甘肃五省，沿线经过徐州、商丘、开封、郑州、洛阳、孟塬、西安、咸阳、宝鸡、天水等重要城市。

兰新线起自兰州，向西经张掖、酒泉、嘉峪关、吐鲁番、乌鲁木齐、昌吉、石河子、乌苏、博乐至阿拉山口。

陇海—兰新线横贯我国中部地带，把经济发达的东部沿海地区与西北边疆地区连接起来，是一条具有重要经济、政治、国防意义的铁路干线。沿途文物古迹众多，也是“丝绸之路”旅游的主要交通线路。

3）沪杭—浙赣—湘黔—贵昆线。该线是横贯我国江南地区的东西向交通大动脉。它东起东海之滨的上海，西到云贵高原的昆明，贯通上海、浙江、江西、湖南、贵州和云南五省一市。这条铁路线对加强华东、中南和西南地区的经济联系具有重要的作用。沿途旅游资源丰富，旅游城市众多。

（3）西南铁路网

西南铁路网由连接区内的成昆线、成渝线、川黔线、贵昆线等四条铁路和连接区外的宝成线、襄渝线、湘黔线、黔桂线和南昆线等铁路组成。

西南铁路网区内的四线环通，把云南、贵州、四川和重庆三省一市连接起来，成都、重庆、昆明、贵阳各占一角，都是著名旅游城市。通向区外的主要有五条，北以宝成线与西北、华北、东北相连。东北以襄渝线接武汉至丹江口线，把川、陕、鄂相连，沟通中南、西南、西北三区。东以湘黔线连中南、华东。东南由黔桂线、南昆线入“两广”并出海。

西南铁路干线网的形成，从根本上改变了“蜀道难，难于上青天”的川、云、贵、渝等西南地区交通闭塞的局面。

（4）东北铁路网

东北地区是我国铁路最稠密的地区。东北铁路网是以南北向的哈大线和东西向滨洲线、滨绥线为“丁”字形骨架。哈大线纵贯全东北，连接哈尔滨、长春、沈阳三省会和出海口大连港，是整个东北地区经济发展的重要支柱和客货运输的主要通道，也是全国最繁忙的干线之一。滨洲线西起满洲里，中经海拉尔和齐齐哈尔，到哈尔滨。滨绥线由哈尔滨经牡丹江到绥芬河。滨洲线和滨绥线分别在满洲里和绥芬河与俄罗斯的铁路接轨，是我国东北北部地区重要的东西向运输干线。

(5) 沟通关内外的三条干线

京沈铁路是连接关内外的主要铁路线。它起自北京，经天津、唐山、秦皇岛，出山海关，过锦州，到达沈阳。

京承—锦承线起自北京，经承德到达锦州，是京沈铁路的重要辅助线。

京通线由北京昌平区出发，经内蒙古赤峰到通辽。京通线是连接关内外的第二条重要的铁路通道，为连接东北西部地区与华北地区的一条捷径。

2. 公路线网

国道主干线是全国公路网的主骨架，它贯通了首都北京和各省（区）省会和首府，从北京出发的国道编号为 101 ～ 112，共 12 条，其他南北纵向国道编号为 201 ～ 208，共 28 条，东西横向国道编号为 301 ～ 330（313 除外）。

近年来我国高速公路发展很快，我国旅游公路也有较大发展，大大地缩短了行车时间，减少了旅游疲劳，促进了地区旅游业的发展。按《国家高速公路网规划》，国家高速公路网采用放射线与纵横网格相结合的布局形态，构成由中心城市向外放射以及横连东西、纵贯南北的公路交通大通道，包括七条首都放射线、九条南北纵向线和 18 条东西横向线，可以简称为“7918 网”，总规模大约为 8.5 万千米。

在干线公路与旅游区（点）之间、大中城市与周边旅游景区之间，修筑了一批高质量公路，如北京—八达岭、广州—从化、桂林—阳朔等公路。这些公路游览性强，沿途可观赏自然风光。

我国修筑的国际公路，在与邻国友好往来、发展边境地区经济和旅游等方面都起着重要作用，如中尼公路（中国—尼泊尔）、中巴公路（中国—巴基斯坦）、滇缅公路、中蒙公路、中俄公路。

3. 水路线网

我国东临浩瀚的太平洋，大陆、岛屿海岸线漫长，良港多，为发展近海及远洋运输提供了优良的条件。陆上河道纵横，湖泊星罗棋布，内河航运得天独厚。目前我国已基本形成一个具备相当规模的水运体系。

全国水运主通道总体布局规划是发展“两纵三横”共五条水运主通道。“两纵”是沿海南北主通道、京杭运河淮河主通道；“三横”是长江及其主要支流主通道、西江及其主要支流主通道、黑龙江松花江主通道。除沿海南北主通道外，内河主通道由通航千吨级船队的四级航道组成，共 20 条河流，总长约 1.5 万千米。这些主通道连接了 17 个省会和中心城市、24 个开放城市和 5 个经济特区，使之成为沿海南北、沿江工业带经济发展服务的航运体系。目前全国内河航道通航里程 12 万多千米。

我国沿海航线可分为北方航线和南方航线。从鸭绿江口至厦门之间为北方航线，以大连和上海港为中心；厦门以南至广西北仑河口为南方航线，以广州港为中心。沿海客运线有 20 余条，大港口间均有定期航班通航。一些港口开发了水路高速客运航线，缩短了旅客航行时间。沿海中小港口之间都辟有地方航线。

沿海主要港口有大连港、天津港、青岛港、上海港、厦门港、香港、黄埔港、湛江港等，其中上海港、香港为世界著名大港口。

截至 2009 年，我国已开辟远洋航线 40 余条，与世界 160 多个国家和地区的 450 多个港口相联系。

4．航空线网

我国地域辽阔，长距离旅游占的比重较大，发展空运旅游势在必行。目前，我国国内航线 1000 多条，国际航线 200 多条，形成了以北京为中心、辐射全国各省会及旅游地 80 多个城市和边远地区、通往四大洲近百个国家的航空网络。一些边远地区新开发的旅游地也都相继开辟了航空线，如喀什、伊宁、西双版纳、九寨沟等地；新建了一批机场，如杭州萧山国际机场、安徽安庆机场、江西九江机场。

知识链接

在选择外出旅游交通工具时，要考虑下面一些主要原则：①安全性原则。选择交通工具时，要将安全性放在第一位，坚决杜绝乘坐没有安全保证和超载的交通工具。②时间性原则。外出旅游要考虑闲暇时间，若时间充足，可选择火车、汽车、轮船等交通工具，而不必选择飞机，因为这些交通工具不仅经济，而且可以丰富旅行生活，增加沿途的观赏内容；若时间紧张，则应选择快捷的交通工具，缩短旅途中花费的时间。③经济性原则。鉴于不同旅游交通工具之间的价格差异，在选择交通工具时要考虑旅游的预算。④舒适性原则。如果条件允许，应尽量选择较为舒适、便于游览的旅游列车、高等级游船等。

思考与练习

1．常规旅游交通方式有哪几种？各种交通方式的优缺点有哪些？

2．简述我国的铁路线网由哪些铁路组成。

3．有一个旅行团，要乘火车从北京出发，浏览泰山、西湖、黄山、张家界、桂林、昆明、九寨沟、敦煌、西安等景点和城市，最后回到北京，请为其设计一条最佳旅游线路。

1.3 中国旅游分区

我国旅游资源丰富，各地自然旅游环境千差万别，人文旅游环境互不相同。另外各地区社会经济发展水平和旅游开发程度也不一样，旅游区的划分成为必然。旅游区的划分有利于了解我国各地旅游资源分布和旅游环境情况，认识各旅游区旅游特点和发展前景。

1.3.1 旅游区的含义

旅游区是指自然地理与人文地理环境特征相似，自然旅游风光与旅游特征基本相近的地理区域综合体。一般将旅游资源相对集中、类似、与邻区有显著地域差异，而区内政治、经济、文化联系较为密切的地区，划分为一个旅游区。它主要是以自然地理与人文地理环境为基础，以自然旅游风光为依托，以旅游文化为核心而形成。

1.3.2 旅游区划分的目的和任务

旅游区的划分可以揭示各旅游综合体的特征及其与本区域自然地理和人文地理环境之间的关系，更好地了解各地区旅游资源的差异，分析影响旅游业发展的优势条件和限制因素，明确发展的基本优势方向和在全国旅游地域分工体系中的正确地位，制定合理的旅游区发展战略，并为制定合理的中国旅游区域发展战略提供科学依据。旅游区的划分有利于增加对旅游者的吸引力和区域旅游产业的竞争力。

1.3.3 中国旅游区划分

考虑各旅游区自然环境整体性、特色性，地域方位和旅游文化相似性，旅游线路设计的方便性、合理性，将全国划分为八个旅游区。

1．东北旅游区

东北旅游区　包括黑龙江、吉林、辽宁三省。冬季呈北国冰雪景观，夏季为避暑胜地，白山黑水以及大面积的原始森林为其特色。

2．华北旅游区

华北旅游区　包括北京、天津、河北、山东、陕西、山西、河南五省二市。自然风光以山地最为突出，五岳中的东、西、北、中岳均在本区。人文旅游资源更是丰富，六大古都（西安、洛阳、南京、开封、杭州、北京）中的西安、洛阳、开封、北京都在本区。特别是首都北京，不仅是全国人民向往的地方，还是外国旅游者来华的首选旅游地。

3．华东旅游区

华东旅游区　包括江苏、浙江、安徽、江西、上海四省一市。区内山清水秀，人杰地灵。拥有庐山、黄山、雁荡山、九华山、普陀山等一批名山和长江、钱塘江、富春江、太湖、鄱阳湖等一批秀水。有古都南京、杭州及一些历史文化名城。著名的西湖风光、苏州园林、京杭古运河均在本区。

4. 华中旅游区

华中旅游区　包括湖北、湖南、四川、重庆三省一市。拥有举世闻名的三峡风光以及王朗、卧龙、九寨沟等自然保护区和张家界国家森林公园等。人文旅游资源中以古代楚文化和三国遗迹最具特色。

5. 东南旅游区

东南旅游区　包括福建、广东、海南、台湾四省和香港、澳门两个特别行政区。以热带、亚热带风光最为突出，特别是阳光海岸、沙滩、珊瑚岛礁独具特色。广东、福建是我国著名的侨乡，港、澳、台等地还是国际上著名的旅游胜地。

6. 西北旅游区

西北旅游区　包括新疆、甘肃、宁夏、内蒙古四省区。以黄土高原、戈壁沙漠、森林雪山、塞外草原和片片绿洲构成我国的西部风光。历史上的丝绸之路沿线有大量珍贵古迹，有著名城市敦煌。

7. 西南旅游区

西南旅游区　包括云南、贵州、广西三省区。以喀斯特地形最具特色，著名的桂林山水、路南石林均在本区。有西双版纳、梵净山、玉龙、草海等自然保护区。本区少数民族众多，民俗风情资源甚为丰富。

8. 青藏高原旅游区

青藏高原旅游区　包括青海和西藏二省区。坐落于“世界屋脊”，以高原高山、雪山冰川、大江大河源头为特色。

人文旅游资源主要以藏族宗教文化为主，有古城拉萨。

知识链接

中国历史文化名城

中国历史文化名城由中华人民共和国国务院审批，目前已公布三批及21座增补城市，共计120座。

第一批历史文化名城，1982年公布，24个：

北京、承德、大同、南京、苏州、扬州、杭州、绍兴、泉州、景德镇、曲阜、洛阳、开封、江陵、长沙、广州、桂林、成都、遵义、昆明、大理、拉萨、西安、延安。

第二批历史文化名城，1986年公布，38个：

上海、天津、沈阳、武汉、南昌、重庆、保定、平遥、呼和浩特、镇江、常熟、徐州、淮安、宁波、歙县、寿县、亳州、福州、漳州、济南、安阳、南阳、商丘、襄樊、潮州、阆中、宜宾、自贡、镇远、丽江、日喀则、韩城、榆林、武威、张掖、敦煌、银川、喀什。

第三批历史文化名城，1994年公布，37个：

正定、邯郸、新绛、代县、祁县、哈尔滨、吉林、集安、衢州、临海、长汀、赣州、青岛、聊城、邹城、临淄、雷州、浚县、随州、钟祥、岳阳、肇庆、佛山、梅州、海康、柳州、琼山、乐山、都江堰、泸州、建水、巍山、江孜、咸阳、汉中、天水、同仁。

增补中国历史文化名城 21 处（2001 ～ 2011 年）：

山海关、凤凰、濮阳、安庆、泰安、海口、颍州区、金华、绩溪、吐鲁番、特克斯、无锡、南通、北海、嘉兴、宜兴、中山、太原、蓬莱、会理、库车。

阅读之窗

旅游地理区划的原则

旅游地理区划原则是进行旅游区域的指导思想和依据。进行旅游区划时，遵循下列基本原则。

1．地域完整性原则

旅游区划应同自然地理区划和经济区划一样，在地域上应该是连续的、完整的。旅游资源的形成、开发和利用，因受自然条件和人文因素的影响，分布上有明确的地域性；同时，各个等级的旅游区是相对独立的地域综合体，能独立承担一定的职能。因此，旅游区划应该保证每一等级的旅游区在地域职能上的完整性。

2．综合性原则

旅游资源的形成是自然地理各要素以及人类经济活动相互作用而形成的。因此，旅游区划就应综合分析自然和人文各要素间的相互关系和组合结构，以进行合理分类，划分区域。同时，旅游业是一项涉及面很广的产业，整体效益是系统优化的主要目标。所以，也要求旅游区划既综合考虑纵向的历史发展现状和长远目标、方向，又综合考虑横向的旅游资源类型、组合及其开发利用的自然、社会、经济等多方面的条件。

3．相对一致性原则

旅游环境、旅游资源等方面在地域空间上虽千差万别，但在某一范围内总区分出若干相似程度较大而差别较小的区域，将其合为一个旅游区，以示同其他旅游区的差别。主要包括旅游资源成因的共同性、形态的类似性和发展方向的一致性。

4．主导因素原则

旅游区内部由多种类型旅游资源组成，各种类型旅游资源在旅游区内所起的作用并不完全一致，往往是其中某种类型的旅游资源起主导作用，制约着旅游区的属性、特征、功能和利用方式，使其主题鲜明、重点突出，有强烈个性。因此，旅游区划应突出其起主导作用的旅游资源，并将其作为划分旅游区的主要依据。

思考与练习

1．什么是旅游区？

2．我国旅游区划分的八个区各包括哪些省市？

案例探究

案例项目：中华风俗民情大搜索。

实施过程与要求：

1．了解中国各地的风俗民情；掌握各文化区的基本特征。

2．以小组为单位，分别完成56个民族（如每小组完成6～8个）风俗习惯资料的收集。

教师指导：引导学生收集中国各地风俗资料，完成后在班内进行总结交流。

第2章

东北旅游区

探　究

东北旅游区多元文化格局及其形成原因是什么？

学习目标

1. 了解东北旅游区的自然地理环境。
2. 熟悉东北旅游区的人文地理环境。
3. 掌握东北旅游区的主要景观和风景名胜地。
4. 学会设计不同的旅游精品线路。

长白山天池

镜泊湖

沈阳故宫

松花江

五大连池

扎龙自然保护区

2.1 区域旅游概况

东北旅游区位于我国东北边疆，包括黑龙江、吉林、辽宁三省，面积约80万平方千米，人口约1亿。民族以汉族为主，少数民族中满族占有重要地位，还有蒙古族、回族、朝鲜族、鄂伦春族、达斡尔族、赫哲族等少数民族。东北地区是我国少数民族相对比较多的区域。

东北地区邻近日本、俄罗斯、韩国等经济比较发达的国家，境外客源市场比较充足，对外联系十分方便，区内交通也很发达，基础设施较好，特别是拥有丰富的旅游资源，发展旅游业的条件十分优越。

2.1.1 自然地理环境

1．山环水绕，沃野千里

东北地区山地众多，而山地多是河流的发源地，因此构成了山环水绕、沃野千里的基本特征，尤以“白山黑水”最为著名，白山即长白山，黑水是黑龙江，因此东北又有“白山黑水”之称。

东北地区的地貌类型众多，分布也很有规律，整个地区由半环状向南敞开的三个地带组成。最外围除西部连接大陆外，其他三面被江河湖海所环绕，构成了黑龙江、乌苏里江、鸭绿江等河谷谷地；中间地带是高度不大的山地，西部为兴安山地，东部为长白山和千山山地；内部地带处在山地和丘陵的环抱之中，为三江平原、松嫩平原、和辽河平原组成的东北平原。

东北地区山地众多，但高度都不大，大多属于海拔500～1000米的低山。大兴安岭海拔1000米左右，由火山岩构成，经过风化剥蚀等作用，形态浑圆。大兴安岭向东南方向延伸就是小兴安岭。东部是长白山地，由中低山、丘陵和山间盆地、谷地排列而成。长白山地向南延伸就是千山山脉。

东北平原由三江平原、松嫩平原和辽河平原三大平原组成，是我国面积最大的平原。三江平原是一个低洼的平坦平原，是我国有名的大沼泽地；松嫩平原主要是由松花江和嫩江冲积而成，它的表面具有波状起伏，中部分布着众多的湿地和大小湖泊，地势比较低平；辽河平原为长期沉降区，地势低平，由辽河冲积而成。

本区有黑龙江、松花江、辽河及鸭绿江、图们江等江河，大多水量丰富，有不少河流是中俄、中朝界河，形成特有的边塞风光。本区内湖泊众多，有镜泊湖、松花湖、天池等，这些湖泊水草肥美，是鸟类的栖息之所，旅游资源丰富。

2．温带季风气候

东北地区位于北纬40～55度，大部分地区属中温带，南部属暖温带，北部小部分地区属寒温带。受纬度、海陆位置等的影响，气候类型属温带大陆性季风气候，气候特征是冬季时间长而且严寒，夏天温湿而又短促。一般情况下，冬季长达半年以上，降水多呈固态，最厚达50厘米。夏季气温总体不高，7月的平均气温在20～24℃。该地区的气温年较差属世界同纬度地区之冠。东北地区春秋两季较短，春天多大风，少雨；秋季天高气爽。

3. 林海雪原，物产富饶

在气候的影响下，东北地区环境适宜森林生长，大、小兴安岭和长白山地是全国最大的林区，有着大面积的针叶林和针阔混交林。在本区西北部，由于湿润度降低，还形成了大片的温带森林草原和草甸草原，牧草茂盛。冬季银装素裹，形成“林海雪原”，为野生动物的生长和繁殖提供了条件。东北成为我国目前最重要的野生动物产区和狩猎区。珍贵的大型动物有东北虎、紫貂、熊、麝香、梅花鹿、猞猁、狐等。人参、貂皮、鹿茸被称为“东北三宝”。

4. 得天独厚的雾凇冰雪旅游资源

东北是我国纬度最高的地区，冬季寒冷而漫长，降雪日数多，积雪期长。冬季降雪，呈现白雪茫茫、冰封千里的北国风光，这使得东北的冰雪活动丰富多彩。在这里可以欣赏冰雕、雪雕、冰灯艺术等，还可以在冰雪上开展各种运动和娱乐项目，如滑冰、滑雪、打冰球、乘坐雪橇、冰橇、高山滑雪、越野滑雪等。

雾凇是东北经常出现的天气现象。以吉林市松花江畔的雾凇为最奇最艳，有厚度大、时间长、次数多的特点。

5. 奇特的火山熔岩景观

东北旅游区西部是兴安山地，东部是长白山地和千山山脉，都广泛分布着火山熔岩地貌景观。本区是中国火山熔岩地貌类型最丰富、数量最多、分布最广的区域，约有火山 230 多座，组成约 20 多个火山群，占全国总数的 30%。这里有五大连池火山群、长白山火山群、龙岗火山群、镜泊湖火山群等，其中以五大连池火山群最为著名。此外，由于火山作用还形成了很多山水奇景，如长白山天池和瀑布、五大连池、镜泊湖、阿尔山火口湖和地下森林等。火山活动地区地热资源丰富，温泉分布广泛，如五大连池地热洞、长白山温泉、鞍山汤岗子温泉、本溪温泉、兴城温泉等。

6. 温带海滨风光

东北地区的海滨风光在辽宁。这里有漫长的海岸线，长约 2100 千米。有大连、丹东、营口、锦州、葫芦岛和兴城等海滨城市，其中以大连最为有名。大连景色秀丽，建筑风格独特，环境幽雅，有多处海滨浴场，是我国北方著名的避暑胜地，每年都吸引国内外大量游人前往观光、疗养。

2.1.2 人文地理环境

1. 发达的交通运输

东北具有发达的交通运输网，形成以铁路为主体，包括公路、航空、内河、海上运输的综合性的交通运输网络。

东北地区是最早发展铁路运输的区域，也是我国铁路最稠密的地区。全区有铁路 70 多条，总长度达 1.4 万千米，总长度和密度均居全国首位。东北铁路网是以南北向的哈大线和东西向滨洲线、滨绥线为“丁”字型骨架，连接 70 余条铁路干支线组成。其中京沈和京通铁路是东北地区与关内联系的重要干线。

东北地区的公路运输也比较发达，以短途为主，通往城乡各地。主要有京哈、沈大、哈同、绥大、佳鹤等高速公路。

东北地区的航空运输以沈阳、长春、哈尔滨、大连为中心，可直通北京、上海、广州、西安和昆明等大城市。

东北地区的内河航运主要以黑龙江、松花江航运为主；海上运输以大连、营口为重要港口。大连港港阔水深，冬季不冻，是我国北方条件最好最重要的对外贸易大港。

2. 以清代遗迹为主的众多历史遗迹

东北地区有众多的历史遗迹，上至春秋、下至清代的历史遗迹皆有，主要是渤海国、高句丽国、辽、金、明、清时的遗迹。其中以清代遗迹保存最为完整，数量也最多，开发利用价值最好。著名的清代古迹有清关外三陵、沈阳故宫和近代长春伪满皇宫、伪国务院及“八大部”建筑等，是研究近代清史的实物资料。清朝关外三陵（福陵、昭陵、永陵）是清人山海关以前的祖先和帝王的陵寝，现今保存完好，规模宏大。沈阳故宫是清入关以前的皇宫，规模仅次于北京故宫，是我国第二大皇家宫殿。本区内现存众多的宗教寺庙建筑几乎全部为清代建筑，而且寺庙内的碑刻、匾额等多为清代遗物。此外，本区还有一处著名的明代古城——宁远古城，现在城墙保存完整，是我国现今保存最为完整的古城之一。

3. 多样的民族风情

东北地区少数民族众多，是我国少数民族聚居地之一，有满族、朝鲜族、蒙古族、鄂伦春族、赫哲族等。各个少数民族都有其独特的风俗习惯，如满族的农耕文化，达斡尔、鄂伦春、鄂温克的狩猎文化，赫哲族的渔猎文化等。

4. 多元的建筑风格

本区长期以来受到外来文化的影响极为明显，建筑风格呈现多元的格局。受少数游牧民族文化和中原文化的双重影响，文化遗址中既有游牧民族的风格，又有中原文化的渗透，是满汉两民族建筑风格的融合，如沈阳故宫、上京会宁府遗址等。

近代，由于外国列强的入侵，使外国的建筑风格融入本区，留下了大量的欧式及日式或多种文化融合的建筑。其中最典型的是哈尔滨，素有“东方莫斯科”、“东方小巴黎”之称。现保存下来的建筑绝大部分为欧式建筑，如圣索菲亚教堂、东正教堂、基督教堂等。

知识链接

“白山黑水”育满族

中国东北部最大的河流黑龙江，它的上游滋养过蒙古部族，它的中下游和支流滋养过满族。后者取代明朝，成为中国最后一个王朝——清朝的统治者。

清朝的统治者属女真族，明末改称满族。女真是非常古老的民族，它的先世可追溯到商周的肃慎、隋唐的靺鞨。其中黑水靺鞨曾经在12～13世纪建立金朝，黑水就是黑龙江。因此满族建国时号称后金。

至于满族这一支系的来源，据满族传说，是三个仙女吞食神果生下满族的始祖，这个传说源起的地方，可能在黑龙江北岸。这个清朝皇帝尊奉的始祖神话，到底是真是假，现在难以判断。可以肯定的是，满族来自明朝女真三大部之建州女真，这一支分布最南，明朝时仍不断南迁。

由黑龙江向南到渤海，这一大片土地曾经孕育过辽、金和清三个王朝，还有早些时唐朝的渤海国，以至更早的高句丽、十六国的北燕。如果说“秦中自古帝王州”，那么唐以后中国的帝王州，东北应排在前列。这片寒冷的大地，两面被山包围，它的西边是密林遍布的大兴安岭，这南北纵向的大山脉，挡住了海洋潮湿的空气，使这里与山脉西边干旱的蒙古高原环境截然不同。包围着东北土地的大小兴安岭、外兴安岭和长白山系，是高山密林，这里的貂皮、人参，是历来入贡中原及与其他民族贸易交换的最好物资。各大山岭所包围的大平原，黑龙江及其支流松花江、嫩江等大河纵横，是渔猎的好地方。腐殖质丰富的黑土，有了先进的农具后，会变成肥美的农田。

生息在这片土地上的人，不是蒙古高原上呼啸驰骋、忽东忽西的单纯游牧民族。他们的经济生活较为复杂，渔、猎是基本的生活来源，越向北，越如此。有牧业，但规模比蒙古高原的小。越向南，由于与中原汉人接触多，水热条件越好，农耕逐渐普遍，耕作技术与农具都依赖中原传入。他们同样习于骑射，与高原各族关系密切，但不像蒙古游牧民排斥农业，而且历来与中原有来往，所建立的王朝汉化程度很高。虽然生活资料还算丰富，也不似高原上游牧业受天气影响，骤盛骤衰，但北地苦寒，为争取改善生活条件，他们历代也有源源不绝向南迁移的趋势。

阅 读 之 窗

满族八旗

八旗制度是清太祖努尔哈赤于明万历二十九年（公元 1601 年）正式创立。初建时设四旗：黄旗、白旗、红旗、蓝旗。1614 年因“归服益广”将四旗改为正黄、正白、正红、正蓝，并增设镶黄、镶白、镶红、镶蓝四旗，合称八旗，统率满、蒙、汉族军队。规定每 300 人为一牛录，设牛录额一人，五牛录为一甲喇（队），设甲喇额真（参领）一人，五甲喇为一固山，设固山额真（都统、旗主）一人，副职一人，称为左右梅勒额真（副都统）。

皇太极继位后为扩大兵源在满八旗的基础上又创建了蒙古八旗和汉军八旗，其编制与满八旗相同。满、蒙、汉八旗共二十四旗构成了清代八旗制度的整体。满清入关后八旗军又分成了禁旅八旗和驻防八旗。

正黄旗：以旗色纯黄而得名。正黄、镶黄和正白旗列为上三旗，上三旗内无王，都归皇帝所亲统。兵是皇帝亲兵，侍卫皇室的成员也从上三旗中选。至清末，是八旗满洲中人口最多的一个，下辖 92 个整佐领（基本户口和军事编制单位，100 ～ 300 人为一单位）又两个半分佐领，约三万兵丁，男女老少总人口约 15 万人。

镶黄旗：在今内蒙古锡林郭勒盟西南部。清代八旗之一，建于明万历四十三年（公元 1615 年），因旗色为黄色镶红边而得名，镶黄旗是上三旗之一，旗内无王，由皇帝所亲统，兵为皇帝亲兵，侍卫皇室的成员也从上三旗中选。清末时的规模是辖 84 个整佐领又两个半分佐领，约 2.6 万兵丁，男女老少总人口 13 万人。很多清皇室成员都是镶黄旗，如嘉庆帝的皇后孝和睿、乾隆帝的皇贵妃、“垂帘听政”的慈禧和慈安（也称东宫）都是，朝廷的高级官员中也有不少是来自镶黄旗的。

正红旗：在今内蒙古乌兰察布盟东部，清代八旗之一。建于明万历二十九年，因旗色为纯红而得名，正红旗是下五旗，由诸王、贝勒和贝子分统。至清末，是八旗中人口最少的一个旗，规模为下辖74个整佐领，兵丁2.3万，男女老少总人口约11.5万人。著名作家老舍先生原隶正红旗；清乾隆年间的大贪官和珅也是正红旗人。

镶红旗：在今内蒙古自治区乌兰察布盟东部，清代八旗之一。建于明万历四十三年，因旗色为红色镶白而得名，镶红旗是下五旗之一，由诸王、贝勒和贝子分统。清末时规模达到下辖86个整佐领，兵丁2.6万，男女老少总人口约13万人。清光绪帝的宠妃珍妃就是镶红旗人。

正白旗：位置在内蒙古自治区锡林郭勒盟南部。清代八旗之一。明万历二十九年，努尔哈赤初定，以旗色纯白而得名。正白旗是八旗中的上三旗之一。顺治前，上三旗中并无正白旗而有正蓝旗，因在顺治初，多尔衮将自己所领正白旗纳入上三旗而将正蓝旗降入下五旗，这以后就成了定制。正白旗是皇帝亲统旗之一，旗内无王，兵为皇帝亲兵，并从中挑选侍卫皇室的成员。清末规模为辖86个整佐领，约2.6万兵丁，男女老少总人口约13万人。清末代皇后婉容是正白旗人。

镶白旗：在今内蒙古自治区锡林郭勒盟南部。清代八旗之一。建于明万历四十三年，因旗色为白色镶红而得名，镶白旗属于下五旗之一，不是由皇帝所亲统而由诸王、贝勒和贝子分统，清末时的规模是84个整佐领，约2.6万兵丁，男女老少总人口约13万人。

正蓝旗：在今内蒙古自治区锡林郭勒盟南部，闪电河流贯，邻接河北。清代八旗之一。建于明万历二十九年，因旗色纯蓝而得名。正蓝旗在顺治前与正黄、镶黄列为上三旗，顺治初，被多尔衮降入下五旗，不再由皇帝所亲统而由诸王、贝勒和贝子分统。清末时规模达到下辖83个整佐领又11个半分佐领，兵丁2.6万，男女老少总人口约13万人。

镶蓝旗：在今内蒙古自治区乌兰察布盟东部。清代八旗之一。建于明万历四十三年，因旗色为蓝色镶红而得名，镶蓝旗是下五旗，由诸王、贝勒和贝子分统。清末时规模达到下辖87个整佐领又一个半分佐领，兵丁2.7万，男女老少总人口约13.5万人。著名表演艺术家侯宝林先生便是镶蓝旗人。

思考与练习

1．本区优越的自然和人文地理环境表现在哪些方面？

2．本区的多元文化格局形成的原因是什么？

案例探究

东北地区旅游业发展规划

由中华人民共和国国家旅游局（以下简称国家旅游局）、中华人民共和国国家发展和改革委员会（以下简称国家发改委）共同编制的《东北地区旅游业发展规划》（以下简称《规划》）于2010年2月25日正式发布实施，这是东北地区旅游产业发展规划首次上升至国家层面。

据介绍，该规划对未来5～10年内东北地区旅游业发展的战略定位、发展目标、主要任务等提出了要求，涉及区域涵盖辽宁、吉林、黑龙江三省以及内蒙古自治区的呼伦贝尔市、兴安盟、通辽市、赤峰市和锡林郭勒盟，土地总面积约145万平方千米。

业内人士指出，该规划大到宏观战略，小到微观线路，对东北旅游业发展进行了全面阐述，同时对旅游业如何统筹区域协调发展、推动东北老工业基地全面振兴进行了科学谋划。

目前，国家旅游局、国家发改委正着手与地方政府一起做好《规划》的贯彻落实工作。一个特色鲜明、活力四射的旅游目的地将出现在东北，旅游业也将成为东北老工业基地转型发展、焕发活力的一张新名片。

东北地区拥有丰富的旅游资源，“大冰雪、大森林、大湿地”资源得天独厚，“大农业、大工业”资源全国仅有，此外，在“大边界、大界河、大界湖”及红色旅游方面，东北地区的资源优势都十分显著。

“新出台的《规划》，系统梳理了东北地区的旅游资源与发展脉络，明晰了旅游业在东北老工业基地转型发展中的地位与作用，还规划了东北旅游业发展的市场定位及跨区域发展的路线图。”中国旅游研究院前副院长戴斌说，《规划》使东北地区旅游业发展有了明确的导向，通过资源整合和品牌塑造，东北地区旅游业完全有可能实现跨越式发展。

“到 2015 年，东北地区旅游业要实现旅游经济持续快速发展。实现旅游总收入、旅游总人数比 2008 年翻一番以上，达到 8560 亿元和 8 亿人次。”《规划》编制组组长、北京师范大学地理学与遥感科学学院副院长宋金平说。

想一想：东北旅游区的旅游资源有哪些？针对目前的发展状况，应如何进一步开发？

2.2 主要旅游景观和风景名胜地

东北旅游区属于以汉文化为主体的多元文化圈，融合了满、蒙古、朝鲜、鄂伦春、鄂温克、锡伯等民族的文化习俗以及日本、俄罗斯和朝鲜等国家的风俗文化和语言。这里山环水绕，沃野千里，属大陆性季风型气候，风光秀丽，文化资源独特，名胜古迹众多。

2.2.1 黑龙江省

黑龙江省简称“黑”，位于东北北部，面积 46.9 万平方千米，是中国纬度最高的省份。黑龙江地处中纬度欧亚大陆的东岸，属大陆性季风气候，冬季气候寒冷干燥，夏季高温多雨，春秋两季气候多变，年平均气温 1℃。在这片土地上，有着连绵起伏的大、小兴安岭，沃野千里的松嫩平原，气势磅礴的黑龙江、乌苏里江、松花江、嫩江流域，风景秀丽的镜泊湖、五大连池等。

1. 哈尔滨市

哈尔滨市是黑龙江省省会，国家历史文化名城，位于松花江畔。它地处中国的最北端，冬季寒冷而漫长，素有“冰城”之说。哈尔滨历史上深受俄罗斯和西方国家的影响，许多建筑都保留着欧式、俄式风格，有“东方莫斯科”、“东方小巴黎”之称。

中央大街（见图 2.1）是哈尔滨市主要商业街，位于市区，始建于 1898 年，全长 450 米，最能体现“东方莫斯科”的内涵。这里汇集了 15 世纪文艺复兴式、17 世纪巴洛克式、折中主义和现代风格的建筑。

太阳岛风景区（见图 2.2）是国家首批 5A 级旅游景区，也是黑龙江省唯一的 5A 级旅游区，位于松花江北岸，被称为“哈尔滨明珠”，是著名的疗养、避暑胜地，因著名歌曲《美丽的太阳岛上》而闻名遐迩。

图 2.1　哈尔滨市中央大街

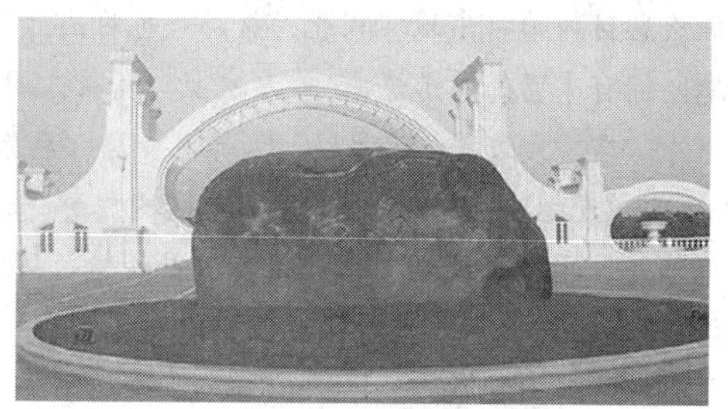

图 2.2　太阳岛风景区

哈尔滨市是冰雪旅游、避暑休闲的胜地。这里有一年一度的"哈尔滨冰雪节"，冰灯、冰雕比比皆是，还有国内著名的滑雪胜地——亚布力滑雪场，以及国内最大的狩猎场——玉泉狩猎场，它与铁岭市的桃山狩猎场和伊春市的白山狩猎场合称为"东北三大旅游狩猎场"。

2．扎龙自然保护区

扎龙自然保护区（见图 2.3）位于齐齐哈尔市东北，是中国著名的珍贵水禽、鸟类自然保护区，被誉为鸟的"天然乐园"。保护区内生活着 269 种禽鸟，其中，以鹤类居多。扎龙自然保护区以鹤著称于世，全世界共有 15 种鹤，这里鹤类就达到 6 种之多，有丹顶鹤、白头鹤、白枕鹤、蓑羽鹤、白鹤和灰鹤。丹顶鹤是十分珍贵的名禽，保护区内丹顶鹤数量众多，居世界首位，达到 450 多只。因此，这里被称为"仙鹤之乡"。这里湿地广阔，被列入《世界重要湿地名录》。1987 年国务院批准扎龙自然保护区为国家级自然保护区。

3．五大连池风景区

五大连池风景区（见图 2.4）位于黑龙江省北部五大连池市，是国家 4A 级重点风景名胜区、国家级自然保护区、世界地质公园，也是东北三省唯一的中国旅游名胜风景区"四十佳"之一。它由五大连池火山群、五大连池、矿泉和熔岩地貌组成，保留着完好的火山爆发时的遗迹，素有"火山地貌博物馆"之称。

图 2.3　扎龙自然保护区

图 2.4　五大连池风景区

五大连池火山群有 14 座火山锥，是不同时期火山喷发的结果。其中老黑山和火烧山于 1719 ～ 1721 年喷发，火山地貌完整，有火山口、火山灰、火山弹等。

五大连池的形成是由于火山喷发的熔岩流入白河河谷，堵塞河道，形成五个南北串连的湖泊。五大连池长约 5 千米，面积 18 平方千米，为我国第二大火山堰塞湖，与 14 座火山锥交相辉映。

由于火山运动，这里的地下水富含多种对身体有益的矿物质和微量元素，具有治病、防病和强身健体的功能。其中药泉山下的南泉被誉为“圣水”、“神泉”，能治疗多种疾病，是休闲、度假的好去处。现在这里已经建成全国最大的温泉度假旅游区。

4．镜泊湖风景名胜区

镜泊湖风景名胜区（见图 2.5）位于黑龙江省牡丹江市以南的宁安县境内，1982 年被国务院首批审定为国家级重点风景名胜区，2002 年被国家旅游局评为国家 4A 级旅游区，2006 年被世界教科文组织评为世界地质公园。镜泊湖景区主要由镜泊湖、火山口原始地下森林景区、唐代渤海国上京龙泉府遗址景区三部分组成。

图 2.5　镜泊湖风景区

镜泊湖是 5000 年前历经五次火山喷发，熔岩阻塞牡丹江古河道而形成的，是世界最大的火山熔岩堰塞湖，湖面海拔 350 米，湖长 45 千米，水域面积约 80 平方千米。镜泊湖四面环山，景色极美，是中国北方著名的避暑胜地，被誉为“北方的西湖”。景区内有吊水楼瀑布、白石砬子、大孤山、小孤山、珍珠山、道士山等湖区八景。镜泊湖湖水外溢，形成名震中外的吊水楼瀑布，是国内流量最大的瀑布，汛期最大幅宽达 300 多米，每秒流量为 4000 立方米，从南、西、北三个方向从熔岩壁顶直灌黑龙潭。

火山口原始地下森林位于镜泊湖西北的张广才岭山区。这里有 12 个火山口，千姿百态，国内罕见。其中有 7 个火山口内已经长成茂密的原始森林。地下森林不仅植被茂密，而且野生动物众多，现已被辟为国家森林公园。

渤海国上京龙泉府遗址是目前保存最为完好的渤海国遗址，是全国重点文物保护单位。渤海国上京龙泉府是唐代渤海国后期的都城。公元 8 世纪，女真族和满族的祖先靺鞨族的粟末部在集安一带建立渤海政权，其后设五京，上京龙泉府为其首府，建筑全仿唐都长安，分外城、内城和宫城三部分，遗址现已发掘。

2.2.2 吉林省

吉林省位于东北地区中部，面积约18万平方千米，人口约2370万。吉林是吉林乌拉的简称，满语意为沿江，即沿着松花江的意思。吉林省以松花江水系最为重要，湖泊以松花湖最大。吉林省的电力、化工、水稻和玉米生产，以及人参、鹿茸、貂皮等土特产在全国具有重要地位。吉林省的旅游资源丰富优越，自然人文景观千姿百态。

1．长春市

长春市是吉林省省会，是中国优秀旅游城市。长春城区的绿地覆盖率高，有“森林之城”的美誉。长春还是闻名中外的“汽车城”、“电影城”、“科技文化城”。新中国第一家电影制片厂、第一汽车制造厂及中国第一台载重汽车“解放”、第一台“东风”轿车及第一台“红旗”轿车都诞生于此。

（1）伪满皇宫博物院

伪满皇宫博物院（见图2.6）位于长春市城区东北部，是国家首批5A级景区，原为伪满洲国皇宫，现在辟为吉林省博物馆，是进行爱国主义教育和历史教育的教育基地。伪满皇宫是中国清朝末代皇帝溥仪充当伪满洲国皇帝时居住的宫殿。宫殿兼具中西和日式建筑风格，分为内廷、外廷和御花园。内廷建有缉熙宫、同德殿。外廷建有勤民楼、怀远楼、嘉东殿、喜乐殿。1934年溥仪“登基典礼”即在勤民楼进行。

（2）净月潭风景名胜区

净月潭风景名胜区（见图2.7）位于长春市东南部，距市中心12千米，面积200平方千米，有水面4.3平方千米，风景人工林80平方千米，森林覆盖率达58.6%，人工森林形成了包括红松、黑松、樟子松、落叶松在内的30多个树种的独具特色的景观和完整的森林生态体系，为“亚洲之最”，被誉为“亚洲第一大人工林海”。区内包括净月潭国家重点风景名胜区、净月潭国家森林公园和吉林省净月潭旅游度假区。

图2.6　伪满皇宫博物院

图2.7　净月潭风景

2．吉林市

吉林市现为吉林省的第二大城市，位于松花江中游，是中国优秀旅游城市，国家历史文化名城，满族发祥、聚居地之一。市区三面环山，松花江蜿蜒从城边绕过，素有“北国江城”之称。

自然风光以山水雾凇景观为特色，现已成为著名的冬季冰雪旅游胜地。

(1) 松花湖

松花湖（见图 2.8）是国家重点风景名胜区，位于吉林市南，湖周森林繁茂，气候宜人，适合开展水上、冰上、山上多种游览。湖口丰满水电站为国内著名电站，每到数九寒冬大坝下方十里长堤上形成国内罕见的雾凇冰雪奇观。

图 2.8　松花湖风景区

(2) 长白山自然保护区

长白山自然保护区（见图 2.9）位于吉林省的东南部，国家首批 5A 级景区，1960 年被国务院划为国家级自然保护区，1980 年被纳入联合国教科文组织“人与生物圈”自然保护区网，森林覆盖率 87.9%，是一个以森林生态系统为主要保护对象的自然综合体自然保护区。长白山因其长年白雪皑皑，并且山石呈灰白色而得名。主峰白云峰海拔 2691 米，是关东第一山、东北最高峰，号称“东北第一峰”。由于山地地形垂直变化的影响，长白山从山脚到山顶，随着高度的增加形成了由温带到寒带的四个景观带，这种自然多彩的垂直景观带在世界上是罕见的。

长白山峰顶有一个火山口湖——天池，又叫白头山天池，位于长白山自然保护区内，是中国和朝鲜的界湖，是一个巨大的火山口经过长时间积水而形成的高山湖泊，为松花江、图们江、鸭绿江三江的源头。天池背倚长白山主峰白头峰，面积 9.2 平方千米，其池水的海拔高度为 2189 米，是中国最大、最高、最深的火山湖，平均水深在 204 米以上，是中国最深的湖泊。天池水从北缺口溢出，形成了高达 68 米的长白山瀑布，蔚为壮观。

长白山多温泉，著名的长白温泉群距长白山瀑布不远，是高热温泉，最低温度在 60℃以上，最高 82℃，是含硫化氢的矿泉，有很高的医疗价值。长白山自然保护区是“关东三宝”人参、貂皮、鹿茸的盛产地，其中人参为国家一级保护植物。

图 2.9　长白山自然保护区

2.2.3 辽宁省

辽宁省简称辽，位于中国东北地区南部，陆地面积 14.59 万平方千米，海域面积 15.02 万平方千米。大陆海岸线长 2178 千米。辽宁省自然风光奇特秀丽，名胜古迹众多，旅游资源丰富多样。

1. 沈阳市

沈阳市是国家历史文化名城，中国优秀旅游城市，辽宁省省会，东北地区最大的政治、经济、文化中心，全国著名的综合性工业城市和交通枢纽。沈阳地处浑河（古称沈水）之北，中国习惯上将河流的北面称为阳，沈阳之名由此而来。沈阳历史悠久，是清王朝的发祥地，曾名沈州、盛京和奉天。沈阳的旅游景观以清朝的名胜古迹最为突出。

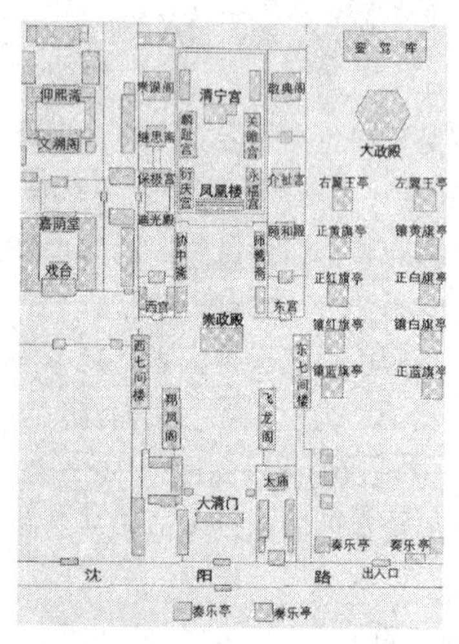

图 2.10 沈阳故宫

（1）沈阳故宫

沈阳故宫（见图 2.10）位于沈阳市旧城中心，是全国重点文物保护单位，最初称盛京行宫，入关后称奉天行宫，1926 年改为沈阳故宫博物院。沈阳故宫始建于 1625 年，建成于 1636 年，后经不断地改建、增建，形成现在规模，占地面积达 6 万平方米。共有建筑 100 余座，300 余间，十几座院落，为我国现存仅次于北京故宫的最完整的古代帝王宫殿建筑。建筑布局共分为三路，东路为大政殿、十王亭；中路包括崇政殿、凤凰楼、清宁宫；西路有戏台、嘉荫堂、仰熙斋、文溯阁。沈阳故宫具有典型的满族民族风格和中国东北地方特色。

（2）清昭陵

清昭陵位于沈阳市北郊，也称北陵，为清太宗皇太极及孝端皇后博尔济吉特氏的合葬陵墓，是“清盛京三陵”（永陵、福陵、昭陵）中最大、最完整的一座。

（3）清福陵

清福陵位于沈阳市东郊，也称东陵，为清太祖努尔哈赤及孝总高皇后叶赫那拉氏合葬陵墓。

沈阳的“一宫两陵”（即：沈阳故宫，清昭陵，清福陵）于 2004 年 7 月 1 日被列入《世界遗产名录》。

2. 大连市

大连市是辽东半岛最南端的一座半岛城市，位于黄海、渤海之间，和胶东半岛遥相呼应，被称为“北方明珠”。它是联合国命名的滨海花园城市和中国首批最佳旅游城市。大连以其良好的市容环境和迷人的海滨风光吸引着众多游人来此。

大连的城市建筑和人文景观景色独特。旧建筑保存完好，有罗马式、哥特式、巴洛克式建筑。其城市广场也是一道亮丽的风景线，最主要的广场是人民广场，位于大连市中心，是广大市民和游客休闲的最佳场所。

（1）大连海滨—旅顺口风景名胜区

大连海滨—旅顺口海滨风景区是国家重点风景名胜区，位于大连市东南部，包括大连海滨和旅顺口海滨，由 45 千米长的滨海公路将其连成一体。坐落在大连南部海滨中部的大连老虎滩海洋公园，为国家 5A 级旅游景区，以青山、碧波、黑礁、别墅构成迷人的海滨风光。旅顺口是我国历史上的海上门户，中日甲午战争和日俄战争都在这里留下了不少历史遗迹，是进行爱国主义教育的课堂。这里有闻名世界的蝮蛇王国——蛇岛，岛上植被繁茂，是候鸟的停歇点，1980 年被列为国家重点自然保护区。

（2）金石滩国家级旅游度假区

金石滩国家级旅游度假区位于大连市南部，2000 年成为全国首批国家 4A 级旅游度假区，2011 年被评为国家 5A 级景区。金石滩奇石馆号称“石都”，是中国目前最大的藏石馆。金石滩景区还浓缩了距今 5 亿～ 7 亿年的地质历史，被称为“天然地质博物馆”。

3．千山风景名胜区

千山位于辽宁省鞍山市东南，总面积 44 平方千米，又称积翠山、千华山、千顶山、千朵莲花山，因有山峰 999 座，故又名千山，为长白山支脉，素有“东北明珠”之称，为国家重点风景名胜区。它与凤凰山、医巫闾山并列为东北三大名山。千山为低山丘陵，主峰仙人台海拔 706 米。其景区的森林覆盖率达 95% 以上，在我国名山中很少见。千山景色秀丽，是集寺庙、园林于一体的风景名胜区，自古就有“无峰不奇、无寺不古、无石不俏”之美誉。千山之奇峰、岩松、古庙、梨花为四大著名景观。

千山历史悠久，早在北魏时就有了佛教徒的踪迹。隋唐年间，山上就出现了庙宇建筑；明清时期，佛道两教空前繁荣，成为两教寺观集中之地。

思考与练习 »

东北三省各有哪些旅游资源特色？各有哪些著名的旅游胜地？

2.3 旅游线路设计

东北旅游区山环水绕，沃野千里。北国特色的林海雪原，火山熔岩地貌丰富多彩，避暑气候条件优越，关东文化气息醇厚，其旅游资源的旅游价值和知名度都比较高，各种自然人文景观众多。

本区整合了东北三省的旅游资源，以生态、避暑、冰雪和东北地区历史文化为特色，形成具有较大吸引力的精品旅游路线，共同打造“中国东北旅游”品牌。

2.3.1 北国特色冰雪之旅

1．行程

漠河北极村感受“极地”冰雪体验—齐齐哈尔扎龙雪地观鹤—大庆体验雪地温泉—哈尔滨观赏冰雪艺术—亚布力滑雪度假—大海林雪乡赏雪—吉林观赏松花湖雾凇—沈阳体验冰雪娱乐。

2．特点

东北寒冷多雪的冬季，使冰雪旅游成为特色。

漠河也称北极村，地处北纬53度以北，是我国最北部的边境小镇，气温最低时达到−53℃，有我国的“寒极”之称。

齐齐哈尔有着闻名中外的世界珍禽丹顶鹤之乡—扎龙自然保护区，得天独厚的冬季雪景更是为中外旅游者所赞叹。

大庆旅游资源丰富，旅游产品富有特色，这里有特色温泉游，充分利用了大庆地热资源，打造独具特色和魅力的雪地温泉品牌，主要开发温泉与运动的结合、温泉与养生的结合、温泉与娱乐的结合、以及温泉与生态景观结合的旅游景点。

哈尔滨地处我国最北端，是以冰雪旅游为主要特色的旅游城市，一年一度的哈尔滨冰雪节是冰雪资源的一次大聚会，冰峰林立、银雕玉砌的冰灯、雪雕更是让人眼花缭乱，流连忘返。这里还有亚洲最大的滑雪圣地—亚布力滑雪度假区，是设备齐全、规模完善的大型滑雪旅游场所。

大海林双峰林场每年的积雪期长达七个月，积雪最深处可达两米，“冬无三日晴，风雪漫林间”，被誉为“中国雪乡”。在那里，雪变成了世界的主宰，无论是房檐上，还是院落中，无论森林中，还是山峰上，到处都可以欣赏奇特的冰雪风光，还可以参与滑雪、爬犁、雪地观光车等丰富多彩的冰雪活动，真正地与雪相亲，与雪为伴。

吉林雾凇以其“冬天里的春天”般诗情画意的美，与黄山云海、泰山日出、钱塘江潮并称为中国四大自然奇观。松花湖是神奇雾凇的起源。每到冬季，尽管松花湖上一抹如镜、冰冻如铁，但冰层下面几十米深的水仍能保持4℃的水温，湖水从丰满电厂水轮机组流出，形成了市区以下上百里不封冻的江面，温差使江水产生雾气，在一定的气压、风向、温度等条件作用下，大量的雾气遇冷结晶在树枝上，形成了闻名天下的吉林雾凇。

沈阳市通过中国沈阳国际冰雪节的举办，展示北国悠久的冰雪文化、冰雪旅游、冰雪体育、冰雪艺术的发展历史，展示沈阳冰雪旅游资源、地域文化、人文风情，扩大了沈阳在国内外的影响。中国沈阳国际冰雪节将由开幕式、关东庙会、盛京灯会、冰雕雪雕汇展、冰雪嘉年华、玩转冰雪大闯关、涂鸦堆雪人、冬季钓鱼邀请赛、挑战自我挑战严寒冬泳表演以及冰雪大竞技等项目组成。提升沈阳经济区的城市凝聚力，将冰雪节办成融旅游、文化、体育、经贸、科技等各领域活动为一体的综合性节日。

2.3.2 清凉养生避暑之旅

1．行程

大连体验海滨度假—长白山观赏生态风光—镜泊湖欣赏湖光山色—兴凯湖欣赏界湖风光—珍宝岛观赏湿地风光—抚远感受“华夏东极”。

2．特点

东北旅游区是我国纬度最高的地区，夏季全区气温不高，7月平均气温只有20～24℃，大兴安岭北部气温低于18℃，再加上本区漫长的海岸线，构成众多的避暑胜地。

大连是辽东半岛最南端的一座半岛城市，其市区南部是一系列的海滨游览路线，是国内外旅游度假、避暑、文化娱乐的理想之所。

长白山海拔高、地势险峻，形成了绚丽多姿的垂直景观带。从山麓到山顶，在几十千米的水平距离内，随着海拔的增高，层次分明地呈现出从北温带到北极圈几千千米的自然景色，由阔叶林带、针阔混交林带、针叶林带、岳桦林带、高山苔原带五个植物垂直分布带组成的自然面貌，为世界其他名山所不能替代。

镜泊湖历史上称阿拨、卜隆湖，后改称呼金海，唐玄宗开元元年（713 年）称忽汗海。由于它水平如镜，明代始称镜泊湖。镜泊湖一年四季都有着各自独特分明的景色。“春天，满山达子香（杜鹃花），满湖杏花水；夏天，绿荫遮湖畔，轻舟逐浪欢；秋天，五花山色美，果甜鱼更肥；冬天，万树银花开，晶莹透琼台。”除此之外，还有各项娱乐措施，冬季景区开辟冰雕、雪雕、滑冰、滑雪、滑道、冰上球类、冰上捕鱼、马拉爬犁等游乐项目。在镜泊湖风景区可以体验东北民俗，品尝山珍野味。冰雪风光皎洁鲜亮，冰雪游乐丰富多彩。

兴凯湖是中俄界湖，位于黑龙江省鸡西市境内，是国家级自然保护区。这里有银白色的沙滩，上百种候鸟，被称为“北国绿宝石”。在这里可以领略大界湖的自然风光，同时还可借助口岸出境到俄罗斯海参崴旅游度假。

珍宝岛原是从中国伸入乌苏里江的半岛，后来经过长期的水流冲击，才成为一个小岛。现在每逢夏季枯水期，珍宝岛还与乌苏里江的中国陆地连在一起，回复原来的半岛面目。在乌苏里江上作业的老一辈中国渔民，称珍宝岛为“翁”。由于岛的外形两头尖中间宽，酷似金元宝，故珍宝岛因而得名。珍宝岛因 1969 年中苏之间著名的战役——珍宝岛自卫反击战而成名，全岛面积只有 0.74 平方千米。1997 年 2 月被黑龙江省政府批准为省级自然保护区，2001 年以该岛为核心的原始湿地被黑龙江省政府批准为省级湿地自然保护区。

抚远有着厚重的历史渊源，是肃慎人的发祥地之一。原名“伊力嘎”，赫哲语意为“金色的鱼滩”。地处祖国东极，是最早将太阳迎进祖国的地方，素有“华夏东极”和“东方第一县”的美誉。抚远生态资源保存完好，是世界上仅存的三大黑土带之一，土质肥沃。抚远以盛产鲟鱼、鳇鱼、大马哈鱼、“三花五罗”等名优特鱼而闻名遐迩，是“中国鲟鳇鱼之乡”、“中国大马哈鱼之乡”。中国最大湿地——三江湿地，位于抚远县境内，湿地面积 2000 平方千米，已被列入《国际重要湿地名录》。

2.3.3 关东文化之旅

大连体验海洋文化—沈阳体验满族文化—长春体验电影文化—哈尔滨感受欧陆文化—大庆感受石油文化—齐齐哈尔感受鹤城文化—五大连池感受火山文化—黑河感受中俄边境历史文化。

大连有优良的海滨浴场和众多的风景点。星海公园是一个大型的海滨公园，这里建有我国首座海底通道式水族馆。老虎滩以海水浴场闻名，三面环山，一面临海，构成独特的海滨风光。

沈阳历史悠久，为满族的聚居地和清王朝的发祥地，其著名景点均为清朝遗迹，保留了突出的满族风格。

长春以“电影城”闻名。长春电影城始建于 1985 年，是以电影艺术为主要特色的旅游场所和影视拍摄基地，也是每年长春电影节的主要活动场所。它以独特的影视文化吸引了众多的旅游者。在这里，人们既可以参观游览中华民族的建筑风格和民族习俗，又可以了解电影艺术和电影的发展历史。

哈尔滨兴起始于19世纪，是最早具有开放意识、最先具有国际化特征的城市。哈尔滨的老街中央大街是远东最著名的移民街，大街的建筑有常见的文艺复兴式、巴洛克式、折中主义等，体现了欧陆文化风情。

大庆市世界石油文化公园是由大庆石油管理局推出的一项很有远见的特色文化建设工程，其意义远不只建设一处供人们游乐休闲的园林，在这里人们可以感受到大庆文化的精髓。

齐齐哈尔市境内的扎龙湿地，是我国建立时间最早、湿地面积最大、生态环境最优、栖息鹤类最多、社会影响最广的国家级鹤类自然保护区。来齐齐哈尔扎龙观鹤已是蜚声中外的观光旅游项目。

五大连池世界地质公园内，矗立着14座新老期火山，喷发年代跨越200多万年，是闻名全球的环太平洋火山群之一，拥有世界上保存最完整、分布最集中、品类最齐全、状貌最典型的新老期火山地质地貌，被科学家称之为“天然火山博物馆”和“打开的火山教科书”。

从黑河乘车船约10分钟，游人就可以跨过界河黑龙江，来到俄罗斯，漫步在充满异国情调的街道、花园，置身于商店、宾馆、酒吧，别具特色的欧式建筑和特有的欧洲文明和民俗风情让人陶醉。

思考与练习 »

你对东北旅游区内的哪些旅游景点比较熟悉？不熟悉的又有哪些？试设计一条你熟悉的旅游线路。

案例探究 »

哈尔滨冰雪节

图 2.11　哈尔滨冰雪节

哈尔滨冰雪节（见图2.11）在每年的1月5日开始，一直持续到2月底冰雪活动结束为止。哈尔滨国际冰雪节是我国历史上第一个以冰雪活动为内容的国际性节日，是世界四大冰雪节之一。自1985年1月5日创办以来，智慧、勤劳、勇敢的哈尔滨人化严寒为艺术、赋冰雪以生命，将千里冰封、万里雪飘的北国冬天，创造成融文化、体育、旅游、经贸、科技等多领域活动为一体的黄金季节，哈尔滨冰雪节已成为世界著名的冰雪盛会。经地方立法，1月5日已成为哈尔滨人的盛大节日。

哈尔滨国际冰雪节从1985年开始，至今已是被中外人士所瞩目的节日。这是哈尔滨人特有的节日，内容丰富，形式多样。例如，在松花江上修建的冰雪迪斯尼乐园——哈尔滨冰雪大世界、斯大林公园展出大型冰雕，在太阳岛举办雪雕游园会；在兆麟公园举办规模盛大冰灯游园会等皆为冰雪节内容。冰雪节期间举办冬泳比赛、冰球赛、雪地足球赛、高山滑雪邀请赛、冰雕比赛、国际冰雕比赛、冰上速滑赛、冰雪节诗会、冰雪摄影展、图书展、冰雪电影艺术节、冰上婚礼等。冰雪节已成为向国内外展示哈尔滨社会经济发展水平和人民精神面貌的重要窗口。哈尔滨冰雪节已于2001年提升为“中国·哈尔滨国际冰雪节”。

探究：

1．为什么哈尔滨冰雪节会成为哈尔滨的盛大节日？

2．本旅游区以冰雪为特色的旅游项目还有哪些？

3．分析东北冰雪旅游的现状，并指出其未来的发展方向。

第3章

华北旅游区

探　究

本区旅游资源形成的主要自然和人文地理条件是什么？

学习目标

1. 了解本旅游区的优势旅游资源，掌握其独特的自然和人文地理环境。
2. 掌握本区主要的旅游景观和风景名胜概况。
3. 了解区内主要旅游线路。

长城一段

大同云冈石窟大佛

北京故宫

天安门

兵马俑

悬空寺

青岛栈桥

趵突泉

承德避暑山庄

3.1 区域旅游概况

华北旅游区包括北京市、天津市、河北省、河南省、山东省、山西省、陕西省五省二市。本区地理位置重要，自然旅游资源丰富多彩，同时又是华夏文明的发源地，名胜古迹众多。

3.1.1 自然地理环境

华北地区位于北纬 32 ～ 42 度，东经 110 ～ 120 度，位于大兴安岭、青藏高原以东，内蒙古高原以南，秦岭—淮河以北。东临渤海和黄海，西邻青藏高原，北与东北地区、内蒙古地区相接。本区河流均发源于北部、西部山地，以海河水系为主。

本旅游区位于大陆的东部，西北有群山为屏障，地处中纬度地带，在东亚季风环流的控制下，形成暖温带湿润、半湿润大陆性季风气候。冬季在蒙古高压控制下，盛行偏北和西北气流，气温迅速降低，呈现出寒冷干旱的气候，1 月最低均温在 0℃以下，北京地区为－4.6℃。春季气温回升快，降水只占全年的 10% ～ 15%，干旱多风沙，有时形成沙尘暴。夏季受东亚季风控制，形成高温多雨的气候，7 月均温在 24℃，降水量丰富，占全年的 70% 以上。秋季蒙古高压又逐渐控制本区，多为晴朗天气，是旅游的黄金季节。秦皇岛市区、昌黎县一带的海洋性气候明显，气温变化比较缓和；承德盆地因地形作用形成冬暖夏凉的小气候，这几处都是避暑的旅游胜地。

本区的气候特点为春季干燥多风，夏季炎热多雨，秋季秋高气爽，冬季寒冷少雪，四季分明，冬夏长而春秋短。

本区自然植被属于暖温带落叶阔叶林，因天然植被已遭破坏，以次生植被和人工植被为主。一些山地次生材料较好，如北京的松山、百花山、上房山等，其中百花山自然保护区是北方一个难得的自然博物馆。

3.1.2 人文地理环境

本旅游区是我国历史上开发较早的地区之一。早在春秋战国时期这里就建有赵、燕、中山等诸侯国，邯郸、北京都是历史上著名的古都城市。本区资源丰富，工农业发达。

本旅游区交通运输发达，拥有以铁路、公路为主，海运、航空为辅的现代化交通运输网。北京是全国铁路网、航空网中心，也是华北地区公路网中心。

本区是中华民族的发祥地之一，在相当长的历史时期内，该地区是我国政治、经济、文化中心。悠久的历史、灿烂的文化，孕育了无数的历史名胜和文物古迹，也造就了众多的历史文化名城。

思考与练习 »

1．华北旅游区包括哪几个行政区？

2．简述华北旅游区的自然地理和人文地理环境概况。

3.2 主要旅游景观和风景名胜地

华北旅游区位于黄河中下游，是中华民族的发祥地。其历史悠久，民风民俗古朴淳厚、文化艺术多彩多姿。这里有华夏文明的深沉韵味；有古老京城浓厚的历史文化气息；有旖旎而壮阔的山海风光，旅游景观和风景名胜地举不胜举。

3.2.1 北京市

北京市是中华人民共和国首都，是世界闻名的历史古城、文化名城，人口约 2000 万，为直辖市之一，是全国的政治、经济、交通和文化中心，中国七大古都之一，国家级历史文化名城，著名的国际旅游城市。这里荟萃了中国灿烂的文化艺术，有众多的名胜古迹和人文景观。

1．北京故宫

故宫，全称为故宫博物院，位于北京市中心，旧称紫禁城，是明、清两代的皇宫。北京故宫是无与伦比的古代建筑杰作，也是世界现存最大、最完整的木质结构的古建筑群。故宫始建于明永乐四年（1406 年），1420 年基本竣工，是明朝皇帝朱棣始建。

故宫南北长 961 米，东西宽 753 米，面积约为 72.5 万平方米，建筑面积 15.5 万平方米。故宫的建筑依据其布局与功用分为“外朝”与“内廷”两大部分。“外朝”与“内廷”以乾清门为界，乾清门以南为外朝，以北为内廷。故宫外朝、内廷的建筑气氛迥然不同。外朝以太和殿、中和殿、保和殿三大殿为中心，是皇帝举行朝会的地方，也称“前朝”。太和殿和中和殿、保和殿都建在汉白玉砌成的八米高的工字形基台上，太和在前，中和居中，保和在后。远望犹如神话中的琼宫仙阙。基台三层重叠，每层台上边缘都装饰有汉白玉雕刻的栏板、望柱和龙头，三台当中有三层石阶雕有蟠龙，衬托以海浪和流云的“御路”。在 2.5 万平方米的台面上有透雕栏板 1415 块，雕刻云龙翔凤的望柱 1460 个，龙头 1138 个。汉白玉装饰的三台，造型重叠起伏，体现了中国古代建筑具有独特风格的装饰艺术。而这种装饰的结构功能，体现在台面的排水管道上。在栏板地栿石下，刻有小洞口；在望柱下伸出的龙头也刻出小洞口。每到雨季，三台雨水逐层由各小洞口下泄，水由龙头流出，千龙喷水，蔚为壮观。这是科学而又艺术的设计。

（1）太和殿

图 3.1　太和殿

太和殿（见图 3.1）（明朝称奉天殿、皇极殿），俗称“金銮殿”，高 35.05 米，东西长 63 米，南北长 35 米，长宽之比为 9∶5，寓意为九五之尊。太和殿面积为 2377 平方米，是紫禁城诸殿中最大的一座，而且也是最高规格，最富丽堂皇的建筑。太和殿是五脊四坡大殿，从东到西有一条长脊，前后各有斜行垂脊两条，这样就构成五脊四坡的屋面，建筑术语上称为庑殿式。檐角有10个走兽（分别为龙、凤、狮子、天马、海马、狻猊、狎鱼、獬豸、斗牛、行什），为中国古建筑之特例。大约从14世纪明代起，重檐庑殿就成为封建王朝宫殿等级最高的形式。

太和殿有直径达一米的大柱72根，其中围绕御座的六根是沥粉金漆的蟠龙柱。殿内有沥粉金漆木柱和精致的蟠龙藻井，殿中间是封建皇权的象征——金漆雕龙宝座，御座前有造型美观的仙鹤、炉、鼎，背后是雕龙屏。太和殿是故宫中最大的木结构建筑，是故宫最壮观的建筑，也是中国最大的木构殿宇。整个大殿装饰得金碧辉煌，庄严绚丽。太和殿是皇帝举行重大典礼的地方，即皇帝即位、生日、婚礼、元旦等都在这里庆祝。

（2）中和殿

中和殿（见图3.2）（明朝称华盖殿、中极殿）是故宫三大殿之一，位于太和殿后。高27米，平面呈正方形，面阔、进深各为三间，四面出廊，金砖铺地，建筑面积为580平方米。黄琉璃瓦单檐四角攒尖顶，正中有鎏金宝顶。四脊顶端聚成尖状，上安铜胎鎏金球形的宝顶，建筑术语上称为四角攒尖式。中和殿是皇帝到太和殿举行大典前稍事休息和演习礼仪的地方。皇帝在去太和殿之前先在此稍作停留，接受内阁大臣和礼部官员行礼，然后进太和殿举行仪式。另外，皇帝祭祀天地和太庙之前，也要先在这里审阅一下写有祭文的“祝版”；到中南海演耕前，也要在这里审视一下耕具。

（3）保和殿

保和殿（见图3.3）（明朝称谨身殿、建极殿）也是故宫三大殿之一，在中和殿后。高29米，平面呈长方形，面阔九间，进深五间，建筑面积1240平方米。黄琉璃瓦重檐歇山式屋顶，屋顶正中有一条正脊，前后各有两条垂脊，在各条垂脊下部再斜出一条岔脊，连同正脊、垂脊、岔脊共九条，建筑术语上称为歇山式。保和殿是每年除夕皇帝赐宴外藩王公的场所，也是科举考试举行殿试的地方。

图3.2 中和殿

图3.3 保和殿

此外两翼东有文华殿、文渊阁、上驷院、南三所；西有武英殿、内务府等建筑。

内廷以乾清宫、交泰殿、坤宁宫后三宫为中心，两翼为养心殿、东六宫、西六宫、斋宫、毓庆宫，后有御花园，是帝王与后妃居住之所。内廷东部的宁寿宫是为当年乾隆皇帝退位后养老而修建的。内廷西部有慈宁宫、寿安宫等。此外还有重华宫、北五所等建筑。

内廷之后是宫后苑。后苑里有岁寒不凋的苍松翠柏，有秀石迭砌的玲珑假山，楼、阁、亭、榭掩映其间，幽美而恬静。

故宫宫殿是沿着一条南北向中轴线排列，三大殿、后三宫、御花园都位于这条中轴线上，并向两旁展开，南北取直，左右对称。这条中轴线不仅贯穿在紫禁城内，而且南达永定门，北到鼓楼、钟楼，贯穿了整个城市，气魄宏伟，规划严整，极为壮观。

北京故宫，即在封建王朝统治结束的时候前王朝皇帝所居住工作的宫殿建筑群。1961 年，国务院宣布故宫为第一批“全国重点文物保护单位”，19 世纪 50 ～ 60 年代对故宫进行了大规模的修整。1987 年故宫被联合国教科文组织列为“世界文化遗产”，现辟为“故宫博物院”，是我国 5A 级景区。

2. 颐和园

颐和园位于北京西北郊海淀区，原是清朝帝王的行宫和花园，前身清漪园，是三山五园中最后兴建的一座园林，始建于 1750 年，面积 2900 平方千米，主要由万寿山和昆明湖组成，是利用昆明湖、万寿山为基址，以杭州西湖风景为蓝本，汲取江南园林的某些设计手法和意境而建成的一座大型天然山水园。早在元明时期，这里就以其优美自然的田园景色成为“壮观神州第一”的著名游览胜地。1750 年，乾隆皇帝弘历经十余年土木之功，建成清漪园（颐和园）。公元 1860 年，清漪园被英法联军焚毁。1886 年重建，并于 1888 年改园名为颐和园。1900 年，颐和园又遭到英、美、德、法、俄、日、意、奥八国联军的野蛮抢掠和破坏，1903 年重新修复。

颐和园主要景点大致分为三个区域：以庄重威严的仁寿殿为代表的政治活动区，是清朝末期慈禧太后与光绪皇帝从事内政、外交政治活动的主要场所；以乐寿堂、玉澜堂、宜芸馆等庭院为代表的生活区，是慈禧、光绪及后妃居住的地方；以万寿山和昆明湖等组成的风景游览区。重廊复殿，层叠上升，气势磅礴，是保存得最完整的一座皇家行宫御苑，是我国现存规模最大、保存最完整的皇家园林。

1961 年 3 月 4 日，颐和园被公布为第一批全国重点文物保护单位。1998 年 12 月 2 日，颐和园以其丰厚的历史文化积淀、优美的自然环境景观、卓越的保护管理工作被联合国教科文组织列入《世界遗产名录》，是全国文明风景旅游区最佳示范点和国家 4A 级旅游景区。

3. 长城

八达岭长城（见图 3.4）位于北京市延庆县军都山关沟古道北口，史称天下九塞之一，是万里长城的精华，在明长城中，独具代表性。该段长城地势险峻，居高临下，是明代重要的军事关隘和首都北京的重要屏障。

八达岭交通位置优越，自古以来就是通往山西、内蒙古、张家口的交通要道。1998 年，八达岭高速公路建成通车，交通十分便利。爱国工程师詹天佑先生主持修建的中国第一条干线铁路——京张铁路就经过此地，并在此处设立车站。现有京郊旅游列车经停八达岭火车站。京张公路从城门中通过，为通往北京的咽喉。从“北门锁钥”城楼左右两侧，延伸出高低起伏、曲折连绵的万里长城。八达岭长城的关城为东窄西宽的梯形，建于明弘治十八年（公元 1505 年），嘉靖、万历年间曾修葺。关城有东西二门，东门额题“居庸

图 3.4　八达岭长城

外镇”，刻于嘉靖十八年（公元1539年）；西门额题“北门锁钥”，刻于万历十年（公元1582年）。两门均为砖石结构，券洞上为平台，台之南北各有通道，连接关城城墙，台上四周砌垛口。

八达岭长城为居庸关的重要前哨，古称“居庸之险不在关而在八达岭”。明长城的八达岭段是长城建筑最精华段，集巍峨险峻、秀丽苍翠于一体，“玉关天堑”为明代居庸关八景之一。1953年修复关城和部分城墙后，辟为游览区。经多次整修，可供游览地段达3741米，其中南段1176米，北段2565米，共有敌台16座。1961年3月“万里长城——八达岭”被确定为第一批国家级文物保护单位；1982年被列为国家重点风景名胜区；1986年被评为全国十大风景名胜之首；1987年被联合国教科文组织列入《世界遗产名录》；1992年被评为“北京旅游世界之最”中的第一名；1995年八达岭长城被中国关心下一代工作委员会命名为“全国爱国主义教育基地”。2000～2009年，共有500余名世界各国的国家元首、政府首脑或执政党领袖登上过八达岭长城。2007年5月8日，八达岭长城经国家旅游局正式批准为国家5A级旅游景区。

4．天坛

天坛是世界文化遗产、国家5A级旅游景区、全国重点文物保护单位。距市中心3000米，位于北京正阳门东南方向，为明、清两朝皇帝祭天、求雨和祈祷丰年的专用祭坛，是世界上现存规模最大、最完美的古代祭天建筑群，总面积273万平方米。1918年，天坛作为公园正式对外开放。

早在春秋战国时期，北京即建有“沮泽”，是统治者郊祀并兼游猎的处所。金时对“南郊坛在丰宜门外”、“冬至日合祀昊天上帝、皇地祇于圜丘”，均有明确记载。元朝的郊坛在元大都丽正门东南3500米处，坛为三层圆形石台，坛区占地20余万平方米。因此，明清时期北京的天坛与历朝历代郊坛有着一脉相承的渊源关系。明成祖朱棣定都北京后，于永乐四年（公元1406年）开始营建宫殿城池。同时，在南郊兴建郊庙，历时14年（公元1420年）成，初名天地坛。嘉靖九年（公元1530年），嘉靖皇帝朱厚熜改天地合祀为分祀。天地坛遂改称为天坛。清沿明制，天坛一称沿用至今。从乾隆八年（公元1743年）起，对天坛建筑进行了多次大规模的改、扩建及修缮。天坛终于形成了南北两坛，规制严谨的盛朗风貌。

天坛是祈谷、圜丘两坛的总称，有两重坛墙环绕，将坛域分为内、外坛两部分，均为南方北圆。坛内祭祀建筑集中于内坛，内坛四面设门。连接两坛的轴线，是一条长360米、宽28米、高2.5米的砖石台，称为“神道”，又称“海墁大道”，也叫“丹陛桥”。它寓意着上天庭要经过漫长的道路。圜丘坛建筑群位于中轴线的南端，是明清两代皇帝祭祀皇天上帝的祭坛。圜丘坛之北是皇穹宇。祈谷坛位于中轴线的北端，主体建筑即祈年殿（见图3.5），坛中还有祈年门、皇乾殿、东西配殿、燔柴炉、瘗坎、砖门等建筑，附属建筑有七十二连房、神厨、宰牲亭等。圜丘坛、祈谷坛的附属建筑多在其东，这种布局使天坛西部坛域开阔。内坛西天门内偏南位置建有一城濠环绕的宫城，名“斋宫”，是皇帝祭祀把前“斋戒”期间居住的宫室。

图3.5　天坛祈年殿

天坛古松柏及古槐3600多株，多植于明清两代，少数为元代种植。大片常绿树木营造出的广袤苍茫的氛围，形成天坛独特的园林意境。

5. 明十三陵

明十三陵，是明朝 13 位皇帝的陵墓群，位于北京市昌平区境内的天寿山麓，距市区约 50 千米。巍巍的燕山山脉自西北逶迤而来，在陵域周围形成天然屏障。环山之内，是洪水冲刷形成的小盆地，山壑中的水流在平原中部交汇曲折东去。陵域面积约 120 平方千米。绿树浓荫之中，一座座红墙黄瓦的陵园建筑，檐牙高啄，金碧辉煌，坐落在东、西、北三面的山麓上。其中，成祖陵位于北面正中位置，余陵分列左右，整体布局庄严和谐，宾主分明，在青山绿水的掩映下，显得格外肃穆幽雅。

明十三陵建筑具有规模宏大、体系完备和保存较为完整的特点，作为中国古代帝陵的杰出代表，展示了中国传统文化的丰富内涵，具有极高的历史和文物价值。明十三陵，作为中华民族古老文化的一部分，就像一颗璀璨的明珠，镶嵌在北京的大地上，昔日神圣不可侵犯的皇家陵寝，今日已成为驰名中外的旅游胜地。明十三陵目前正式对外开放的景点有四个：定陵、长陵、昭陵、神道。

明十三陵是世界文化遗产、国家 4A 级景区、全国重点文物保护单位、全国重点风景名胜区。1959 年开始对外开放。1991 年，被国家旅游局确定为“中国旅游胜地四十佳”之一。1992 年，被“北京旅游世界之最”评选委员会评为“世界上保存完整埋葬皇帝最多的墓葬群”。

6. 周口店“北京人”遗址

周口店“北京人”遗址是中国主要古人类文化遗址，位于北京市房山区周口店村西的龙骨山，距市区 48 千米，通常指龙骨山上八个古人类文化遗址和哺乳动物化石地点。从 1929 年起，已编到第 25 地点，大多数地点在周口店附近。

“北京人”的发现，为人类进化理论提供了有力实证，是中国科学家为世界考古史做出的伟大贡献。“北京人”及其文化的发现与研究，解决了自 19 世纪发现“爪哇人”以来的关于“直立人”是猿还是人的争论。事实证明，“直立人”是人类历史的最早期，处于从猿到人进化过程最重要的环节，他们是“南猿”的后代、后来“智人”的祖先。“北京人”具有“直立人”的典型形态标准，而“北京人”对火的使用，更加完备了其作为人的特征。“山顶洞人”化石和文化遗物的发现，更充分表明了“北京人”的发展和延续。“北京人”的发现，为中国古人类及其文化的研究奠定了基础，是当之无愧的人类远古文化宝库。

阅读之窗

北京炸酱面

炸酱面（见图 3.6）是北京富有特色的食物，由菜码、炸酱拌面条而成。将黄瓜、香椿、豆芽、青豆、黄豆切好或煮好，做成菜码备用。然后做炸酱，将肉丁及葱姜等放在油里炒，再加入黄豆制作的黄酱或甜面酱炸炒，即成炸酱。面条煮熟后，捞出，浇上炸酱，拌以菜码，即成炸酱面。也有面条捞出后用凉水浸洗再加炸酱、菜码的，称“过水面”或者“凉面”。

图 3.6　北京炸酱面

炸酱面在北京的流行程度，从老北京关于炸酱面的顺口溜可见一斑："青豆嘴儿、香椿芽儿，焯韭菜切成段儿；芹菜末儿、莴笋片儿，狗牙蒜要掰两瓣儿；豆芽菜，去掉根儿，顶花带刺儿的黄瓜要切细丝儿；心里美，切几批儿，焯豇豆剁碎丁儿，小水萝卜带绿缨儿；辣椒麻油淋一点儿，芥末泼到辣鼻眼儿。炸酱面虽只一小碗，七碟八碗是面码儿。"

在老北京，常见的是猪肉丁炸酱。是以半肥瘦猪肉丁加葱、姜、蒜等在油锅炸炒，加黄稀酱，盖上锅盖小火咕嘟10分钟。当肉丁被黄酱咕嘟透了，肉皮红亮，香味四溢。讲究的则是里脊丁炸酱、三鲜（虾仁、里脊、玉兰片）炸酱等，还有木樨（鸡蛋）炸酱、炸豆腐丁酱、烧茄子丁酱等素品，油而不腻。老北京人吃炸酱面，冷天讲究吃热的，谓之"锅儿挑"（完全不过水），热天吃过水面，但汤要蓖尽。根据季节佐以各种时鲜小菜，谓之"全面码儿"。初春，用掐头去尾的豆芽菜（称掐菜）、只有两片子叶的小水萝卜缨，并浇上过年剩下的腊八醋。春深，在酱里放上鲜花椒蕊儿，称花椒酱，面码儿则是青蒜、香椿芽、掐菜、青豆嘴、小水萝卜缨和丝（条）。初夏则以新蒜、焯过的鲜豌豆、黄瓜丝、扁豆丝、韭菜段等为面码儿。

另外，河北、上海、广东、东北也有不同制法的炸酱面。韩国亦有炸酱面，是由华侨带入韩国，以春酱（黑豆酱）为调味料，加上洋葱、虾、肉类等。炸酱面目前在日本的高级餐馆也有卖，不过摆放相当精致，在碟子周边摆上绿色黄瓜丝，中间盘放面条，碟心放上黄色的炒鸡蛋，最中央是一撮紫色的炸酱，像一盘工艺品。

趣味知识

故宫到底有多少间房子

故宫的房间数不清。有人说，故宫有9999间房；有人说，故宫的房间应该有9999间半，那么，又为何有9999间半呢？半间在哪儿？原来，半间是指文渊阁楼下西头的那一小间。实际上故宫所谓的半间房是根本不存在的。文渊阁西头这间，面积颇小，仅有一座上下用的楼梯，但仍是一整间。文渊阁是藏我国第一部《四库全书》的处所，为了取"天一生水，地六成之"，以水克火之意，文渊阁一反紫禁城房屋多以奇数为间的惯例，采用了不讲对称的偶数——六间。但又为了布局上的美观，西头一间建造得格外小，似乎是半间房。

故宫房屋到底有多少呢？这里有一个传说。相传，当初修建紫禁城时，明朝永乐皇帝朱棣打算把宫殿的总间数定为一万间，可是就在他传下圣旨后的第五天晚上，突然做了一个梦，梦见玉皇大帝把他召到天宫责问紫禁城的宫殿数为何要压过他天宫一万间的数。

永乐皇帝醒后连忙召吴中进宫，把那梦说了一遍。吴中听了也是一愣："那玉皇大帝可是惹不得的！他天宫是一万间，咱就建它9999间半。既不失玉帝的面子，又不失皇家的壮观气派和天子的尊严！"

实际上，并非如此，故宫里殿、宫、堂、楼、斋、轩、阁总间数为8707间。剩余的房子哪里去了？剩下的房子有的毁于历代火灾后就没有重建，有的后来被拆了。

3.2.2　天津市

天津的名字最早出现于永乐初年（公元 1403 年），为燕王朱棣所起，因这里是他到京城夺取帝位时的渡口，所以起名为天津，意为天子渡河的地方，自永乐二年（公元 1404 年）正式设卫建城。翌年设天津左卫，转年又增设天津右卫。清顺治九年（公元 1652 年），三卫合一，归并于天津卫。

天津，是我国四个直辖市之一，我国五大中心城市之一，我国北方经济中心，国际港口城市和生态城市。是我国大陆经济、金融、贸易和航运的三大中心之一。经历 600 余年的沧海桑田，特别是近代百年，造就了天津中西合璧、古今兼容的独特城市风貌。“近代百年看天津”，成为世人共识。天津市地处华北平原东北部、海河流域下游、环渤海湾的中心，东临渤海，北依燕山，扼守京畿。

1. 盘山风景区

盘山风景区（见图 3.7）位于天津市蓟县西北 12 千米处，南距离天津市区约 110 千米，西距北京市约 90 千米，又因雄踞北京之东，故有“京东第一山”之誉。

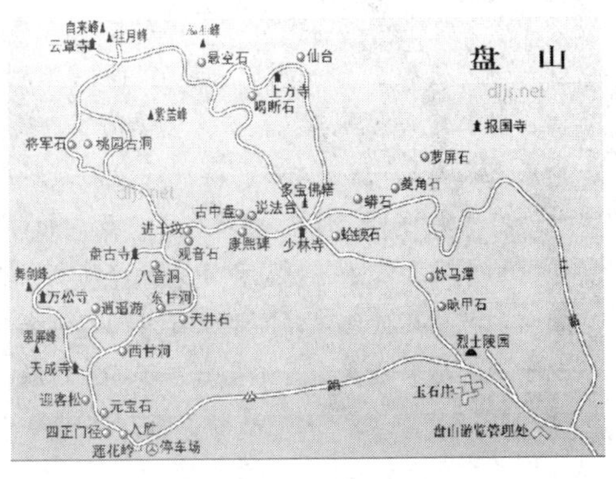

图 3.7　盘山导游图

远在初唐时，唐太宗东征凯旋途中到此游赏，就曾赞口不绝。到明清两代，这里建起寺庙 72 座、宝塔 13 座，行宫、楼台比比皆是，景况空前。清乾隆皇帝第一次巡游盘山时赞叹说：“早知有盘山，何必下江南。”他命人在山的东部兴建行宫“静寄山庄”，此后又 27 次到此巡游。但时至 20 世纪上半叶，由于战乱破坏、年久失修，建筑多不复存。近十余年得到了很好的整修和开发，盘山再次成为令世人瞩目的游览胜地。

盘山景区面积 106 平方千米，有“三盘”、“五峰”、“八石”之胜，还有天成寺、万松寺、云罩寺、舍利塔等古代建筑。由西路登山，山势呈上、中、下三盘之状，“三盘”景致各具特色，上盘松、中盘石、下盘水，人称“三盘之胜”。“五峰”为挂月峰、紫盖峰、自来峰、九华峰、舞剑峰，与山西五台山相呼应，号称“东五台”。主峰挂月峰，海拔 864 米。五峰攒簇，引人入胜。悬空石、摇动石、晾甲石、将军石、夹木石、天井石、蛤蟆石、蟒石为“八石”。

图 3.8　古文化街

2. 古文化街

古文化街（见图 3.8），位于南开区东门外的宫南大街、宫北大街，全长 580 米，以天后宫为全街的中心。整体建筑仿清代民间建筑风格，在宫南和宫北两边，各有一座彩绘牌坊，分别题有“津门故里”和“沽上艺苑”四字。街内的近百家店铺均为清式建筑，门窗上多饰有彩绘图案，内容以历史、神话、人物、花鸟为主，形式有透雕、浮雕、圆雕等。

古文化街以经营文化用品为主，如文房四宝、名人字画、文物古玩、工艺品等，最有名的有杨柳青画社、泥人张彩塑工艺品经营部等。此外，古文化街还有老字号的小吃铺，如石头门坎饭庄等。

阅读之窗

"狗不理"包子

"狗不理"包子创始于1858年。清咸丰年间，河北武清县杨村（现天津市武清区）有个年轻人，名叫高贵友，因其父四十得子，为求平安养子，故取乳名"狗子"，期望他能像小狗一样好养活（按照北方习俗，此名饱含着淳朴挚爱的亲情）。

狗子14岁来天津学艺，在天津南运河边上的刘家蒸吃铺做小伙计，狗子心灵手巧又勤学好问，加上师傅们的精心指点，做包子的手艺不断长进，练就一手好活，很快就小有名气了。

3年满师后，已经精通了做包子的各种手艺，于是就独立出来，自己开办了一家专营包子的小吃铺——"德聚号"。他用肥瘦鲜猪肉按3∶7的比例配好，加适量的水，佐以排骨汤或肚汤，加上小磨香油、特制酱油、姜末、葱末、调味剂等，精心调拌成包子馅料。包子皮用半发面，在搓条、放剂之后，擀成直径为8.5厘米左右、薄厚均匀的圆形皮。包入馅料，用手指精心捏折，同时用力将褶捻开，每个包子有固定的18个褶，褶花疏密一致，如白菊花形，最后上炉用硬气蒸制而成。

由于高贵友手艺好，做事又十分认真，从不掺假，制作的包子口感柔软，鲜香不腻，形似菊花，色香味形都独具特色，引得十里百里的人都来吃包子，生意十分兴隆，名声很快就响了起来。由于来吃他包子的人越来越多，高贵友忙得顾不上跟顾客说话，这样一来，吃包子的人都戏称他"狗子卖包子，不理人"。久而久之，人们喊顺了嘴，都叫他"狗不理"，把他所经营的包子称作"狗不理包子"，而原店铺字号却渐渐被人们淡忘了。

据说，袁世凯任直隶总督在天津编练新军时，曾把"狗不理"包子作为贡品进京献给慈禧太后。慈禧太后尝后大悦，曰："山中走兽云中雁，陆地牛羊海底鲜，不及狗不理香矣，食之长寿也。"从此，"狗不理"包子名声大振，逐渐在许多地方开设了分号。

"狗不理"包子以其味道鲜美而誉满全国，名扬中外。"狗不理"包子备受欢迎，关键在于用料精细，制作讲究，在选料、配方、搅拌以至揉面、擀面都有一定的绝招儿，做工上更是有明确的规格标准，特别是包子褶花匀称，每个包子都是18个褶。刚出屉的包子，大小整齐，色白面柔，看上去如薄雾之中的含苞秋菊，爽眼舒心，咬一口，油水汪汪，香而不腻，一直深得大众百姓和各国友人的青睐。

"狗不理"包子被公推为闻名遐迩的"天津三绝"食品之首。历经140多年的"狗不理"包子，经几代大师的不断创新和改良已形成秉承传统的猪肉包、三鲜包、肉皮包和创新品种海鲜包、野菜包、全蟹包等六大系列100多个品种，百包百味，特色超群，先后摘取"商业部优质产品金鼎奖"、"中国最佳名小吃"、"国际名小吃"等多个国内外评选和大赛的金奖，被消费者誉为"津门老字号，中华第一包"。

趣味知识

天津名字的来历

天津市的形成始于隋朝大运河的开通，唐中叶以后，天津成为南方粮、绸北运的水陆码头。宋金时期称"直沽寨"，元代改称"海津镇"。人们总把天津叫天津卫，那么天津卫的名字是怎么来的呢？乾隆

年间一位诗人写出描写天津民俗第一本通俗诗，诗中说："天津名字长陵赐。"长陵埋的朱棣，他是明代开国皇帝朱元璋的第四子，明朝当时实行分藩制，朱棣封在北京，成为燕王。他一直暗中扩充自己的实力。因为太子朱标早逝，朱元璋死后就把皇位传给了朱标的儿子朱允炆，也就是后来的建文帝。燕王朱棣实力强大野心更大，他不满自己侄子当皇帝，就武力造反，发动"靖难"之变。

朱棣从北京带兵南征，一天，大军来到三叉河口海河（天津母亲河）边，放眼一看，舟船相连，车马川流不息，两岸人口稠密，酒楼店铺林立，好不热闹。燕王就问："这是什么地方？"大臣回答："此乃小直沽。"燕王沉吟片刻："这里这么繁荣，况我大军路过此处，何以为小？不妥吧？"随臣连忙附和说："请大王赐名。"燕王命群臣先试取几个，大臣试取了几个，燕王未置可否，只是仰脸看天，群臣看他仰脸看天，便知他意在"天"上。一位大臣说可以改为"天平"，其实当时朱棣南伐篡位称帝之心已"司马昭之心，路人皆知"，近身大臣说话根本无隐晦，那位大臣的意思就是"天子御驾亲征除奸平乱时路过此地"。但燕王朱棣还是不满意。另一位大臣说不妨改为"天津"二字。燕王听了很喜欢，吩咐说下去。大臣得意地说："吾王定为天子，今奉天承运，吊民伐罪，得民心，顺天意，所以叫天，吾王树万世不拔之基，亲率文武大臣，雄兵百万，在此渡过河津，所以叫津。也就是天子经过的渡口。这天津二字又气派，又典雅。"燕王听了笑着说："此名正合本王之意。"随即传旨当地，改名为天津。

朱棣在天津顺利渡河攻下沧州，然后统领大军攻下南京，登基当了皇上，年号永乐。后来他迁都北京，想到天津是一个既通海又通内河的军事要地，就派一路大军到天津边种地边防守，并于永乐二年在天津建土城，同年又设天津左卫，永乐四年加设天津右卫。卫在当时是种军事建制，每卫5600名将士。"天津卫"的称呼由此而来。

3.2.3 河北省

河北省简称冀，省会石家庄，地处华北，位于黄河下游以北，东临渤海北京周边，西为太行山地，北为燕山山地，燕山以北为张北高原，其余为河北平原，面积为18.77万平方千米。

河北省位于北京、天津两市的外围，是京城通往外地的门户，自古即是京畿要地。部分地区古属冀州，故简称冀。春秋战国时为燕、赵之地，汉、晋时置冀、幽二州，唐属河北道，元属中书省，明属京师，清为直隶，1928年始称河北省。现辖11地级市、23县级市、109县、6自治县。60多个市县对外开放。有汉族、回族、满族、朝鲜族等民族。

1．避暑山庄、外八庙

避暑山庄又名承德离宫或热河行宫，位于河北省承德市中心北部，武烈河西岸一带狭长的谷地上，距离北京230千米，是清代皇帝夏天避暑和处理政务的场所。它始建于1703年，历经清朝三代皇帝：康熙、雍正、乾隆，耗时约90年建成。与北京紫禁城相比，避暑山庄以朴素淡雅的山村野趣为格调，取自然山水之本色，吸收江南塞北之风光，成为中国现存占地最大的古代帝王宫苑。

当年康熙皇帝在北巡途中，发现承德这片地方地势良好，气候宜人，风景优美，又直达清王朝的发祥地——北方，是满清皇帝家乡的门户，还可俯视关内，外控蒙古各部，于是选定在这里建行宫。康熙四十二年（公元1703年）开始在此大兴土木，疏浚湖泊，修路造宫，至康熙五十二年（公元1713年）建成36景，并建好山庄的围墙。雍正时暂停修建，乾隆六年（公元1741年）到乾隆五十七年

（公元1792年）又继续修建直至完工。建成的避暑山庄新增加乾隆36景和山庄外的外八庙，界墙内约占地5640平方千米，规模壮观，是别具一格的皇家园林，为后人留下了珍贵的古代园林建筑杰作。

避暑山庄分宫殿区、湖泊区、平原区、山峦区四大部分。宫殿区位于湖泊南岸，地形平坦，是皇帝处理朝政、举行庆典和生活起居的地方，占地10万平方米，由正宫、松鹤斋、万壑松风和东宫四组建筑组成；湖泊区（见图3.9）在宫殿区的北面，湖泊面积包括州岛约占430平方千米，有八个小岛屿，将湖面分割成大小不同的区域，层次分明，洲岛错落，碧波荡漾，富有江南鱼米之乡的特色。东北角有清泉，即著名的热河泉；平原区在湖区北面的山脚下，地势开阔，有万树园和试马埭，是一片碧草茵茵，林木茂盛，茫茫草原风光；山峦区在山庄的西北部，面积约占全园的4/5，这里山峦起伏，沟壑纵横，众多楼堂殿阁、寺庙点缀其间。整个山庄东南多水，西北多山，是中国自然地貌的缩影。

平原区西部绿草如茵，一派蒙古草原风光；东部古木参天，具有大兴安岭莽莽森林景象。在避暑山庄东面和北面的山麓，分布着宏伟壮观的寺庙群，这就是外八庙，其名称分别为溥仁寺、溥善寺（已毁）、普乐寺、安远庙、普宁寺、须弥福寺之庙、普陀宗乘之庙（见图3.10）、殊像寺。外八庙以汉式宫殿建筑为基调，吸收了蒙、藏、维吾尔等民族建筑艺术特征，创造了中国的多样统一的寺庙建筑风格。

山庄整体布局巧用地形，因山就势，分区明确，景色丰富，与其他园林相比，有其独特的风格。山庄宫殿区布局严谨，建筑朴素，苑景区自然野趣，宫殿与天然景观和谐地融为一体，达到了回归自然的境界。山庄融南北建筑艺术精华为体，园内建筑规模不大，殿宇和围墙多采用青砖灰瓦、原木本色，淡雅庄重，简朴适度，与京城的故宫黄瓦红墙、描金彩绘、堂皇耀目呈明显对照。山庄的建筑既具有南方园林的风格、结构和工程做法，又多沿袭北方常用的手法，成为南北建筑艺术完美结合的典范。避暑山庄不同于其他的皇家园林，它继承和发展了中国古典园林“以人为之美入自然，符合自然而又超越自然”的传统造园思想，按照地形地貌特征进行选址和总体设计，完全借助于自然地势，因山就水，顺其自然，同时融南北造园艺术的精华于一身。它是中国园林史上一个辉煌的里程碑，是中国古典园林艺术的杰作，享有“中国地理形貌之缩影”和“中国古典园林之最高范例”的盛誉。

2．北戴河

北戴河海滨位于秦皇岛西南15千米处，北有联峰山作屏障，南临茫茫沧海。风光明媚，气候宜人，春无风沙，冬无严寒，秋季天高气爽，夏季最热的农历六七月其平均气温也只有23℃。

图3.9　湖泊区

图3.10　普陀宗乘之庙

整个风景区，东自鸽子窝、金山嘴起，西至戴河口止，长约13千米，宽约2千米，为一条狭长的沿海地带。这里沙软潮平，是海水浴的好地方。

3．清西陵、清东陵

清西陵是清朝帝王两大陵寝之一，位于河北省易县城西15千米处的永宁山下，离北京120多千米，始建于雍正八年（公元1730年）。清西陵有帝陵四座：泰陵（雍正）、昌陵（嘉庆）、慕陵（道光）、崇陵（光绪）；后陵三座：泰东陵、昌西陵、慕东陵；妃陵三座。此外，还有怀王陵、公主陵、阿哥陵、王爷陵等共14座，共葬有4个皇帝、9个皇后、56个妃嫔以及王公、公主等76人。

清西陵是规模宏大、体系完整的古建筑群，每座陵寝严格遵循清代皇室建陵制度。清西陵中建筑最早、规模最大的一座是泰陵，始建于1730年，是清西陵的中心建筑，被视为西陵建筑艺术中具有代表性的作品。

清东陵坐落在河北省唐山市的遵化县境，是中国现存规模最大、体系最完整的古帝陵建筑，共建有皇陵五座：顺治帝的孝陵、康熙帝的景陵、乾隆帝的裕陵、咸丰帝的定陵、同治帝的惠陵，以及东（慈安）、西（慈禧）太后等后陵四座、妃园五座、公主陵一座，埋葬14个皇后和136个妃嫔。陵区南北长125千米、宽20千米，以顺治的孝陵为中心，排列于昌瑞山南麓，均由宫墙、隆恩门、隆恩殿、配殿、方城明楼及宝顶等建筑构成。

4．野三坡

野三坡（见图3.11）地处保定市涞水县境内，总面积520平方千米，距保定市150千米，距北京市中心100千米，是距首都北京最近的国家级风景名胜区，被首都市民形象地称为“北京后花园”。

野三坡自古有“世外桃源”之称，地势北高南低，气候差异明显，分上、中、下三坡，“三坡”之名始于此。区内悬崖深谷，榛莽古林，雄、险、奇、秀，蓝天、碧水、绿荫、无污染，有数十种天然野生绿色食品及野兔、山鸡、河虾等特色佳肴可野餐；有少数民族风格的各式客房及家庭旅馆的传统火炕可野宿；有天然浴场可沙浴、日光浴、游泳、滑沙、划竹筏，也可骑马奔驰，乘驴车游荡，采核桃、杏仁、伏花椒，登野山、观野景等，故“三坡”以“野”定名。

图3.11　野三坡导游图

5．嶂石岩

嶂石岩是国家级风景名胜区，有三层陡崖。嶂石岩景观主要为“丹崖、碧岭、奇峰、幽谷”。其景观特色大致可概括为“三栈牵九套，四屏藏八景”。三栈即三条古道；九套即连接三条古道的九条山谷，内含石人寨沟、肩膀台沟、西三套、大北掌沟、嶂石岩沟、槐泉峪、大西沟、回音谷、冻凌背峪；四屏乃整体看似四道屏障而又相对独立的四个分景区（九女峰、圆通寺、纸糊套、冻凌背）。这四个景区中有八处著名胜景：九仙聚会、岩半花宫、晴天飞雨、回音巨崖、槐泉凉意、冻凌玉柱、重门锁翠、叠嶂悬钟。这三栈四屏、八景九套之间均有小路相连，将120个景点连珠缀串，迤逦展开。

6．苍岩山

苍岩山，位于河北省石家庄市西南井陉县境内，总面积63平方千米，素有“五岳奇秀揽一山，太行群峰唯苍岩”之誉。大自然的鬼斧神工使苍岩山中心地带形成了奇异的断崖绝壁及优越的生态环境。俯瞰苍岩，东西双峰对峙于前，南北一岭横亘于后。峰岭相向的侧面，壁立百丈悬崖，福庆寺就建在谷中崖间。苍岩山最大的特点是这里不仅自然风光优美，而且宗教寺庙众多，山峦中有不少名殿古刹。千年古刹福庆寺以悠久的历史和卓越的建筑艺术构成奇异壮观的人文之美。福庆寺建于1400年前隋代初期。据碑文记载，隋炀帝的女儿南阳公主曾在此出家为尼，度过了62个春秋。山上主要建筑有书院、万仙堂、桥楼殿、大佛殿、藏经楼、公主祠、碑亭等。所有建筑依山就势，小巧玲珑，或建于断岩，或跨于险壁，斗拱飞檐，构造宏丽，云蒸霞蔚，颇为壮观。

苍岩山上古木参天，层峦叠翠，自然景观奇特繁多，其中以“碧涧灵檀”、“阴崖石乳”、“峭壁嵌珠”、“炉峰夕照”、“山腰绮柏”、“窍开别面”等“苍岩十六景”最为著名。

阅读之窗

承德驴打滚

承德地区盛产黍米，承德叫黄米，性黏。“驴打滚”就是用黍米做成的一种大众化小吃，在承德已有200多年的历史。

“驴打滚”是用黄米夹馅卷成的长卷，因卷下铺黄豆面，吃时将长卷滚上豆面，样子颇似驴儿打滚，因此得名。

“驴打滚”的原料有大黄米面、黄豆面、澄沙、白糖、香油、桂花、青红丝和瓜仁。它的制作分为制坯、和馅、成型三道工序。做好的“驴打滚”外层粘满豆面，呈金黄色，豆香馅甜，入口绵软，别具风味，是老少皆宜的传统风味小吃。

3.2.4 山东省

山东，古为齐鲁之地，位于中国东部沿海、黄河下游、京杭大运河的中北段，省会设于济南。省内主要特大城市有济南、青岛、烟台、淄博。西部连接内陆，从北向南分别与河北、河南、安徽、江苏四省接壤；中部高突，泰山是全境最高点；东部山东半岛伸入黄海，北隔渤海海峡与辽东半岛相对，拱卫京津与渤海湾，东隔黄海与朝鲜半岛相望，东南则临靠较宽阔的黄海，遥望东海及日本南部列岛。

1．东岳泰山

泰山，被誉为五岳之首，有“天下第一山”之美誉，又称东岳，是中国最美、最令人震撼的十大名山之一。泰山位于山东省中部，自然景观雄伟高大，有数千年精神文化的渗透和渲染以及人文景观的烘托。著名风景名胜有天柱峰、日观峰、百丈崖、仙人桥、五大夫松、望人松、龙潭飞瀑、云桥飞瀑、三潭飞瀑等。数千年来，先后有12位皇帝来泰山封禅。孔子留下了“登泰山而小天下”的赞叹，杜甫则留下了“会当凌绝顶，一览众山小”的千古绝唱。

（1）岱庙

岱庙又称东岳庙、泰庙，位于泰山南麓，泰安市境内，是泰山最大最完整的古建筑群，是古代帝王奉祀泰山神，举行祭祀大典的场所。始建于秦汉，拓建于唐宋，金元明清多次重修，是泰山上下延续时间最长、规模最大、保存最完整的一处古建筑群。主体建筑天贶殿（见图3.12）与故宫太和殿、孔庙大成殿合称我国三大殿。

岱庙建筑按照帝王宫城形制营造，城堞高筑，殿宇巍峨。周辟八门，四角有楼，前殿后寝，廊庑环绕。主体建筑天贶殿，创建于宋大中祥符元年（公元1008年），按照中国古代建筑的最高规格营造。天贶殿内绘有大型壁画——泰山神启跸回銮图，是我国现存道教壁画的上乘之作。

岱庙内碑碣林立（见图3.13），古木参天。今存历代碑碣石刻300余通，素有“岱庙碑林”之称。有中国现存最早的刻石——秦李斯小篆碑；有充分体现汉代隶书风格的“张迁碑”、“衡方碑”；有晋代三大丰碑之一“孙夫人”碑；有形制特异的唐“双束碑”，以及宋至清历代重修岱庙的御制碑等。而历经几千年风雨沧桑的“汉柏”、“唐槐”，则为岱庙古树名木之最。岱庙1987年被列入《世界文化与自然遗产》清单。1988年被公布为全国重点文物保护单位。

图3.12 天贶殿

图3.13 泰山碑刻

（2）泰山极顶四大奇观

泰山极顶有四大奇观：旭日东升、晚霞夕照、黄河金带、云海玉盘。

1）旭日东升（见图3.14）。泰山日出壮观而动人心弦，是岱顶奇观之一，也是泰山的重要标志。随着旭日发出的第一缕曙光撕破黎明前的黑暗，从而使东方天幕由漆黑逐渐转为鱼肚白、红色，直至耀眼的金黄，喷射出万道霞光，最后，一轮火球跃出水面，腾空而起，整个过程像一个技艺高超的魔术师，在瞬息间变幻出千万种多姿多彩的画面，令人叹为观止。

2）晚霞夕照（见图3.15）。当雨过天晴、天高气爽、夕阳西下的时候，若漫步泰山极顶，仰望西天，只见朵朵残云如峰似峦，一道道金光穿云破雾，直泻人间。在夕阳的映照下，云峰之上均镶嵌着一层金灿灿的亮边，闪烁着奇珍异宝般的光辉。“谁持彩笔染长空，几处深黄几处红。”“清泉泻万仞，落日御千峰。”

3）黄河金带（见图3.16）。黄河金带是岱顶奇观之一。在骤雨初歇空气清新、夕阳西下时，在泰山西北层层峰峦的尽头，因为河水反射到天空，可看到黄河像一条金色的带子，从西南至东北，一直伸向天地交界处。恰如袁枚在《登泰山诗》中所描绘的："一条黄水似衣带，穿破世间通银河。"

4）云海玉盘（见图3.17）。云海玉盘是岱顶的又一奇观。夏天，雨后初晴，大量水蒸气蒸发上升，加之夏季从海上吹来的暖温空气被高压气流控制在海拔1500米左右的高度时，如果无风，在岱顶就会看见白云平铺万里，犹如一个巨大的玉盘悬浮在天地之间。远处的群山全被云雾吞没，只有几座山头露出云端；近处游人踏云驾雾，仿佛来到了天外。微风吹来，云海浮波，诸峰时隐时现，像不可捉摸的仙岛。风大了，玉盘便化为巨龙，上下飞腾，倒海翻江。

图3.14　旭日东升

图3.15　晚霞夕照

图3.16　黄河金带

图3.17　云海玉盘

2．曲阜三孔

(1) 孔府

孔府（见图3.18），本名衍圣公府，位于曲阜城中孔庙东侧，是孔子嫡氏孙居住的府第。衍圣公是北宋至和二年（公元1055年）宋仁宗赐给孔子46代孙孔宗愿的封号，这一封号子孙相继，整整承袭了32代，历时880年。

衍圣公是中国封建社会享有特权的大贵族，宋代时相当于八品官，元代提升为三品，明初是一品文官，后又"班列文官之首"，清代还特许在紫禁城骑马，在御道上行走。

孔府占地 16 万平方米，共有厅、堂、楼、房 463 间。九进庭院，三路布局：东路即东学，建一贯堂、慕恩堂、孔氏家庙及作坊等；西路即西学，有红萼轩、忠恕堂、安怀堂及花厅等；孔府的主体部分在中路，前为官衙，有三堂六厅，后为内宅，有前上房、前后堂楼、配楼、后六间等，最后为花园。

大门（见图 3.19）上方的正中高悬着蓝底金字的“圣府”匾额，门两旁明柱上，悬挂着一对蓝底金字对联：“与国咸休安富尊荣公府第，同天并老文章道德圣人家。”这副对联相传是清人纪昀的手书，文佳字美，形象地说明了孔府在封建社会中的显赫地位。这副对联口气之大自不待言，发人深思的是上联“安富尊荣”的富字，下联“文章道德”的章字，“富”字上少了一点，“章”字中多了一笔，意思是说衍圣公官职位列一品，田地万亩千顷，自然富贵没了顶；孔子及其学说“德侔天地、道冠古今”，圣人之家的“礼乐法度”，也就能天地并存，日月同光。

图 3.18　孔府鸟瞰

图 3.19　孔府大门

（2）孔庙

曲阜孔庙是祭祀孔子的本庙，是分布在中国、朝鲜、日本、越南、印度尼西亚、新加坡、美国等国家 2000 多座孔子庙的先河和范本。据称孔庙始建于公元前 478 年，孔子死后第二年（公元前 478 年），鲁哀公将其故宅改建为庙。此后历代帝王不断加封孔子，扩建庙宇。到清代，雍正帝下令大修，扩建成现代规模。庙内共有九进院落，以南北为中轴，分左、中、右三路，纵长 630 米，横宽 140 米，有殿、堂、坛、阁 460 多间，门坊 54 座，“御碑亭”13 座，拥有各种建筑 100 余座，460 余间，成为占地面积约 9.5 万平方米的庞大建筑群。

（3）孔林

孔林本称至圣林，是孔子及其家族的墓地（见图 3.20），位于山东济宁曲阜城北。孔子死后，弟子们把他葬于鲁城北泗水之上，那时还是“墓而不坟”（无高土隆起）。到了秦汉时期，虽将坟高筑，但仍只有少量的墓地和几家守林人。后来随着孔子地位的日益提高，孔林的规模越来越大。东汉桓帝永寿三年（公元 157 年），鲁相韩勅修孔墓，在墓前造神门一间，在东南又造斋宿一间，以吴初等若干户供孔墓洒扫，当时的孔林“地不过一顷”。到南北朝高齐时，

图 3.20　孔子墓

才植树600株。宋代宣和年间，又在孔子墓前修造石仪。进入元文宗至顺二年（公元1331年），孔思凯主修了林墙，构筑了林门。明洪武十年（公元1684年）将孔林扩为3000亩的规模。雍正八年（公元1730年），大修孔林，耗帑银25 300两重修了各种门坊，并派专官守卫。

据统计，自汉以来，历代对孔林重修、增修过13次，增植树株五次，扩充林地三次。整个孔林周围垣墙长达7.25千米，墙高3米多，厚约5米，总面积为2平方千米，比曲阜城要大得多。孔林作为一处氏族墓地，2000多年来葬埋从未间断。在这里既可考春秋之葬、证秦汉之墓，又可研究我国历代政治、经济、文化的发展和丧葬风俗的演变。

3．趵突泉

乾隆皇帝南巡来到济南。当他看到趵突（见图3.21）池中三泉喷涌、势如鼎沸、状似堆雪的壮观后，遂把泉水三柱誉为蓬莱、方丈、瀛洲三座山。乾隆帝凭栏而立，俯瞰泉池，并品尝趵突泉水，觉情趣无穷，高兴处，写下了《游趵突泉记》，认为该泉水清洌甘美，和玉泉相比，有过之而无不及。于是大笔一挥，把“第一泉”的美名又封给了趵突泉。其实趵突泉为济南七十二泉之冠，泉旁石碑“第一泉”三字系清同治年间王仲霖所书，含糊其辞，有意无意之间，给游客以“天下第一”的印象，遂使趵突泉扬名四方。

图3.21 趵突泉

趵突泉公园位于济南市中心，趵突泉南路和泺源大街中段，南靠千佛山，东临泉城广场，北望大明湖，面积158亩，始建于1956年。其名胜古迹、文化内涵极为丰富，是具有南北方园林艺术特点的最有代表性的山水园林。

趵突泉公园是以泉为主的特色园林。趵突泉名列济南众泉之冠，是济南三大名胜之一，趵突泉又名槛泉，为泺水之源，至今已有2700年的历史。趵突泉，三窟并发，声如隐雷，“泉源上奋，水涌若轮”。泉水一年四季恒定在18℃左右，严冬，水面上水气袅袅，像一层薄薄的烟雾，一边是泉池幽深波光粼粼，一边是楼阁彩绘，雕梁画栋，构成了一幅奇妙的人间仙境。历代著名文学家、哲学家、诗人如曾巩、苏轼、张养浩、王守仁、蒲松龄等都有吟泉佳作和美文。

4．崂山

崂山古代又曾称牢山、劳山、鳌山等，史书各有解释，说法不一。它是山东半岛的主要山脉，崂山的主峰名为“巨峰”，又称“崂顶”，海拔1132.7米，是我国海岸线第一高峰，有着海上“第一名山”之称。它耸立在黄海之滨，高大雄伟。当地有一句古语说：“泰山虽云高，不如东海崂。”

海拔而立，山海相连，雄山险峡，水秀云奇，山光海色，正是崂山风景的特色。在全国的名山中，唯有崂山是在海边拔地崛起的。绕崂山的海岸线长达87千米，沿海大小岛屿18个，构成了崂山的海上奇观。漫步在崂山的青石板小路上，一边是碧海连天，惊涛拍岸；另一边是青松怪

石，郁郁葱葱，感到心胸开阔，气舒神爽。因此，古时有人称崂山“神仙之宅，灵异之府。”传说秦始皇、汉武帝都曾来此求仙，这些活动给崂山涂上一层神秘的色彩。崂山是我国著名的道教名山，过去最盛时，有“九宫八观七十二庵”，全山有上千名道士。著名的道教人物丘长春、张三丰都曾在此修道。原有道观大多毁坏。保存下来的以太清宫的规模为最大，历史最悠久。

1982年，崂山以青岛崂山风景名胜区的名义，被国务院批准列入第一批国家级风景名胜区名单。

阅读之窗

孔子简介

孔子（见图3.22），子姓，以孔为氏，名丘，字仲尼。春秋时期鲁国陬邑昌平乡（今曲阜市南辛镇）人。家中排行第二。是文学家，思想家，教育家，社会活动家，儒家学派创始人，古文献整理家——相传曾修《诗》、《书》，订《礼》、《乐》，序《周易》，作《春秋》、《论语》。孔子师郯子、苌弘、师襄、老聃，相传有弟子三千，贤弟子七十二人。“子”是古代对成年男子的尊称，在春秋末期，拥有一定社会地位的成年男子都可以称为“子”，而且都希望别人称自己为“子”，因为“子”还是一种爵位，所谓“公侯伯子男”是也。但是，真正能获得别人以“子”相称的，一般是两种人：要么在社会上公信力较高，如“老师”；要么就是较有道德的贵族。孔子、老子属于前者。孔子是世界最著名的文化名人。在天道观上，孔子不否认天命鬼神的存在，但又对其持怀疑态度，主张“敬鬼神而远之”。孔子与孟子并称“孔孟”，孔子被尊为“至圣”、“素王”，孟子为“亚圣”。孔子又称“文圣”。

图3.22　孔子

据记载，孔子的祖先本是殷商（华夏族）后裔，故为子姓。周灭商后，周武王封商纣王的庶兄、商朝忠正的名臣微子启于宋（夏邑）。微子启死后，其弟微仲即位，微仲即为孔子的先祖。自孔子的六世祖孔父嘉之后，后代子孙开始以孔为氏，其曾祖父孔防叔为了逃避宋国内乱，从宋国逃到了鲁国。孔子的父亲叔梁纥（叔梁为字，纥为名）是鲁国出名的勇士，叔梁纥先娶施氏曜英，生九女而无一子，其妾生一子孟皮，但有足疾。在当时的情况下，女子和残疾的儿子都不宜继嗣。叔梁纥晚年与颜徵在生下了孔子。孔子的伟大思想与孔子母亲有很大关系，其母和他的外祖父颜襄对孔子产生了深远影响。由于孔子的母亲曾去尼丘山祈祷，然后诞下孔子，又因孔子刚出生时头顶的中间凹下，像尼丘山，故起名为丘，字仲尼（伯、仲、叔、季是兄弟行辈中长幼排行的次第，“伯”为老大，“仲”为第二，“叔”为第三，“季”为最小的。孔子字仲尼，由“仲”字可知他在兄弟中排行第二，但是如果把姐妹也合起来排序，就以孟、仲、叔、季为序了，在兄弟姐妹中，居长的（大哥或大姐）为“孟”。所以孔子在家排行老二，字仲尼，但他哥哥的字是“孟皮”，而不是“伯皮”）。孔子三岁的时候，叔梁纥病逝，之后，孔子的家境相当贫寒。由于身处乱世，孔子所主张的仁政没有施展的空间，但在治理鲁国的三个月中，使强大的齐国也畏惧孔子的才能，足见孔子无愧于杰出政治家的称号。政治上的不得意，使孔子将很大一部分精力用在教育事业上。孔子曾任鲁国司寇，后携弟子周游列国，最终返回鲁国，专心执教。孔子打破了教育垄断，开创了私学先驱，弟子多达三千人，其中贤人七十二，便是著名的七十二贤。七十二人中有很多为各国高官栋梁，又为儒家学派延续了辉煌。

趣味知识

德州扒鸡

古城德州，九达天衢，京杭大运河贯通州城南北。早在清朝乾隆年间，德州扒鸡就被列为山东贡品送入宫中供帝后及皇族们享用。20世纪50年代，宋庆龄从上海返京途中，曾多次在德州停车选购德州扒鸡送给毛主席以示敬意。德州扒鸡因而闻名全国，远销海外，备受中外人士的青睐，凡品尝者无不拍手称绝，被誉为“天下第一鸡”。

德州扒鸡富含多种氨基酸和维生素，是一种高蛋白、低脂肪的美味佳品，具有健脾、开胃、补肾、强心、利肺之功效。用于喜庆寿宴，馈赠亲友，更是上好珍品。

3.2.5 陕西省

陕西省位于中国西北地区东部的黄河中游，地处东经105°29′～111°15′和北纬31°42′～39°35′之间，东隔黄河与山西相望，西连甘肃、宁夏，北邻内蒙古，南连四川、重庆，东南与河南、湖北接壤。

陕西省是我国文物古迹荟萃之地，有“天然历史博物馆”之称，有古长安城遗迹、号称世界第八大奇迹的秦始皇兵马俑、壮观雄伟的大小72座帝陵……陕西省目前已发现各类文物35 750处，全国重点文物保护单位372处。全省现有馆藏文物共56万件（组），国家一级文物3526件，其中123件被推荐为国宝级文物。文物的密度、数量、等级均居全国首位。

陕西省不仅文物古迹众多，而且自然风光绮丽，有灵秀险峻的西岳华山和临潼骊山，有激流澎湃的黄河壶口瀑布，还有以保护大熊猫等珍稀动物为主的生态旅游区。

1. 秦始皇陵及兵马俑博物馆

秦始皇陵（见图3.23），不仅埋葬着一位雄才大略的千古一帝，更埋藏着解不开的层层谜团。

秦始皇陵位于西安市临潼区临马公路中段，东距西安30千米。陵区层峦叠嶂，山林葱郁，逶迤曲转，银蛇横卧。高大的茔冢与骊山景色结合得天衣无缝，令人不无遐想。“秦皇扫六合，虎视何雄哉。挥剑决浮云，诸侯尽西来”。秦始皇建立了中国历史上第一个统一的、多民族的封建中央集权制国家——秦，并为后世留下了这座神秘莫测的宏大地下皇陵。

图3.23 秦始皇陵效果图

据史载，秦始皇为造此陵征集了70万名工匠，建造时间长达38年。陵园仿照秦国都城咸阳建造，大体呈回字形，陵墓周围筑有内外两重城垣。陵区内目前探明的大型地面建筑为寝殿、便殿、园寺吏舍等遗址。秦始皇陵的封土堆高大、雄伟，呈覆斗状，现封土底面积约为12万平方米，高度为87米，整座陵区总面积为56.25平方千米。

秦始皇陵地下宫殿是陵墓建筑的核心部分，位于封土堆之下。《史记》记载：“穿三泉，下铜而致

椁，宫观百官，奇器异怪徙藏满之。以水银为百川江河大海，机相灌输。上具天文，下具地理，以人鱼膏为烛，度不灭者久之。”据考古发现，秦陵地宫面积约18万平方米，中心点的深度约30米。陵园以封土堆为中心，四周陪葬分布众多，内涵丰富、规模空前，但是由于各种原因，迄今为止尚不能挖掘。

此外，陵区内的寝殿遗址、铜车马坑遗址以及出土的排水管道，都是庞大陵园中的一部分，陪伴着千古帝王度过了千年的时光，具有较高的考古价值。

秦兵马俑博物馆是建立在兵马俑坑原址上的遗址性博物馆，位于西安市临潼区东7.5千米的骊山北麓，西距西安37.5千米，是我国最雄伟的古代地下军事博物馆。兵马俑（见图3.24）被誉为“世界第八大奇迹”、“二十世纪考古史上的伟大发现之一”，它早已扬名海外，成为了全人类的一份珍贵文化财富，与相距不到10千米的华清池、秦始皇陵以及同在西安以东的华山构成了西安东线旅游的黄金景点。

遗址博物馆于1975年筹建，1979年10月1日落成开放。馆区以一号、三号兵马俑坑遗址、遗物为主体，向人们展示丰富多彩的兵马俑坑发掘现场和坑内出土的高大的秦兵马俑群。同时展出的还有秦始皇陵封土堆西侧出土的铜车马以及陵园范围内出土的各类珍贵文物。

图3.24　兵马俑

馆内一号坑展厅最为宏大，为东西向的长方形坑，长230米，宽62米，四周各有五个门道。坑东西两端有长廊，南北两侧各有一边廊，中间为九条东西向过洞，过洞之间以夯土墙间隔。展厅内的秦俑形成了以车兵为主体，车、步兵成矩形联合编队。军阵主体面东而立，东面三排的武士为先锋，南、北、西边廊中各有一排武士面向外，担任护翼和后卫。坑内呈现出了2000多年前的古代军阵。这支复活的军团军容严整，气势雄伟，势不可挡。望着一排排军姿严谨的秦俑便仿佛看到了那喊杀震天、战车嘶鸣的古战场。秦军再现，声势空前，令人不禁由衷感叹，追忆起战国纷纭的年代，秦军将士金戈铁马，势如破竹的万丈豪情。

二号坑内的弩兵方阵，阵势整齐。立射俑、跪射俑的足法、手法、身法都合理合度，非常科学，反映了始皇时代的射击技艺已达到很高的水平，形成了一套规范的模式，并为后代所继承。

三号坑呈“凸”字形，出土了战车一乘，马俑四件，武士俑68件。所出土的木制战车，车已朽，仅存残迹。车前驾有四匹陶马，车后有陶俑四件。前排的一件为军吏俑，后排的中间一件为御手俑，御手两侧为车士俑。三号坑的文物对研究我国古代战争、战术以及军队建制、兵种配给都有着不可估量的作用。

秦兵马俑雄伟、壮观，它不仅是国人的骄傲、世界的遗产，更是中华民族千年历史的化身、世界历史永世铭记的经典。

2．西岳华山

华山（见图3.25）是五岳之一，海拔2154.9米，高度居五岳之首，位于陕西省西安市以东

图 3.25　华山苍龙岭

120 千米渭南市的华阴县境内，北临平坦的渭河平原和咆哮的黄河，南依秦岭，是秦岭支脉分水脊的北侧的一座花岗岩山。凭借大自然风云变换的装扮，华山的千姿万态被有声有色地勾画出来，是国家级风景名胜区。

华山不仅雄伟奇险，而且山势峻峭，壁立千仞，群峰挺秀，以险峻称雄于世，自古以来就有“华山天下险”、“奇险天下第一山”的说法，正因为如此，多少年来华山吸引了无数勇敢者。奇险能激发人的勇气智慧和不畏险阻攀登的精神，使人身临其境地感受祖国山川的壮美。

我国古书中早就有关于华山的记载。最早述及华山的古书，据说是《尚书·禹贡》，但最初华山叫“惇物山”。华山被称为西岳而与东岳泰山并称，最早见于《尔雅·释山》。据说，周平王迁都洛阳，因华山在东周京城之西，故称“西岳”。以后秦王朝建都咸阳，西汉王朝建都长安，都在华山之西，所以华山不再称为“西岳”。直到东汉光武帝刘秀在洛阳建立了东汉政权，华山就又恢复了“西岳”之称，并一直沿用至今。东汉班固在《白虎通义》中写到：“西岳为华山者，华之为言获也。言万物生华，故曰华山。”即“华”同“获”。

由于华山太险，所以唐代以前很少有人登临。历代君王祭西岳，都是在山下西岳庙中举行大典。《尚书》载，华山是“轩辕黄帝会群仙之所”。《史记》载，黄帝、虞舜都曾到华山巡狩。据记载，秦昭王时命工匠施钩搭梯攀上华山。魏晋南北朝时，还没有通向华山峰顶的道路。直到唐朝，随着道教兴盛，道徒开始居山建观，逐渐在北坡沿溪谷而上开凿了一条险道，形成了“自古华山一条路”。

华山以其峻峭吸引了无数游览者。山上的观、院、亭、阁、皆依山势而建，一山飞峙，恰似空中楼阁，而且有古松相映，更是别具一格。山峰秀丽，又形象各异，如似韩湘子赶牛、金蟾戏龟、白蛇遭难……峪道的潺潺流水，山涧的水帘瀑布，更是妙趣横生。并且华山还以其巍峨挺拔屹立于渭河平原。东、南、西三峰拔地而起，如刀一次削就。唐朝诗人张乔在诗中写道：“谁将依天剑，削出倚天峰。”这些都是针对华山的挺拔如削而言的。华山山麓下的渭河平原海拔仅 330 ～ 400 米，而华山海拔 1997 米，高度差为 1600 ～ 1700 米，山势巍峨，更显其挺拔。

随着旅游事业的发展，华山已进行大规模整修，使游客登山有惊无险，既安全又富探险乐趣，吸引了海内外游客前往游览。

3．骊山

骊山位于西安市临潼区城南，是西安东线旅游唯一一处自然景观与人文景观相融合的旅游区。因系西周时骊戎国地，故此称为骊山。

骊山为秦岭山脉的一个支脉，山上苍松翠柏，壮丽翠秀，恰似一匹奔驰的骊驹。自周以来，一直便为皇家园林，官邸别墅众多。

骊山又称绣岭，自然景色出众，以石瓮谷为界可分为东、西二岭。“渭水秋天白，骊山晚照

红。”夕阳西下，骊山在落日斜阳里红霞万状尤显壮观，如一匹黑马云跃而出，故此“骊山晚照”被誉为“关中八景”之一。

“骊山云树郁苍苍，历尽周秦与汉唐，一脉温汤流日夜，几抔荒冢掩皇王。”除去秀美的景色风光，骊山还有几十处文物胜迹。著名的兵谏亭为张学良、杨虎城两位将军发动震惊中外的“西安事变”迫蒋抗日的地方；烽火台曾演绎出周幽王与褒姒“烽火戏诸侯，一笑失天下”的历史故事；老母殿则追忆着神话中采石补天的中华圣母女娲。

除此之外，骊山森林公园还修建有索道缆车，可乘坐直至烽火台。

阅读之窗

牛羊肉泡馍

牛羊肉泡馍，是独具西安方邦特色的著名小吃，西安老孙家饭庄从1898年开始经营，迄今已有百年历史。

传说，牛羊肉泡馍是在公元前11世纪古代“牛羊羹”的基础上演化而来的。西周时曾将“牛羊羹”列为国王、诸侯的“礼馔”。据《宋书》记载，南北朝时，毛修之因向宋武帝献上“牛羊羹”这一绝味，竟被武帝封为太官史，后又升为尚书光禄大夫。还有一段风趣的传说，大宋皇帝赵匡胤称帝前受困于长安，终日过着忍饥挨饿的生活，一日来到一家正在煮制牛羊肉的店铺前，掌柜见其可怜，遂让其把自带的干馍掰碎，然后给他浇了一勺滚热肉汤放在火上煮透。赵匡胤狼吞虎咽地吞食，认为是天下最好吃的美食。后来，赵匡胤黄袍加身，做了皇帝，一日，路过长安，仍不忘当年在这里吃过的牛羊肉煮馍，同文武大臣专门找到这家饭铺吃了牛羊肉泡馍，仍感鲜美无比，胜过山珍海味，并重赏了这家店铺的掌柜。皇上吃泡馍的故事一经传开，牛羊肉泡馍成了长安街上的著名小吃。北宋大文学家苏东坡曾有“陇馔有熊腊，秦烹唯羊羹”的赞美诗句。

趣味知识

烽火戏诸侯，一笑失天下

周幽王三年（前779年），幽王姬宫涅骄奢淫逸，自从得到褒国进献的美女褒姒后，封为宠妃，整天沉溺于美色，朝政荒废。褒姒生性不笑，面对宫中玉宇琼楼、锦衣玉食，她毫无悦色。褒姒美艳无比，但整天愁云密布成为一大憾事。幽王欲睹褒姒笑容，大臣们想尽千方百计始终不得效果。一天幽王出游骊山，佞臣虢石父献出烽火戏诸侯的拙劣计策。幽王决意一试，遂命点燃烽火。各路诸侯见烽火报警，以为京城出现敌情，迅速整装带兵而至，见君臣安然无恙，且游兴正浓，感到莫名其妙。问其原因，对方笑而不答。“诸侯悉至，至而无寇，褒姒乃大笑”（《史记·周本纪》）。看到这种场面，褒姒忍不住开怀大笑。看到褒姒终于开了笑口，而且笑时姿态更美，昏君乐得忘乎所以。风尘仆仆的诸侯终于明白，烽火报警，调兵遣将，原本为博宠妃欢心。王命如山，无可奈何，只得怏怏离去。为使讨褒姒再开笑颜，幽王故伎几度重演。后来褒姒生了儿子，幽王十分高兴，取名伯服。公元前774年，幽王废了申王后和太子宜臼，立褒姒为王后，伯服为太子。同时重用善谀好利的奸臣虢石父为卿，国人怨声载道。申王后和宜臼把这些情况告诉父亲申侯，申侯非常愤慨，毅然联合两个诸侯攻打西周。兵临城下，宫涅慌忙命令点燃烽火报警。屡受戏谑的诸侯以为又是昏君在讨好美人，按兵不动，镐京陷落，幽王被杀，西周300年历史宣告结束。这就是“一笑失天下”典故的真相。古人总结这一历史教训时认为，“赫赫宗周，褒姒灭之”（《诗经·小雅》）。并发出女色祸害之大，足以亡国的哀叹！他们还把“幽王烽火戏诸侯，褒姒一笑失天下”搬上舞台，以警示后来者引以为戒。认真分析这一历史事件不难看出，西周从强盛到灭亡，有其自身的历史轨迹。它的灭亡与褒姒之笑无直接因果关系。美女褒姒笑的是昏君愚昧，佞臣丑陋。幽王荒淫昏庸，不爱江山爱美人；大臣阿谀好利，不为百姓为君主；举国上下人心所背，危机四伏，这才是西周灭亡的真正原因。正如史学大师郭沫若所述：“奴隶主贵族对奴隶和平民的残酷的经济剥削和政治压迫，促使社会矛盾不断发展，终于导致了西周的灭亡。”

3.2.6 山西省

山西省位于太行山之西，黄河以东。因居太行山之西而得名。自古被称为“表里山河”。春秋时期，大部分地区为晋国所有，所以简称“晋”；战国初期，韩、赵、魏三家分晋，因而又称“三晋”。全省总面积15.6万平方千米，总人口近3400万人，省会太原。

1．云冈石窟

云冈石窟位于武周山南麓，东西绵延1千米，现存主要洞窟53个、石雕造像51 000余尊，被誉为世界艺术宝库。它建于公元5世纪北魏时代，纯粹是沿武周山整体开凿的。中国有三大石窟，云冈石窟便是其中之一，另外就是敦煌石窟和龙门石窟。云冈石窟是中国早期石雕艺术的代表。

2．平遥古城

平遥称古陶地，是帝尧的封地。平遥古城（见图3.26）原为夯土城垣，始建于西周宣王时期（公元前827年～公元前782年）。平遥古城是大陆现存最为完整的明清县城，是汉族中原地区古县城的典型代表。在平遥古城内诞生了全国第一家票号“日升昌”，在中国古近代金融史上具有划时代意义。迄今为止，这座城市的城墙、街道、民居、店铺、庙宇等建筑，仍然基本完好，原来的建筑格局与风貌特色大体未动，为研究中国政治、经济、文化、军事、建筑、艺术等方面历史发展的活标本。

图3.26　平遥古城一角

1997年12月3日，联合国教科文组织世界遗产委员会把平遥古城列入《世界遗产名录》。

3．五台山

五台山位于山西省的东北部，属太行山系的北端，跨忻州市繁峙县、代县、原平市、定襄县、五台县。中心地区台怀镇，距五台县城78千米、繁峙县砂河镇48千米、忻州市150千米、省会太原市240千米。

五台山由古老结晶岩构成，北部切割深峻，五峰耸立，峰顶平坦如台，故称“五台”。东台望海峰、西台挂月峰、南台锦绣峰、北台叶斗峰、中台翠岩峰。五峰之外称台外，五峰之内称台内，台内以台怀镇为中心。五台周长约 250 千米，总面积 2837 平方千米。五台之中以北台最高，北台顶海拔 3058 米，有“华北屋脊”之称。山中气候寒冷，台顶终年有冰，盛夏天气凉爽，故又称“清凉山”，为避暑胜地。

五台山是驰名中外的佛教圣地，是大智文殊师利菩萨的道场，而五台山又以建寺历史悠久和规模宏大而居佛教四大名山之首，故有“金五台”之称，在日本、印度、斯里兰卡、缅甸、尼泊尔等国享有盛名。五台山寺庙始建于汉明帝时期，唐代因“文殊信仰”的繁盛，寺院多达 360 多座。清代，随着喇嘛教传入五台山，出现了各具特色的青、黄二庙。

（1）显通寺

显通寺位于台怀镇中心地，是五台山历史最久、规模最大的寺庙，也是全中国继洛阳白马寺之后的第二座寺庙。该寺始建于汉明帝永平十一年，原名大孚灵鹫寺。北魏孝文帝时期扩建，因寺侧有花园，赐名花园寺。唐代武则天以新译《华严经》中记载有五台山，乃更名为大华严寺。明太祖重修，又赐额“大显通寺”。现占地面积约 120 亩，各种建筑 400 余座，规模浩大。

（2）塔院寺

塔院寺在显通寺南侧，原是显通寺的一部分。元代大德六年（公元 1302 年）由尼泊尔匠师阿尼哥设计，至明永乐年间独立起寺，与显通寺分开，院内修建白塔一座，取名为塔院寺。人们进入台怀镇，首先映入眼帘的就是高大的塔院寺白塔，非常引人注目，常被人们看做是五台山的标志。

历经各个朝代的修建、扩建，以台怀镇为中心的寺院最多时曾达到 360 多座，直到今天还保留着 100 多座。因此，五台山也就以其佛教寺院历史悠久、规模宏大位于全国佛教四大名山之首。

4．北岳恒山

雄伟壮丽的恒山位于大同市以南 62 千米的浑源县。史书载述，舜帝北巡时见恒山奇峰耸立，山势巍峨，遂封为北岳，为北国万山之宗主，与泰山、华山、衡山、嵩山并称为五岳，齐名天下。它西衔雁门关，东跨河北省，南屏三晋，北临燕云，一百零八峰，延绵数百里，奔腾起伏，横亘塞上。其怪石幽洞素有“十八胜景”之称，有传说神石东飞后留下的遗迹飞石窟；有流传着姑嫂投崖成仙化鸟传说的舍身崖；有两井相距一米而水味一甘一苦的苦甜井；有暗生灵芝而又不轻易露形的紫芝峪；大字湾刻的“恒宗”二字高达 13 米；会仙崖的摩崖题句琳琅满目；琴棋台畔，松风奏乐；出云洞顶，云雾缥渺；果老岭上仙驴蹄印传为美谈。另外，“金鸡报晓”、“玉羊游云”、“岳顶松风”、“夕阳返照”等天然奇观也名震遐迩。山上现存古代寺庙建筑 30 多处，雄视南天的恒宗朝殿，负崖高耸；隐入幽处的北岳寝宫，嵌入石窟；上应北斗的魁星阁，独立险峰；下临深渊的三清殿，巧建绝壁。

恒山上还有被徐霞客称为“天下巨观”的悬空寺（见图 3.27），为恒山“十八景”之冠。悬空寺始建于北魏后期（约公元 6 世纪），距今已有 1400 多年的历史，为中国最著名的悬空寺。古代诗人形象地赞叹其：“飞阁丹崖上，白云几度封”，“蜃楼疑海上，鸟道没云中”。全寺共有坐西朝东的楼阁 40 间，在陡崖上凿洞穴插悬梁为基，楼阁之间有栈道相通。登楼俯视，如临深渊；谷底仰望，悬崖若虹。千百年来，此寺临风沐雨，历经数次大地震，却安然如初，是建筑史上的奇迹。

图 3.27　悬空寺

5．黄河壶口瀑布

壶口瀑布在山西省吉县城西南 25 千米处的黄河之中。此地两岸夹山，河底石岩上冲刷成一巨沟，宽达 30 米，深约 50 米，滚滚黄水奔流至此，倒悬倾注，若奔马直入河沟，波浪翻滚，惊涛怒吼，震声数里可闻。其形如巨壶沸腾，故名。春秋季节水清之时，阳光直射，彩虹随波涛飞舞，景色奇丽。明陈维藩《壶口秋风》诗有“秋风卷起千层浪，晚日迎来万丈红”句，可谓真实写照。

6．北武当山

北武当山又名真武山，古称龙王山，位于山西省方山县境内，吕梁山脉中段，南距离石市 32 千米，东北离太原 216 千米。北武当山风景名胜区由 72 峰、36 崖、24 涧组成，主峰香炉峰，海拔 2254 米，总面积约 80 平方千米。它集雄、奇、险、秀于一身，是吕梁山的一颗明珠，素有“三晋第一名山”之称，系我国北方道教圣地之一。北武当山小金顶建玄天真武庙，并有壁画、石刻多处。

北武当山海拔 1437 米，景区植被繁茂，森林覆盖率达 70% 以上，栗子、苹果、柿子、核桃及橡、槐、漆等树木遍布山野。山中还有种类繁多的中草药材，如何首乌、当归、荆芥、薄荷、山参、红花、枸杞等。

传说，此处为真武大帝二次修炼羽化脱身之处，因此深受道家敬奉。真武大帝修炼成仙后，来到了北武当。恰逢此处有怪蟒作恶，当地百姓如入火坑。真武大帝立即斩杀怪蟒。两年后，怪蟒复又作怪而且功力大增。真武大帝便二次羽化，终成正果，杀绝怪蟒。现有舍身崖记录了当年发生的故事。

7．五老峰

五老峰位于永济市东南的中条山上。这里层层峰峦，森森古木，各种生物覆盖着整个山野。花红草绿，风光旖旎非凡，故有“北有五台观庙宇，南在五老看风光”之说。游人往西南远眺，见有四座山峰仙态神姿，隐现于云烟苍茫之中，将高 1809.3 米的玉柱峰环抱其中，“有偃蹇伛偻之状”，犹如五位老人抱拳作揖恭迎贵宾之势，故名“五老峰”。

阅读之窗

五岳的来历

五岳是远古山神崇拜、五行观念和帝王巡猎封禅相结合的产物，后为道教所继承，被视为道教名山：

东岳泰山（1532.7 米），位于山东省；
西岳华山（2154.9 米），位于陕西省；
南岳衡山（1300.2 米），位于湖南省；
北岳恒山（2016.1 米），位于山西省；
中岳嵩山（1491.7 米），位于河南省。

古代帝王附会五岳为群神所居，在诸山举行封禅、祭祀盛典。“五岳”说始于汉武帝。唐玄宗、宋真宗封五岳为王、为帝。明太祖尊五岳为神。汉宣帝定的五岳中以安徽省天柱山为南岳，河北省曲阳县的大茂山为北岳，后始改以湖南省的衡山为南岳，隋以后成为定制。明代又以山西省浑源县的恒山为北岳，清代移祀北岳于此。五岳均有寺庙名胜多处，其中东岳泰山为五岳之首。

五岳中“岳”意即高峻的山。中国古代，认为高山“峻极于天”，把位于中原地区的东、南、西、北方和中央的五座高山定为“五岳”。魏晋南北朝时期，佛教和道教开始在五岳修建佛寺、道观，进行宗教活动，每个“岳”均尊奉一位“岳神”（或称“大帝”、“神君”等）作为掌管该岳的最高神祉。这几座山上的天然风景亦逐渐被开发出来，供朝山信徒游览。于是，五岳又成为中国以山岳自然景观之美而兼具佛、道人文景观之胜的风景名胜区。唐宋以前，五岳大抵是佛、道共尊，寺、观并存。宋以后，佛教和道教各自依靠政治背景和社会势力彼此展开争夺。到明清时期，南岳、北岳和中岳仍保持着佛、道共尊的局面，东岳和西岳则以道教势力为主，成为中国道教的中心。

趣味知识

刀削面

刀削面是山西人民日常喜食的面食，因其风味独特，驰名中外。刀削面全凭刀削，因此得名。用刀削出的面叶，中厚边薄。棱锋分明，形似柳叶；入口外滑内筋，软而不粘，越嚼越香，深受喜食面食者欢迎。它同北京的打卤面、山东的伊府面、河南的鱼焙面、四川的担担面，同称为五大面食名品，享有盛誉。

刀削面对和面的技术要求较高，水、面的比例，要求准确，一般是一斤面三两水，打成面穗，再揉成面团，然后用湿布蒙住，饧半小时后再揉，直到揉匀、揉软、揉光。如果揉面功夫不到，削时容易粘刀、断条。刀削面之妙妙在刀功。刀要用特制的弧形削刀，一般不使用菜刀。操作时左手托住揉好的面团，右手持刀，手腕要灵，出力要平，用力要匀，对着汤锅，嚓、嚓、嚓，一刀赶一刀。削出的面叶儿，一叶连一叶，恰似流星赶月，在空中划出一道弧形白线，面叶落入汤锅。汤滚面翻，又像银鱼戏水，煞是好看。高明的厨师，每分钟能削 200 刀左右，每个面叶的长度，恰好都是六寸。吃面前，能够参观厨师削面，无异于欣赏一次艺术表演。

刀削面的调料（俗称“浇头”或“调和”），也是多种多样的，有番茄酱、肉炸酱、羊肉汤、金针木耳鸡蛋打卤等，并配上应时鲜菜，如黄瓜丝、韭菜花、绿豆芽、煮黄豆、青蒜末、辣椒面等，再滴上点儿老陈醋，十分可口。

3.2.7 河南省

河南省，简称“豫”，省会是郑州，位于我国中部偏东、黄河中下游，东西长约580千米，南北长约550千米。全省土地面积16.7万平方千米（居全国第十七位，占全国总面积的1.74%），2008年年底总人口9918万人，居全国第一。河南是中华文明和中华民族最重要的发源地。河南既是传统的农业大省和人口大省，又是新兴的经济大省和工业大省。少林寺、龙门石窟、黄帝故里、清明上河园、殷墟和云台山、白云山、伏牛山、石人山、鸡公山是河南比较有名的旅游景点。

1. 嵩山

嵩山位于河南省西部，地处登封市西北面，是五岳中的中岳，总面积450平方千米。东依省会郑州，西临古都洛阳，北临黄河，南靠颍水。由太室山和少室山组成，最高峰（峻极峰）1491.7米。东西绵延约60余千米。古名为外方、嵩高、崇高，五代后称中岳嵩山，与泰山、华山、恒山、衡山共称五岳。

嵩山中部以少林河为界，东为太室山，西为少室山，有太阳、少阳、明月、玉柱等72峰。

太室山，位于登封市北，为嵩山之东峰，海拔1492米。据传，禹的第一个妻子涂山氏生启于此，山下建有启母庙，故称之为“太室”（室，妻也）。太室山共有36峰，岩嶂苍翠相间，峰壁环向攒耸，恍若芙蓉之姿。主峰“峻极峰”，则以《诗经·嵩高》“峻极于天”为名，后因清高宗乾隆游嵩山时，曾在此赋诗立碑，所以又称“御碑峰”。登上峻极峰远眺，西有少室侍立，南有箕山面拱，前有颍水奔流，北望黄河如带。倚石俯瞰，脚下峰壑开绽，凌嶒参差，大有“一览众山小”之气势。山峰间云岚瞬息万变，美不胜收。

少室山，东距太室山约10千米。据说，禹的第二个妻子、涂山氏之妹栖于此，人于山下建少姨庙敬之，故山名谓“少室”。少室山山势陡峭峻拔，也含有36峰。诸峰簇拥起伏，如旌旗环围，似剑戟罗列，颇为壮观。主峰御寨山，海拔1512米，为嵩山最高峰，山北五乳峰下有声威赫赫的少林寺。少室山顶宽平如寨，分有上下两层，有四天门之险。据《河南府志》载，金宣宗完颜列与元太祖成吉思汗交战时，宣宗被逼出京，曾退入少室山，在山顶屯兵，故称“御寨山”。御寨山西有水柜一处，人称“小饮马池”，水量能供万人食用，传说明末李际遇起义即在此处驻兵。

太室山和少室山，两座高山层峦叠嶂，绵延起伏于黄河南岸。自古以来，它们引起了许多诗人的遐想，吸引了无数游客的关注，于是历代的墨客骚人、僧道隐士以及帝王将相，根据这些山峰的形态和面貌，差不多给每一座山峰都起了美丽的名称，遂有72峰之说。在这些群峰的环抱里以至峰顶之上，逐步盖起了无数的梵宇琳宫、道院僧房。

图3.28 鸟瞰少林寺

少林寺（见图3.28），又名僧人寺，有“禅宗祖廷，天下第一名刹”之誉，是中国汉传佛教禅宗祖庭，始建于北魏太和十九年（公元495年）。32年后，印度名僧菩提达摩来到少林寺传授禅法，敕就少室山为佛陀立寺，供给衣食。寺处少室山脚密林之中，故名少林寺。此后，寺院逐渐扩大，僧徒日益增多，少林寺声名大振。达摩被称为中国佛教禅宗的初祖，少林寺称为禅宗的祖庭。禅宗修行的禅法称为“壁观”，就是面对墙壁静坐。少林寺在唐初扬名海内。

1982年，嵩山以河南嵩山风景名胜区的名义，被国务院批准为第一批国家级风景名胜区；2004年2月13日被联合国教科文组织评选为“世界地质公园”。2007年5月8日，登封市嵩山少林景区经国家旅游局正式批准为国家5A级旅游景区。

2．鸡公山

鸡公山风景区位于信阳市南38千米的豫鄂两省交界处，景区面积287平方千米，海拔800多米，历史上与庐山、北戴河、莫干山合称“中国四大避暑胜地”。佛光、云海、雾凇、雨凇、霞光、异国花草、无日不风、青分楚豫被称为鸡公山的八大自然景观，素以“山明水秀、泉清林翠、气候凉爽、风景幽奇、别有天地”而驰名。海拔不高，但位置独特，有高山气候，却无高山反应，特别适宜疗养避暑。它是由奇峰怪石、泉溪瀑布、珍花异草、山村田园和风韵殊异的楼台亭榭等诸多因素构成的自然风景区，被誉为“中国避暑胜地，豫南云中公园”。鸡公山盛夏无暑，气候凉爽，夏季平均气温24℃，“午前如春，午后如秋，夜如初冬”，享有“三伏炎蒸人欲死，清凉到此顿疑仙”之美传。不仅如此，由于地质构造运动，形成了鸡公山千姿百态的奇峰怪石，大者嶙峋耸峙，小者造化精灵，皆具怪、巧、奇、美的特点。

3．安阳殷墟

因发现了甲骨文和世界上最大的青铜器而轰动世界，堪称20世纪人类十大考古发现之首，殷墟也毫无争议地成为世界文化遗产。甲骨文是一种常用字在5000字左右的比较成熟的文字，是世界上四种最古老的文字中唯一流传下来的文字。世界上唯一的文字博物馆——中国文字博物馆在安阳建成，2009年11月16日正式开馆。

4．云台山

云台山位于河南焦作市修武县境内，既是世界地质公园，又是国家5A级景区。云台山满山覆盖的原始森林，深邃幽静的沟谷溪潭，千姿百态的飞瀑流泉，如诗如画的奇峰异石，形成了云台山独特完美的自然景观。汉献帝的避暑台和陵基，魏晋“竹林七贤”的隐居故里，唐代药王孙思邈的采药炼丹遗迹，唐代大诗人王维写出“每逢佳节倍思亲”千古绝唱的茱萸峰，以及众多名人墨客的碑刻、文物，形成了云台山丰富深蕴的文化内涵。

5．龙门石窟

龙门石窟（见图3.29）位于河南省洛阳市南郊13千米处的伊河两岸，这里东（香山）、西（龙门山）两山对峙，伊水中流，形似天然门阙，故古称“伊阙”。龙门石窟开凿于北魏孝文帝迁都洛阳之际（公元493年），嗣后历经西魏、东魏、北齐、隋、唐、五代、宋、明诸朝，断续营造达500余年，现存伊河两岸山崖峭壁间的窟龛和造像，多数为北魏和盛唐两个时期的雕刻作品。据统计，东西两山现存窟龛2300多个，造像十万余尊，碑刻题记2800多块，佛塔70余座，代表

图 3.29 龙门石窟

了不同时代的雕凿风格，反映了不同时期人们的审美时尚。龙门，最具永恒魅力的当属奉先寺。这是一组斩山为石、依崖临壁凿就的群像。主佛卢舍那是中国古代人物雕塑最完美的作品之一。

2000 年 11 月，联合国教科文组织将龙门石窟列入《世界遗产名录》。

阅读之窗

少林寺奇人

释永信法师，俗姓刘，名应成，法名永信，1965 年出生，安徽颍上人，自号皖颍上人。现为少林寺方丈，少林寺第 30 代方丈，中国佛教协会副会长，河南省佛教协会会长，第九届全国人民代表大会代表，全国青年联合会委员。他还是中国首个取得 MBA（工商管理硕士）学位的僧人。释永信成立少林寺武僧团、少林实业发展有限公司、少林影视公司等机构，对少林寺进行商业化的经营和推广，并因此引起争议。

趣味知识

河南杂烩菜的由来

河南人逢年过节或是遇到家中来客，总爱做一大锅杂烩菜来招待客人。杂烩菜就是把白菜、粉条、白豆腐、油炸豆腐、肉丸子等放在一起，再加上姜、葱、香菜以及其他佐料熬成一大锅。吃时，一人一碗，或配蒸馍，或配白米饭，既简单方便，又经济实惠，这种就餐形式在河南一带由来已久。其实这道菜最初的名字不叫杂烩菜，而是叫做“炸桧菜”。关于它，至今民间还流传着这么一段有趣的传说。

相传南宋时期，金兵屡屡南犯，赵宋王朝摇摇欲坠。当时朝廷内部分成两派，一派主和，一派主战。身为兵部侍郎的朱敦儒因主张抗金，被奸相秦桧在高宗面前奏了一本，丢了官职。他回到河南老家以后，对朝廷心灰意冷，不再过问政事，常常约上三五好友饮酒作诗，打发时光。

这一年，时逢朱敦儒 60 寿辰，便邀集了一些亲朋旧友前来小聚。不料这时突然从京城临安传来消息说，抗金元帅岳飞因接连打败金兀术，惹恼了被金国收买的奸相秦桧，秦桧遂与其妻王氏密谋，以“莫须有”的罪名将岳飞杀害于风波亭。一时间，国仇家恨交织在一起，朱敦儒哪里还有心情饮酒欢聚，但客人既已前来赴宴，又怎能让他们空着肚子回去。于是朱便吩咐家厨：“今日不饮酒，也无需摆那些盘碟，只把备好的蔬菜熬在一起，一人一碗，配上蒸馍端来即是。”

想来这些亲朋旧友都是些养尊处优的人，平日里吃惯了山珍海味，喝顺了美酒佳酿，如今这一碗碗粗制的熬菜哪里咽得下去！朱敦儒见大家迟迟不动筷子，便夹起碗中一个丸子说：“如今奸臣当道，残害忠良。岳元帅一生精忠报国，竟然惨死在‘莫须有’的罪名下。我恨不能砍下秦桧的头颅下油锅……”，他的话还没说完，一位客人便忽地站了起来，义愤填膺地说：“大人，这碗熬菜中的丸子就是

秦桧的头，油炸豆腐就是秦桧的肉，粉条就是秦桧的肠子。来，我们大家一起把秦桧这厮吃下去，替我们的岳元帅报仇！"于是，满座客人一齐响应，纷纷拿起筷子，顷刻之间就把一碗碗熬菜吃了个精光。菜吃完了，有人问："该给这道菜起个啥名字呢？"朱敦儒想了想说："就叫'炸桧菜'吧！"

很快，这件事传入了民间。人们出于对秦桧的愤恨，纷纷做起"炸桧菜"吃。后来，因为这道菜是将各种杂七杂八的菜烩在一起做成的，所以，人们就将它叫做"杂烩菜"。

思考与练习

1. 简单介绍故宫三大殿。
2. 本区的旅游特色是什么？

3.3 旅游线路设计

华北旅游区具有丰富的历史名胜、文物古迹和较为丰富的自然旅游资源，以燕赵文化和中原文化为特色的旅游线路，吸引着旅游者进行访古等旅游活动。

3.3.1 北京二日游

1．行程

故宫紫禁城—天安门广场—八达岭长城—明十三陵。

2．特点

故宫，是明、清两代的皇宫，是无与伦比的古代建筑杰作。北京故宫也是世界现存最大、最完整的木质结构的古建筑群。1961 年，国务院宣布故宫为第一批"全国重点文物保护单位"。1987 年故宫被联合国教科文组织列为"世界文化遗产"，现辟为"故宫博物院"，是我国 5A 级景区。

天安门广场（见图 3.30）是北京的心脏地带，是世界上最大的城市中心广场。它占地面积 440 平方千米，东西宽 500 米，南北长 880 米，地面全部由经过特殊工艺技术处理的浅色花岗岩条石铺成。每天清晨的升国旗和每天日落时分的降国旗是最庄严的仪式。同时天安门广场是无数重大政治、历史事件的发生地，是中国从衰落到崛起的历史见证。

图 3.30　天安门广场

八达岭长城为居庸关的重要前哨，古称"居庸之险不在关而在八达岭”。明长城的八达岭段是长城建筑最精华段，集巍峨险峻、秀丽苍翠于一体，“玉关天堑”为明代居庸关八景之一。1953年修复关城和部分城墙后，辟为游览区。“万里长城——八达岭”1961年3月被确定为第一批国家级文物保护单位；1982年被列为国家重点风景名胜区；1986年被评为全国十大风景名胜之首；1987年被联合国教科文组织列入《世界遗产名录》；2000～2009年，共有500余名世界各国的国家元首、政府首脑或执政党领袖登上过八达岭长城。2007年5月8日，八达岭长城被国家旅游局正式批准为国家5A级旅游区。

明十三陵坐落于天寿山麓，总面积120平方千米。距离北京约50千米。该陵园建于1409～1644年，距今已有300～600多年历史。陵区占地面积达40平方千米，是中国乃至世界现存规模最大、帝后陵寝最多的一处皇陵建筑群。明十三陵是明朝迁都北京后13位皇帝陵墓的皇家陵寝的总称，是中国历代帝王陵寝建筑中保存得比较好的一处。中华人民共和国成立后，政府为了保护这一文物古迹，从解放初期就开始进行维修，并将十三陵作为全国重点文物加以保护。1957年，北京市政府公布十三陵为北京市第一批重点古建文物保护单位。1961年，十三陵被公布为全国文物重点保护单位。1982年，国务院公布“八达岭—十三陵”风景区为全国44个重点风景名胜保护区之一。1991年，十三陵被国家旅游局确定为“中国旅游胜地四十佳”之一。1992年，十三陵被北京旅游世界之最评选委员会评为“是世界上保存完整埋葬皇帝最多的墓葬群”。

3.3.2 山东：山—水—圣人游

1．行程

泰山—泉城济南—曲阜。

2．特点

登世界自然和文化双遗产——“五岳独尊”泰山，途中观赏斩云剑、云步桥、迎客松，体会“天门云梯”十八盘。后游览天街、唐摩崖石刻、玉皇顶等景点。游览济南奥林匹克体育中心一场三馆；游览趵突泉公园，公园内有龟石、李清照纪念堂、漱玉泉、趵突泉等景点；游览“泉城明珠”大明湖，参观龙泉池、铁公祠、北极阁等景点，感受“佛山倒影”美景；参观济南市大客厅——泉城广场。

游览世界文化遗产——“三孔”。祭祀孔子的庙宇——孔庙，参观天下第一家——孔府和延时最久、面积最大的家族专用墓地——孔林。

3.3.3 陕西访古旅游

1. 行程

秦始皇兵马俑博物馆—华清池风景区—骊山风景区—秦陵地宫—乾陵—懿德太子墓—法门寺—珍宝馆。

2. 特点

陕西的省会西安，是我国著名的七大古都之一，又是我国历史文化名城。名胜古迹、文化遗迹众多，有比著名的“北京人”还早三四十万年的“蓝田猿人”化石发现地，有母系氏族公社的半坡村遗址，有上自西周下至唐代的古墓，有众多的宫殿遗址和佛寺，有全国著名的西安碑林，有号称世界第八大奇迹的秦陵兵马俑。游客来到这里，犹如置身于一个巨大的历史博物馆之中。

思考与练习

1、设计一条“华北七日游”精品旅游线路。

2、设计一条“北京六日游”精品旅游线路。

案例探究

以趵突泉的学习为例，通过图书馆查阅资料、网上学习、分组讨论、小组竞赛等形式，提高学生的学习热情，凝聚学生的向心力。分组如下。

1）趵突泉的名字来历。

2）趵突泉的成因。

3）趵突泉泉水成分。

4）趵突泉主要景点三股水的介绍。

5）趵突泉主要建筑的来历。

6）趵突泉的相关传说。

将学生按兴趣分成六组，每组带着一个问题去搜集相关材料，通过小组讨论，每个小组选出一名学生作为主讲，讲述本组掌握的材料，其他同学可以做出补充。比较哪个小组准备更充分，通过本组研讨和小组竞赛全面了解趵突泉的介绍，课后带领学生现场到趵突泉参观旅游，悉听导游人员的介绍，对比自己掌握的知识，加深对趵突泉的了解，提高自己的学习热情，加深对专业的热爱。

第4章

华东旅游区

探　究

本区旅游资源形成的主要自然和人文地理条件是什么？

学习目标

1. 认识本旅游区的自然和人文地理环境特征。
2. 了解本旅游区的特色优势。
3. 熟悉区内重点景区内容。

苏州园林

杭州西湖

温州雁荡山

安徽黄山

江西庐山

上海夜景

4.1 区域旅游概况

华东旅游区包括江苏、浙江、安徽、江西、上海四省一市。本区地处长江下游，黄海和东海之滨，滚滚东流的长江横贯东西；全区除皖北属淮河流域、浙东南属钱塘江流域外，其余绝大部分地区均属长江流域，因此又被称做长江下游旅游区。

4.1.1 自然地理环境

1. 以平原、丘陵为主的地表形态

本区地处我国地形三大阶梯的最低一级，因此平均海拔低，呈现出平原和低山丘陵相间分布的地形结构，其中以平原为主，兼有低山丘陵。全区由北向南依次分布着三种地表形态：苏皖平原、长江下游平原、江南低山丘陵。

苏皖平原位于苏、皖两省淮河以北，是华北平原的一部分。淮河东流至本区，本来直接入海，由于历史上黄河多次改道南下，扰乱了淮河水系，黄河夺淮，挟带大量泥沙，淤塞了淮河河道，形成众多湖泊，如洪泽湖、高邮湖等。

长江下游平原位于淮河以南、江南低山丘陵与杭州湾以北，包括苏皖沿江平原和长江三角洲。苏皖沿江平原指从江西湖口开始至江苏镇江之间沿长江两岸分布的冲积平原。两岸丘陵夹峙，平原狭长。两岸山崖伸入江面，成为矶。马鞍山市的采石矶和南京市的燕子矶是著名的风景游览地。长江三角洲是指从镇江至东海之间横跨苏、沪、浙三省市，面积达 3 万多平方千米的冲积平原，是由泥沙淤积封闭古海湾而形成的。其特征是河道纵横，湖泊棋布，风景十分优美，再加上肥沃的土地、温和的气候、稠密的人口及发达的经济等因素，因而是本区人文旅游资源（尤其是旅游名城和园林）的集中分布区。沿长江两岸还有不少低山丘陵，如镇江的金山、焦山、北固山，苏州的天平山，常熟的虞山，南通的二狼山以及松江的余山等，这些山多为海拔 200 ～ 300 米的低山，屹立于江海交汇之处，山水相连，名胜遍布，风光秀丽。

本区的南部属江南低山丘陵地区，主要分布于长江下游平原以南，这里是本区旅游名山集中之地。集天下美誉于一身的黄山和四大佛教名山之一的九华山驰名中外。天柱山、庐山、齐云山、天台山等都是旅游名山。位于湘赣边境的井冈山是中国革命的重要纪念地之一。位于舟山群岛上的普陀山是我国四大佛教名山之一，被称为“海天佛国”。浙南的雁荡山，山清水秀，有“东南第一山”之称。而江西的龙虎山则是我国丹霞地貌突出的风景名山和道教名山。

总之，江南低山丘陵中名山资源众多，它们融丰富的自然景观、人文景观和优越的气候条件于一体，多成为兼具观光、度假、疗养、避暑等多种功能的旅游胜地，对发展本区旅游业具有十分重要的意义。

2. 气候温暖湿润，地表水丰富

本区除淮河以北属暖温带外，其余都属于亚热带湿润性气候。本区冬季平均气温在

16～20℃，但因北面无高大山地阻挡，冷空气长驱直入，故冬季气温较同纬度其他地区低，是本区的旅游淡季，但仍然有一定的旅游适宜性。自3月中旬开始进入春季，经常细雨绵绵，“清明时节雨纷纷”为本区春季气候特色。春暖花开，草木复苏，景象万千，又无北方风沙之患，是开展各项旅游活动的好季节。春季去郊外踏青，就是本区自古以来沿袭下来的传统活动，是欣赏江南水乡春天秀丽风光的最好时机。梅雨季以后进入盛夏，夏季河谷平原普遍高温，南昌、九江、南京、杭州等城市，由于位置和地形的影响，成为全国夏季最高温地区，有江南“火炉”之称。但山地气温仍凉爽宜人，成为避暑度假的好场所，名山旅游格外兴盛。例如，黄山、庐山、莫干山等丘陵山区是夏季避暑度假的好去处。9～11月为秋季，秋高气爽，是本区旅游最佳季节。

由此可见，本区气候的总特点是冬温夏热，四季分明，降水丰沛且较均匀，四季风景皆可游赏，但以春、秋两季为旅游旺季，尤其以天高云淡的秋季为本区旅游的黄金季节。

温暖的气候培育了繁茂的植物，其中樟、楠、水杉等是优质木材；落叶阔叶树悬铃木（俗称法国梧桐）生长迅速，树冠覆盖面积大，婀娜多姿，既宜观赏，又可遮阳，江南各城普遍用此树装点街道，悬铃木几乎成为江南城市的代表树种。

本区在气候湿润、降水丰沛的气候特征和地势较低、平原广布的地貌特征的共同影响下，形成了独特的自然景观——境内河湖密布，呈现一派水乡泽国的江南风光，水景资源极其丰富。

本区分属淮河、长江和钱塘江三大水系。河流汛期长，泥沙少，水量大，无冰期，水流稳定，航运价值大，为开展水上旅游活动创造了十分有利的条件。

本区的湖泊众多，沿长江黄金水道两岸，湖泊星罗棋布。我国五大淡水湖中有四个在本区，即鄱阳湖、太湖、洪泽湖和巢湖。此外，本区旅游价值较大的湖泊还有杭州西湖、南京玄武湖、扬州瘦西湖、嘉兴南湖、宁波东钱湖、淳安千岛湖、绍兴东湖等，均是著名风景名胜区。

本区的瀑布、泉水资源也毫不逊色。著名的瀑布有黄山的人字瀑、九龙瀑，雁荡山的大、小龙湫瀑布，庐山的三叠泉瀑布以及在李白笔下熠熠生辉的香炉瀑布（“飞流直下三千尺，疑是银河落九天。”）等。本区著名的泉点则有镇江宝山的“天下第一泉”、无锡惠山的“天下第二泉”、苏州虎丘的“天下第三泉”、杭州的虎跑泉和玉泉、南京的汤山温泉等，旅游价值都很大。

4.1.2 人文地理环境

1. 经济发达，城市分布密度大

长江下游地区自然条件优越，人口众多，开发历史悠久，历史上就是我国重要的农耕区。本区优越的自然条件促进了农、林、牧、副、渔业的综合发展，多种经营，物产丰富，成为我国农业最发达的地区之一，粮、棉、麻、蚕丝、茶叶、水产等均在全国占有十分重要的地位。长江三角洲平原、鄱阳湖平原等都是我国重要的商品粮基地。

本区的特种工艺品开发历史悠久，种类繁多，产品具有深厚的地方风格和民族特色，有很高的艺术价值，享誉国内外市场。例如，江浙“丝绸之府”苏州的刺绣、杭州的织锦、南京的云锦等皆为传统工艺珍品。除丝绸外，惠山泥人、常州漆器、上海玉雕、杭州绸伞和工艺扇等，都是久负盛名的传统工艺品。本区生产的“文房四宝”也是历史最为悠久、质地最为优良的珍品。湖笔、徽墨、宣纸、端砚，自古驰名中外。另外，“瓷都”景德镇的陶瓷制品、“陶都”宜兴的紫砂陶制品也是蜚声中外的工艺品。

本区的土特名产也极为丰富，包括名茶、名酒及亚热带水果等。以茶叶为例，本区是我国重要的茶叶产地，我国著名的三大绿茶——西湖龙井、太湖碧螺春、黄山毛峰均产于本区，安徽的祁门红茶是红茶中的上品。本区制茶、品茶的工艺也十分独特，以茶待客、以茶交友的习俗十分浓厚，随着文化研究的深入，以茶为中心的茶文化旅游正在本区悄然兴起。

本区是我国重要的工业基地，机电、纺织、化工的生产居全国首位，尤其轻工业执全国牛耳，上海是全国最大的工商业中心。

优越的地理位置、悠久的开发历史和发达的社会经济文化条件，使本区很早就出现了具有一定规模和特征的城市，它们主要分布在水陆交通要道和人口稠密地区，既具山水之美，又有园林之胜，再辅以众多的文物古迹、深厚的文化底蕴，遂成为当代著名的旅游城市。

本区的旅游城市数量之多、分布之密居全国之冠，形成本区较密集的旅游城市群。著名的有水巷小桥的苏州、天下无双的杭州、绿杨城郭的扬州、名人辈出的绍兴、龙盘虎踞的南京、拥有三湖三寺的宁波、古老“瓷都”景德镇、“陶都”宜兴、“英雄城”南昌，还有我国最大的海港、河港、旅游购物中心和工商业城市上海等。

2．古典园林居全国之冠，誉满全球

古典园林是我国人文旅游资源中的一朵奇葩，从古至今吸引了无数中外游人观赏游览。而本区的江南园林开创了我国古典园林一派新风，它与北方的宫廷式皇家园林遥相呼应，并与之共同组成了我国园林艺术的主流，成为“中国文化四绝”之一。

本区地处江南水乡，地表水丰富，开池得水极为容易；盛产花岗岩及石英岩，著名的太湖石是园林建筑的好材料；加上山明水秀的自然风光、丰富的植被等，为造园提供了优越的自然条件。

本区园林最早出现于汉代，六朝时掀起了兴建园林的第一次高潮，当时造园中心在建康，即今南京。南朝历代帝王在建康城内外兴建离宫苑囿30多处，开庭院园林之先河。于是在长江沿岸便开始出现秀雅精致的庭院园林。它们大多是选择自然风景优美的依山傍水处稍加构筑而成。唐末五代时，战乱频繁，吴越地区受战争破坏较少，是全国富庶之地，早有“上有天堂，下有苏杭”的美称，仕宦富家及大量民众纷纷南迁，促进了本区经济繁荣，于是又出现了第二次营建园林的高潮。到了南宋迁都杭州，园林修建的规模更大。明代中叶以后，苏杭一带出现资本主义萌芽，财力较大，商品汇集。官僚、地主、士大夫和富商巨贾，慕“天堂”之名，来苏州、杭州等城市定居者甚多，使江浙一带各城市成为官僚、地主集中地。明清两朝，江浙科举登第者也最多。儒士大夫辈出，他们有的高官厚禄，晚年衣锦还乡，有的年老归田，有的官场失意，纷纷在故里大兴土木，营造私人宅第园林，终于使本区成为江南园林的荟萃之地。其中，园林大多集中于苏州、南京、无锡、扬州、杭州、绍兴、嘉兴等地。据《苏州府志》记载，仅苏州一地就有明代园林271个，清代园林130个。由此可见苏州园林之盛况。

本区园林不仅数量丰富，而且构园造诣极高，在我国乃至世界园林界独树一帜，成为我国园林界的楷模，对世界园林界也产生了巨大影响。

3．海、陆、空交通十分发达

本区为我国交通最发达的地区之一，水、陆、空交通十分便利。

（1）陆路交通

本区的陆路运输方式主要分为铁路运输和公路运输。

1）铁路运输：本区铁路运输发达，从本区最大的旅游中心城市上海向外围辐射，通过京沪、沪杭、浙赣、皖赣、京广、京九、陇海等铁路线连接区内各主要的城市和风景名胜区，并与通往区外的铁路线连接，使本区内外相通、连成一体，且与四通八达的公路网相通，从而为本区区内旅游和区际旅游提供了便利条件。

2）公路运输：本区公路密度较大，在本区的山地丘陵地带，公路是主要交通线，已基本实现了全天候公路连接各县城和大部分村镇，并且以省会为中心至各游览区的旅游专线也已陆续开辟。

（2）水路运输

本区是我国水路交通最便利的大区，河运和海运相辅相成，构成发达的水上运输网。

1）河运运输：长江是本区最大的水运河道，它连接了南京、镇江、安庆、九江等长江沿岸重要的旅游城市。淮河是苏、皖二省的水运干线。著名的京杭大运河对沟通我国南北交通网络发挥过巨大的作用，时至今日，江南运河段仍是一条重要的物资输送线，运河两岸一片典型的水乡风光，名闻世界的江南古典园林都分布在这一带，现已开辟了几条古运河旅游线路，深受国内外旅游者的欢迎。钱塘江为浙江第一大河，新安江—千岛湖—富春江—钱塘江一线山清水秀，美景如画，并与名山胜景相联系，是浙江一条极负盛名的黄金旅游线。

2）海运运输：本区内海运以上海为中心，上海是中国最大的港口和世界重要港口之一。区域间海运以上海为起点，沿近海向北可至连云港、青岛、烟台、天津、秦皇岛、大连，向南可达温州、福州、广州、香港等海港城市，出远洋可抵达160多个国家的400多个港口。

3）航空运输：本区航空交通发达，区内主要大城市都有航班相通。以上海为中心，与全国40多个城市有定期直达飞机航班，与东京、纽约、巴黎、汉城、阿姆斯特丹等世界60多个城市均有定期航班往来。

总之，本区水、陆、空交通都极为便利，拥有远洋、近海、内河航运、公路、铁路和航空等各种运输系统，不同旅游交通方式互相配合，构成了四通八达的旅游交通网络，对本区旅游业发展具有重要意义。

4．吴越文化特色鲜明

长江流域自然环境十分优越，开发历史十分悠久，是中华文明的发祥地之一。由于江浙一带山清水秀，气候湿润，土地肥沃，因此这里自古便是繁华之地。

经济的繁荣和城市的繁华推进了文化艺术的发展，在得天独厚的自然环境和特定的历史发展过程中，逐步形成了以灵敏秀雅、尚文崇慧为特色的吴越文化。其特色主要表现在：①崇尚文化的民风。无论是城市还是农村，人们的整体文化素质较高，历史上人才辈出，人才荟萃，可谓人杰地灵。例如，科学家祖冲之、沈括、徐光启，书画家顾恺之、唐寅、郑板桥，文学巨匠施耐庵、吴承恩、冯梦龙，地理学家徐霞客等堪称江苏名人的代表。浙江的文人雅士更多，仅绍兴一地就有春秋时期的名臣范蠡、宋代诗人陆游、明代书画家徐渭，以及近代的革命志士秋瑾、徐锡麟，现代教育学界泰斗蔡元培，文化巨匠鲁迅。此外，绍兴还是周恩来的祖籍。因此绍兴素有“文化之邦”之称。至今浙江尚文之风不减，重教育、重知识，当年由东晋王羲之等 42 位文人雅士在兰亭举行的“曲水流觞”活动而沿袭下来的咏诗饮酒的儒风雅俗一直盛传不衰。直到现在，每逢农历三月初三，来自中外的书法家都要聚集兰亭，怀古续胜，咏诗论文，举行兰亭书会，纪念书圣王羲之，并进行“曲水流觞”的游戏。②各种建筑以其营造精心、小巧玲珑而被人们称做“府宅园林”。诗词戏曲则轻柔委婉，多情细腻。手工艺品则精致细巧，玲珑剔透。③商业较发达，游娱之风较盛。由于经济发达，自古此地商业兴盛，城镇内的店铺、酒楼、茶社林立，游娱之风浓厚，宋朝的苏东坡在《表忠观碑》中说钱塘县“其民老死不识兵革，四时喜游，歌鼓之声相闻”。踏青是江浙一带人们的传统游娱活动。南京的秦淮河是南京历史上最繁华之地，沿河民居密集，商店、青楼林立，一派繁荣昌盛景象，为著名游娱之地。

综上所述，江浙一带在漫长的历史发展过程中，形成了源远流长、独具特色的吴越文化，并留下了大量的文物古迹。由于人类活动主要集中在城镇，因此文化古迹也多集中分布于城镇及周围地区，以至形成了众多的历史文化名城。全国目前确定的 99 座历史文化名城中，位于本区的就有 19 座。其中，南京、杭州还居于我国“七大古都”之列。

思考与练习

1. 华东地区有哪些独特的自然旅游资源？
2. 吴越文化的特色主要表现在哪几个方面？

4.2　主要旅游景观和风景名胜地

本区地理位置优越，人口稠密，经济发达，山水风光独特，文化历史悠久，是中国旅游资源的主要集中地区之一。

本区旅游发展地方特色明显，是中国园林最为集中、名山最多的旅游资源区，自然和人文旅游资源巧妙地结合。这里是“江南鱼米之乡，山清水秀之处，历史文物之都，名人荟萃之地”。

4.2.1　上海市

上海市别称“申”，简称沪，是我国最大的城市，人口 2300 万。地处长江三角洲，西接江苏、浙江两省，东濒东海，南临杭州湾，地理位置优越，是一个良好的江海港口。地势低平，位于长江口的崇明岛是我国的第三大岛。上海属亚热带季风气候，四季分明，日照充分，雨量充沛，气候温和湿润，冬无严寒，夏无酷暑，春秋较短，冬夏较长。一年四季都可旅游，其中春、夏两季是最佳旅游季节。主要河流有长江、黄浦江、苏州河等。

上海是我国历史文化名城之一。1843 年 11 月，上海正式开埠，申城崛起。近代革命有不少重大事件都发生在上海，留下了很多革命史迹。例如，鸦片战争时江南提督陈化成抗击英国侵略军使用的吴淞口炮台、中共一大会址、三次武装起义地、“五卅”时总工会旧址、孙中山故居、鲁迅故居、宋庆龄墓等。上海博物馆新馆现拥有文物近 100 万件，其中珍贵文物 12 万件，包括青铜器、陶瓷器、书法绘画、玉牙器、甲骨、玺印等 21 个门类。上海博物馆的青铜器收藏素有中国青铜器“半壁江山”之称。

古今中外、东西南北中文化的汇合、交融、开拓、创新，构成了独具特色的上海海派文化，从城市风貌、都市风情、购物娱乐、风味小吃等诸多方面都深深体现出海派文化的独特性，丰富的文化内涵给人以美的享受。

上海是我国最大的工业城市和商业金融中心。新浦东、南浦大桥、杨浦大桥、内环线与南北高架路、浦江隧道、新人民广场、上海博物馆、上海图书馆、上海体育场（可容纳 8 万人）等，成为重要的人文景观。上海以现代化、国际化大都市的整体形象展现给国内外游客，成为我国最具魅力的旅游城市之一。

1．豫园

豫园（见图 4.1）位于上海城区东南部豫园商城内，与商城共同组成了上海地区最有吸引力的园林庙市游览区，是上海最大的古典园林，占地 30 余亩，其建筑风格属宅第式园林，由明代四川布政使司潘允端始建，是具有 400 多年历史的江南古典园林。潘允端建此园是为了“愉悦双亲，颐养天年”，供其父母安享晚年所用，因古时“愉”与“豫”通用，故取名“豫园”。豫园有大小景点 48 处，亭台楼阁、曲桥水榭、假山奇石、古树名花参差错落，掩映有致，以清幽秀丽、玲珑剔透见长，富有诗情画意，园内太湖石“玉玲珑”为江南三大名石之一。豫园设计精巧，布局疏密得当，体现了江南园林小中见大的造园技巧，可谓集明清两代古园林艺术精华之大成。历来有“不游豫园，不算到上海”之说。

图 4.1　豫园景观

它位于南市区豫园商城内。

2．城隍庙

城隍庙（见图 4.2）位于南区豫园商场内，集明清两代古园林艺术精华，亭台楼阁、厅堂廊舫、曲桥水榭、假山奇石、池塘龙墙、古树名花，参差错落，掩映有致。内有鸟市、书场、茶楼、餐馆等经营项目，还有上海传统风味小吃酒酿圆子、小笼馒头、五香豆、八珍汤等，是人们最喜爱的游览胜地之一。

图 4.2　城隍庙

3．玉佛寺

玉佛寺是上海三座著名寺庙（玉佛寺、龙华寺和静安寺）之一，始建于 1882 年，寺院占地约 8000 平方米，房屋 299 间，具有 100 多年的历史。寺内有三进殿堂，一大一小、一坐一卧两尊玉佛（见图 4.3）。寺内还藏有清刻大藏经 7000 多卷，是上海名刹。

4．龙华寺

龙华寺（见图 4.4）是上海地区历史最悠久、规模最大的古刹，建于五代，后几毁几建，1952 年经政府整修，恢复了其宋代建筑艺术风格。寺内的建筑物有五进殿堂，东西两侧还建有钟楼、鼓楼和偏殿。钟楼中间挂着一口大铜钟，高两米多，重达 6500 多千克，夜深人静时，数里外也可听到清晰的钟声。“华龙晚钟”为旧沪城八景之一。现在，一年一度的迎新年龙华撞钟活动即在这里举行，游客纷至沓来。

(a)

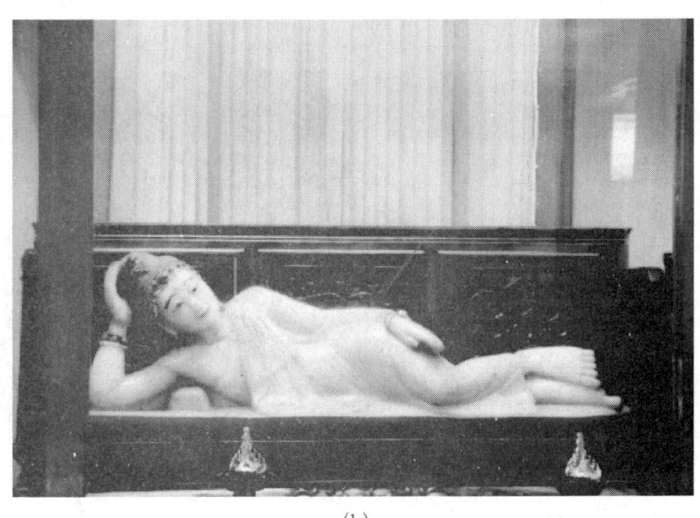

(b)

图 4.3　玉佛

5．上海外滩

上海外滩（见图 4.5）地处上海市区黄浦江西岸，北起外白渡桥，南至中山东二路新开河路口，长约 1700 米。外滩由江面、长堤、绿带和万国建筑所构成的街景，百年来一直是上海市的象征。各种欧式风格的大厦，构成了风格迥异、格调统一的建筑群。在这里，可看到哥特式的尖顶、古希腊式的穹隆、巴洛克式的廊柱、西班牙式的阳台，因而素有“万国建筑博览会”之称。外滩之夜格外迷人，千万盏艺术泛光灯和照明灯，把外滩装扮成“人间仙境”。

图 4.4　龙华寺

图 4.5　上海外滩

6. 南京路

南京路步行街（见图 4.6）位于上海市中心，东起外滩，西至黄河路。现在的南京路已成为上海最热闹、最繁华的一条商业大街，集全市商业之精华，是名副其实的购物天堂。夜晚的南京路上，五光十色的霓虹灯把整条街织成目不暇接的灯海。

7. 上海大剧院

上海大剧院（见图 4.7）是一座融新技术、新工艺、新材料于一体的艺术殿堂。它坐落在人民广场中央大道北侧，建筑总面积为 7 万平方米，整个建筑地下两层，地面六层，顶部两层，共计 10 层，是一座具有国际先进水平的大剧院，可以举办国际国内一流水平的芭蕾舞、歌剧、交响乐演出。

图 4.6　南京路步行街

图 4.7　上海大剧院

8. 东方明珠塔

东方明珠塔（见图 4.8）位于上海浦东陆家嘴，塔高 468 米，与外滩的“万国建筑博览群”隔江相望，位列亚洲第一、世界第三高塔。设计者富于幻想地将 11 个大小不一的球体串联起来，两颗红宝石般晶莹夺目的巨大球体被高高托起，整个建筑浑然一体。267 米高处建有旋转餐厅（每小时转一圈）。高耸入云的太空舱建在 350 米处，内有观光层、会议厅和咖啡座；空中旅馆设在五个小球中，有 20 套客房。东方明珠塔集观光、餐饮、购物、娱乐、住宿、广播电视发射为一体，已成为上海城市标志性建筑和旅游热点。

图 4.8　东方明珠塔

9. 金茂大厦

金茂大厦（见图 4.9）位于上海浦东新区陆家嘴金融贸易区黄金地段，与著名的外滩风景区隔江相望，是目前

中国第一、世界第三高楼。金茂大厦高 420.5 米，地上 88 层，地下 3 层，裙房 6 层。大厦集办公、酒店、餐饮、观光、会展、娱乐、购物等多功能于一体，其设计独特，是高智能的现代化摩天大楼。

10．南浦大桥

南浦大桥（见图 4.10）飞架于上海浦西陆家浜路至浦东新区南码头之间的江面上，于 1991 年 12 月 1 日建成通车，是我国自行设计、建造的双塔双索面、叠合梁斜拉桥，为世界第三大斜拉桥。桥全长 8346 米，分主桥、主引桥、分引桥三部分，中孔主跨 423 米，桥宽 30.35 米，6 车道，日通机动车 5 万辆；主塔高 154 米，塔柱中间由两根高 8 米、宽 7 米的上下拱梁牢牢地连接着，呈“H”型；桥下净空 46 米，5.5 万吨位的巨轮可安全通行。主塔上“南浦大桥”四个红色大字为邓小平同志题写（每字大 16 平方米）。浦西和浦东各有两架观光电梯，登桥面可饱览黄浦风光、浦东新貌以及外滩和陆家嘴金融区无数高楼。入夜大桥采用中杆照明，主桥用泛光照明，在钢索的根部有投光灯，将光射到桥塔上，光彩夺目。游人站在桥上，浦江两岸的景色尽收眼底。

图 4.9　金茂大厦

图 4.10　南浦大桥

11．杨浦大桥

上海杨浦大桥（见图 4.11）是世界最大跨径双塔双索面斜拉桥，于 1993 年 9 月 15 日建成，东与浦东新区的罗山路立交桥相接，西与浦西内环线高架道路相贯通，是我国自行设计、建造的双塔双索面斜拉桥。大桥全长 8354 米，其中主桥 1178 米，中孔跨度 602 米，两岸桥塔高 208 米，为倒“Y”钻石型，桥塔两侧各有 32 对共 256 根鹅黄色拉索将桥面凌空悬起，索面成立体扇形布置，蔚为壮观。主桥面宽 30.35 米，设 6 车道，日通行能力 5 万辆，两旁各有 2 米宽人行道，两岸有电梯上下，供人观光游览。桥下净空 48 米，可通行 5.5 万吨位轮船。

图 4.11　杨浦大桥

图 4.12　上海世博会中国国家馆

12．上海世界博览会中国国家馆

2010 年上海世界博览会（以下简称上海世博会）中国国家馆（见图 4.12）位于世博会园区浦东 A 片区，总建筑面积约 16.01 万平方米。中国馆展馆建筑外观以“东方之冠，鼎盛中华，天下粮仓，富庶百姓”的构思主题，表达中国文化的精神与气质；中国馆以大红色为主要元素，充分体现了中国自古以来以红色为主题的理念。展馆的展示以“寻觅”为主线，带领参观者行走在“东方足迹”、“寻觅之旅”、“低碳行动”三个展区，在“寻觅”中发现并感悟城市发展中的中华智慧。展馆从当代切入，回顾中国 30 多年来城市化的进程，凸显 30 多年来中国城市化的规模和成就，回溯、探寻中国城市的底蕴和传统。随后，一条绵延的“智慧之旅”引导参观者走向未来，感悟立足于中华价值观和发展观的未来城市发展之路。上海世博会后，中国国家馆作为世博会永久性的专题博物馆保留，接待中外游客。

4.2.2 江苏省

江苏省简称苏，人口 7866 万，位于中国东部地区，长江、淮河下游一带，东临大海，长江横穿东西，京杭运河纵贯南北，全省河流纵横，湖泊密布，是著名的“鱼米之乡”。省会南京市，是中国七大古都之一。江苏的自然风光，以山水组合、以水见长为特色，湖光山色，交相辉映，构成了一幅幅妩媚动人的立体山水图画；以南京、苏州、无锡、扬州、镇江等历史文化名城为中心，古都古迹、园林湖光、名寺古刹、风物特产等为本区主要旅游特色。

1．南京市

南京市是江苏省省会，简称宁，古有金陵、建业、建康等名称，位于江苏省西南部，横跨长江两岸。“钟山龙蟠，石城虎踞”早已成为南京的代名词。南京自古被称为“江南佳丽地，金陵帝王州”，被认为是东南沿海地区建都条件最好的地方，是中国七大古都之一，曾相继有东吴、东晋、宋、齐、梁、陈在此建都，素有“六朝古都”之称；后有南唐、明、太平天国、中华民国建都于此，故又有“十朝都会”之誉。南京既有山水之美，又兼古迹之胜，旅游景观遍布城内外，其中钟山风景区和秦淮河风光带景物尤为集中。

（1）钟山风景名胜区

钟山（见图 4.13）地处南京东郊，又名紫金山，是南京名胜古迹荟萃之地，除名闻中外的紫金山天文台位于峰顶外，其他名胜古迹大多分布在山的南麓。以中山陵为中心，西边

图 4.13　钟山风光

是梅花山、明孝陵、廖仲恺和何香凝墓、中山植物园，东边是灵谷寺、邓演达墓等。早在六朝时钟山已是佛教圣地，最盛时，山上曾有寺庙 70 多座，现仅存古刹灵谷寺。明朝时，这里是皇陵禁区，现在是南京市最大的风景游览区。

（2）中山陵

中山陵（见图 4.14）是中国民主革命先行者孙中山先生的陵墓，它坐落在南京钟山南麓，东毗灵谷寺，西临明孝陵，“前临平川，后拥青嶂”，整个陵区面积 3 万平方千米，苍松翠柏，漫山碧绿，庄严肃穆、气势雄伟，是游客到南京的必游之地。

中山陵于 1929 年建成，同年 6 月 1 日，根据孙中山生前的愿望，将其遗体自北京碧云寺运来此地安葬。主要建筑有祭堂、墓室、碑亭和墓道等。

整座陵墓呈巨大的钟形，表示唤起民众之意。从陵墓入口处到祭堂沿山势逐级升高，共有 392 级花岗石砌筑的石阶，平面距离 700 米，上下落差 70 米。大门入口处的牌坊横额有孙中山手书镏金大字“博爱”，石牌坊后面陵门的额上镌刻着孙中山手书“天下为公”。祭堂为陵墓的主体建筑，正面设三个拱门，门楣上分别书刻“民族”、“民权”、“民生”阳文篆字，正面双椽下有“天地正气”匾额。祭堂正中安放着 5 米高的孙中山大理石全身坐像，四壁有孙中山革命浮雕六幅，并刻有孙中山手书《建国大纲》。堂后为墓室，内放有孙中山大理石卧像，孙中山的灵柩在卧像下 5 米左右处。

中山陵东西两侧还有辛亥革命先驱廖仲恺、何香凝夫妇及邓演达墓。

（3）明孝陵

明孝陵（见图 4.15）位于南京钟山南麓，是明朝开国皇帝明太祖朱元璋和马皇后的陵寝，因朱元璋标榜“以孝治天下”，故名。据史料记载，陵墓在朱元璋死前 18 年就已建好，整个工程历时 32 年，动用 10 万军民，耗费巨大，是明代皇帝陵墓中规模最大的一座。但大部分建筑毁于战火，现存遗迹有神道、陵园和地宫三部分，仍令人感到气势不凡。

附近的梅花山是三国孙权的墓地，江南赏梅胜地之一。

（4）灵谷寺

灵谷寺（见图 4.16）是佛教名寺，位于中山陵东侧，是南京紫金山风景最佳处，古称“灵谷深松”。寺内主要建筑无梁殿高 20 米，宽 40 米，纵深 38 米，全用大砖砌成，不用寸木，无梁无柱，故称“无梁殿”，已有 600 多年历史，是我国有代表性的砖石建筑杰作。无梁殿后面是松风

图 4.14　中山陵

图 4.15　明孝陵

阁，阁西面是宝公墓塔（宝公即为后人传诵的“济公”，生在南朝宋、梁时期，生前死后极受推崇）。塔的正面是“三绝碑”，碑上有梁代著名高僧宝志和尚的石刻像。据说宝志像是唐代画家吴道子所画，像赞是唐代大诗人李白所作，字是唐代著名书法家颜真卿书写。

（5）玄武湖公园

玄武湖（见图 4.17）在南京的东北城外，自东吴起便是皇家训练水军的场所，六朝时还是皇家园林和猎苑；1909 年辟为公园。玄武湖中有五座小洲，象征世界主要的五大洲，各洲之间有堤桥相连，各有其胜，因此玄武湖又称“五洲公园”。著名胜迹有陶然亭、十里长堤、大型动物园等。玄武湖碧波荡漾，湖光山色，风景如画，是南京钟山风景名胜区的主要组成部分，为南京最大的公园。

图 4.16　灵谷寺

图 4.17　玄武湖

（6）秦淮河

图 4.18　秦淮河

秦淮河（见图 4.18）是流经南京最长的一条河流，全长 110 千米，分为内秦淮和外秦淮两支。内秦淮长约 5 千米，人称“十里秦淮”。从六朝起，秦淮河两岸就是南京历史上最繁华的商业区，被称为“风华烟月之区、金粉荟萃之所”，歌楼舞榭，骈列两岸；画舫游艇，纠集其间；桨声灯影，纸醉金迷，一派奢华景象。古往今来，无数文人墨客都曾到此游历寻迹，为“十里秦淮”留下了不少动人诗篇。秦淮河南岸的乌衣巷曾是东晋王导、谢安两大豪门贵族居住过的地方，后来两家衰败，唐朝诗人刘禹锡为此留下了“朱雀桥边野草花，乌衣巷口夕阳斜，旧时王谢堂前燕，飞入寻常百姓家”的名句。东晋书法家王羲之、王献之父子也在秦淮河南岸居住过。夫子庙是秦淮河畔的明珠，是供奉和祭祀孔子的地方，曾是古代文化胜地。

解放后，秦淮河风光带经过重新整修，目前商贸发达，古建汇集，已成为庙、市、景合一，集游览、购物、品尝小吃于一体，展现古都南京特有风貌和民俗风情的重要旅游景区，是游人必到之地。

2．水巷小桥姑苏城——苏州市

苏州是我国第一批公布的 24 个历史文化名城之一。早在春秋时期即为吴国都城，至今已有 2500 多年的历史。在这 2500 多年的发展演变中，这座古老的城市积淀了深厚的文化底蕴，形成了自己独特的风貌。

苏州具有江南水乡的独特风光（见图 4.19），前巷后河，遍及全城，街道依河而建，建筑临水而造。据清末《吴县志》所记，在 210 平方千米城厢内外，有各种桥梁 310 座，平均每平方千米 1.5 座，而号称世界著名“水城”的意大利威尼斯，每平方千米只有 0.1 座。可见马可波罗将苏州誉为“东方威尼斯”是有余而无不足的。

图 4.19　苏州水乡风光

苏州又有江南“鱼米之乡”、“丝绸之府”的美誉，明代起就成为全国最大的丝织业中心之一，传统产品“苏绣”驰名中外。

苏州又是我国著名的“园林之城”。苏州园林既集中了江南园林的精华，又代表了宋、元、明、清不同朝代的园林建筑风格，享有“江南园林甲天下，苏州园林甲江南”之美誉。被称为苏州四大名园的是沧浪亭、狮子林、拙政园、留园。其中，拙政园和留园被列为全国重点文物保护单位。

本旅游区其他旅游地还有周庄、虎丘、怡园、环秀山庄、寒山寺、玄妙观、伍子胥墓、唐伯虎故居与墓葬、太平天国忠王府、同里镇、苏州丝绸博物馆、中国苏绣艺术博物馆等，其中周庄是中国当之无愧的第一水乡。

(1) 狮子林

狮子林（见图 4.20）是苏州四大名园之一，位于苏州园林路，是元代园林的代表。园内以太湖石假山洞壑著名，有“假山王国”之称。全园面积仅 16.5 亩，太湖石假山就占了一半，千奇百怪的石峰似形态各异的狮子，故得名。狮子林假山群峰起伏，气势雄浑，奇峰怪石，玲珑剔透。假山群共有九条路线，21 个洞口。

图 4.20　狮子林

据史载，乾隆皇帝六游狮子林，还下令在北京圆明园、承德避暑山庄内仿建了两座狮子林，可见当年皇帝对狮子林情有独钟。

苏州园林甲江南，狮子林假山迷宫甲园林。狮子林于 1997 年 12 月被联合国教科文组织列入《世界遗产名录》。

(2) 拙政园

拙政园（见图 4.21）位于苏州市城内东北街，为苏州最大的名园。它不仅是苏州四大名园之一，而且还是全国四大古典名园（颐和园、避暑山庄、拙政园、留园）之一，实为苏州园林之冠。

拙政园建于明代，全园分东、中、西三部分。全园以水体为中心，配以平桥低栏、石山小岛、树木花草。东园明快开朗，以秫香馆、兰雪亭等建筑为主；中园为拙政园精华所在，以远香堂为主景，临水布置了形体不一、高低错落的建筑；西园主体建筑有卅六鸳鸯馆、与谁同坐轩。拙政园于1997年12月被联合国教科文组织列入《世界遗产名录》。

（3）留园

留园（见图4.22）是苏州四大名园之一，位于苏州留园路，因园主姓刘故名刘园，后习称留园。全园占地约50亩，其间以曲廊相连，迂回连绵，通幽度壑，秀色迭出。园内矗立着著名的“留园三峰”：冠云峰、瑞云峰、岫云峰。冠云峰高6.5米，玲珑剔透，系江南园林中最高大的一块湖石。留园以宜居宜游、疏密有致的山水布局和独具风采的石峰景观，成为清代具有代表性的园林之一。留园于1997年12月被联合国教科文组织列入《世界遗产名录》。

图4.21　拙政园

图4.22　留园

（4）网师园

网师园（见图4.23）地处苏州古城东南隅阔家头巷，全园面积仅8亩多，被誉为苏州园林之“小园极则”，堪称中国园林以少胜多的典范。网师园是古代苏州世家宅园与园林相连布局的典型。其东宅西园，东部为住宅区，并与花园紧密结合；中部山水景物区，建筑以造型秀丽、精致小巧见长，尤其是池周的亭阁，有小、低、透的特点；西有内园，名殿春簃，房宇亭廊泉石花草齐备，给人以园中有园、景外有景之感。网师园于1997年12月被联合国教科文组织列入《世界遗产名录》。

图4.23　网师园

（5）沧浪亭

沧浪亭（见图4.24）为苏州四大名园之一，在苏州市南三元坊附近，是江南现存历史最久的古园林之一。五代末年此处为吴越国吴军节度使孙承祐别墅。北宋庆历年间，诗人苏舜欲买下别墅临水筑亭，园主因有感于渔父《沧浪之水》而命名为“沧浪亭”，并作《沧浪亭记》。全园面积约16亩。进门山丘隆起，以山为主，建筑均环山布置。山上小径曲折盘回，林木蓊郁，道旁箬竹丛生，沧浪亭翼然山顶，景色自然。山南有明道堂、五百名贤祠、看山楼等建筑。园内另有藕香水榭、闻炒香室、瑶华境界等处，自成院落。沧浪亭于2001年被联合国教科文组织列入《世界遗产名录》。

江南水乡古镇有百余年的悠远历史，百余年的文化底蕴构成了江南水乡“小桥、流水、人家”的独特风貌。苏州水乡古镇众多，其中以周庄、同里最具代表性。

(6) 周庄

周庄（见图 4.25）位于苏州昆山市，四面环水，“井”字形河道通贯全镇，形成八条长街，河上保存着元、明、清历代石桥数十座。建于元代的富安桥，四面各有一座飞檐垂角、装饰富丽的楼阁，是目前江南仅存的桥楼建筑。建于明万历年间的双桥，由两座石拱桥相连而成，十分独特。周庄至今保存了大批明清时代的建筑，如张厅、沈厅、周厅等近百座古老院宅及 60 余栋雕砖门楼。

图 4.24　沧浪亭

图 4.25　周庄

(7) 同里古镇

同里古镇（见图 4.26）位于江苏省吴江市，处于泽国河网之中。古镇基本保持了明清时代的格局。同里因水多，故桥也多，大多建于宋以后各朝代，著名的有思本桥和富观桥，成品字形架设在河道上的有太平、吉利、长庆三座古桥。镇内遍布古迹，有退思园、耕乐堂、侍御古坊等。退思园布局独特，以池为中心，园内亭台楼阁及山石均紧贴水面，如浮水上，所以又有“贴水园”之称，在建筑史上堪称一绝。全园格局紧凑自然，结合植物配置，点缀四时景色，给人以清澈、幽静、明朗之感。园内崇本堂、嘉荫堂的木雕艺术十分精美。

图 4.26　同里古镇

3. 太湖明珠——无锡市

无锡位于太湖北岸，是座有 3000 多年历史的古城。市内的锡山附近周、秦时曾盛产锡矿，此地曾名“有锡”，后锡矿采尽，便改名“无锡”。无锡经济繁荣，是太湖流域稻米、蚕丝的主要产地和集散地，历史上的四大米市之一。20 世纪以来，无锡以工商业闻名于世，有“小上海”之称。城市特色是以自然风光和近代园林为主。自然风光以水取胜，尤以太湖为主，其风光名胜大多与太湖景色相联系，因而被誉为“太湖明珠”。其主要名胜有鼋头渚、蠡园、锡惠公园及梅园等，还有三国城、唐城、水浒城等一批颇具影响力的现代人造景观。

（1）鼋头渚

无锡的鼋头渚（见图 4.27）是伸入太湖中的一个小半岛，因三面环水，形似鼋（甲鱼）头，伸入湖中而得此名，是太湖风景精华所在地，是观赏太湖的最佳处。诗人郭沫若在饱览太湖景象后曾写下“太湖绝佳处，毕竟在鼋头”的诗句，来赞美这里的景色。

（2）蠡园

蠡园（见图 4.28）位于无锡市西南的蠡湖北岸，因蠡湖而得此名。蠡湖原名五里湖，相传春秋时期，越国大夫范蠡功成退隐，携绝代佳人西施，到五里湖做了大商人，经常泛舟五里湖上，后人为纪念此二人就把五里湖称为蠡湖。蠡园三面临湖，以水饰景，将人工修饰与自然天成结合，将北方园林的宏伟与南方园林的秀美融为一体，别具一格，为江南名园之一。现已扩建成蠡园公园。

图 4.27 鼋头渚

图 4.28 蠡园

（3）锡惠公园

锡惠公园（见图 4.29）位于无锡市西郊惠山和锡山之间。惠山以泉著名，惠山泉人称“天下第二泉”，民间音乐家瞎子阿炳（华彦均）曾在此谱写了“二泉映月”的二胡名曲，更使二泉美名远播天下。著名的无锡泥塑“惠山泥人”也出于此。两山周围的名胜古迹主要有惠山寺、寄畅园等。现将两山连成一体辟为锡惠公园。

（4）太湖影视城

太湖影视城（见图 4.30）为中央电视台无锡外景基地，规划建六处景点，目前已建成唐城、三国城、水浒城、欧洲城。电视连续剧《西游记》、《唐明皇》和电影《杨贵妃》等均在此拍摄。目前它已形成集影视拍摄、娱乐、游览、饮食于一体，影响越来越大的游览胜地。

4．绿杨城郭的文化城——扬州市

扬州又称广陵，是一座具有 2500 多年历史的古城。隋炀帝时始称扬州。唐代时扬州是国内外著名的大都会。

扬州不仅是历史名城，而且是一座风景秀丽的古城。扬州同时兼具江南水乡水多、桥多的特点，自古就是诗人墨客吟咏的对象。杜牧的“二十四桥明月夜，玉人何处教吹箫”更使扬州声名远扬。

历史为扬州留下了大量的古迹，著名的有古运河、平山堂、大明寺（见图 4.31）、瘦西湖、史公祠、鉴真纪念堂等。

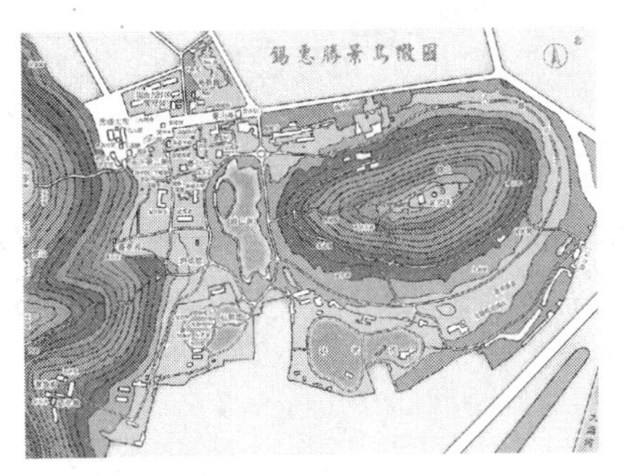

图 4.29　锡惠公园

图 4.30　太湖影视城

扬州自古还以园林取胜，著名的有平山西园、小盘谷、寄啸山庄等，既有别于富丽的皇家园林，又不同于典雅的江南园林，兼有“南方之秀，北方之雄”的独特风格，是我国园林艺术中的杰作。

（1）个园

个园（见图 4.32）是扬州最著名的古典园林之一。因园内广种竹子，而竹叶形似“个”字，故名个园。以假山堆叠精巧著名，假山约占全园面积的三分之二。

（2）瘦西湖

瘦西湖（见图 4.33）位于扬州市西北郊，与杭州西湖相比，因其湖面狭长、清瘦秀丽而得名，瘦西湖全长 4.3 千米，有长堤、徐园、小金山、吹台、月观、五亭桥、凫庄、白塔等名胜。湖区利用桥、岛、堤使狭长湖面形成层次分明、曲折多变的山水园林景观。

（3）云台山

云台山位于连云港东北端，山上多奇峰异石、岩洞、岩画与石刻。主要景观有玉女岛、文笔峰、猴嘴、虎嘴等。尤以《西游记》里的花果山（见图 4.34）、水帘洞最为著名，为国家风景名胜区。

图 4.31　大明寺

图 4.32　个园

图 4.33　瘦西湖

图 4.34　花果山

4.2.3 浙江省

浙江省简称浙，因钱塘江旧名浙江而得名，省会杭州市，人口5442多万，位于我国东南沿海，太湖以南、东海之滨。浙江沿海有2000多个岛屿，是我国岛屿最多的省份。浙江山清水秀，人杰地灵，素有鱼米之乡、丝茶之府、文物之邦、旅游胜地的誉称。浙江省的旅游资源得天独厚，丰富多彩，风景名胜区的数量众多。

1．天下无双的城市——杭州市

杭州是浙江省省会，坐落在杭州湾口，钱塘江下游北岸，京杭大运河南端，是我国历史文化名城。自秦置钱塘县以来，至今已有2000多年的历史。隋朝开通大运河后，极大地促进了杭州的发展和繁荣。唐代的杭州以“东南名郡”称世，“上有天堂，下有苏杭”的谚语已在民间流传。历史上前后共有14个皇帝以杭州为国都，作为都城的历史长达237年之久，成为我国六大古都之一。

杭州又是举世闻名的风景旅游城市。杭州的名声与秀丽的西湖分不开，“天下西湖三十六，就中最好是杭州”。苏州有园林之胜，杭州有西湖之美。

同时，杭州自古为“丝绸之府”，盛产丝绸、织锦。出产的茶叶为茶中名品，“西湖龙井虎跑水”并称西湖“二绝”。还有著名的传统手工艺品绸伞、檀香扇等。

杭州是我国的五大黄金旅游城市之一，也是接待海外旅游者最多的城市之一。其主要旅游点有西湖、灵隐寺、六和塔等。其中西湖是杭州风景名胜最丰富、最集中的地区。

（1）杭州西湖

西湖（见图4.35）又名西子湖，位于杭州城西，三面环山，东面濒临市区，水面面积约5.68平方千米，湖岸周长15千米，是中国十大风景名胜之一。

图4.35 杭州西湖

西湖环湖一周的景点主要有一山、二堤和三岛。

1）一山指的是孤山。孤山景区的名胜古迹多达30多处，著名的有西泠桥、西泠印社、秋瑾墓、楼外楼、中山公园及清代的皇家藏书楼文澜阁等。

2）二堤指苏堤和白堤。苏堤系苏东坡发动民工所筑，现已成为杭州的“情人堤”。堤的南端建有“苏东坡纪念馆”。白堤的特色是“间株杨柳间株桃”，春天堤上桃红柳绿，游人到此，如临仙境。在白堤的尽头就是著名的断桥。苏堤和白堤将湖面分成外湖、北里湖、西里湖、岳湖和小南湖五个部分。

3）三岛是指三潭印月（即小瀛洲）、湖心亭和阮公墩。西湖处处有胜景，历史上除有“钱塘十景”、“西湖十八景”之外，最著名的是南宋定名的“西湖十景”，即苏堤春晓、曲院风荷、平湖秋月、断桥残雪、花港观鱼、南屏晚钟、双峰插云、雷峰夕照、三潭印月、柳浪闻莺。1985年又评出了“新西湖十景”。与西湖风景区融为一体的名胜古迹众多，主要有纪念著名民族英雄岳飞的岳庙、岳坟，我国佛教禅宗十刹之一的灵隐寺，我国砖木结构建筑物中珍贵遗产之一的六和塔等。

(2) 灵隐寺

图 4.36　灵隐寺

灵隐寺（见图 4.36）始建于东晋咸和三年（公元 328 年），至今已有 1600 余年的历史，为杭州最早的古刹。灵隐寺地处杭州西湖以西，背靠北高峰，面朝飞来峰，两峰挟峙，林木耸秀，深山古寺，云烟万状。

开山祖师为西印度僧人慧理和尚，他在东晋咸和初，由中原云游入浙，至武林（即今杭州）见有一峰而叹曰："此乃中天竺国灵鹫山一小岭，不知何代飞来？佛在世日，多为仙灵所隐。"遂于峰前建寺，名曰灵隐。

灵隐寺初创时佛法未盛，一切仅初具雏形。至南朝梁武帝赐田并扩建，其规模稍有可观。唐大历六年（公元 771 年），曾做过全面修葺，香火旺盛。然而，唐末"会昌法难"，灵隐受殃，寺毁僧散。直至五代吴越王钱镠，命请永明延寿大师重新开拓，并新建石幢、佛阁、法堂及百尺弥勒阁，赐名灵隐新寺。鼎盛时曾有九楼、十八阁、七十二殿堂，僧房一千三百间，僧众多达三千余人。南宋建都杭州，高宗与孝宗常幸驾灵隐，主理寺务，并挥洒翰墨。宋宁宗嘉定年间被誉为江南禅宗"五山"第一。清顺治年间，禅宗巨匠具德和尚住持灵隐，立志重建，广筹资金，仅建殿堂时间前后历 18 年之久，梵刹庄严，古风重振，其规模之宏伟跃居"东南之冠"。清康熙二十八年（公元 1689 年）南巡时，赐灵隐为"云林禅寺"。

新中国成立后，灵隐寺多次进行大规模整修。于今，在政府落实宗教信仰自由政策的方针下，在监院光泉法师的引领下，以"充分发扬佛教优良传统，积极建设东南人间净土"为发展目标，使灵隐这座千年古刹，法幢高树，海众安和，呈现出一派欣欣向荣的景象。

2．稽山镜水的文化城——绍兴市

绍兴是具有鲜明江南风光特色和深厚文化底蕴的吴越古城，是我国历史文化名城之一。从春秋时代越国大夫范蠡筑城算起，绍兴已有 2400 多年历史。这里物华天宝、人杰地灵，曾孕育了一大批杰出的人物。悠久的历史、灿烂的文化为绍兴留下了多达 100 处文物胜迹。

绍兴还是典型的江南水乡风光城市，有"千岩竞秀，万壑争流"的会稽山，有"人在鉴里，舟行画中"的鉴湖，全市有桥 10 800 座，"水城桥乡"，别有风味。绍兴著名的名胜古迹有禹庙和禹陵、兰亭、沈园、鲁迅纪念馆等。

图 4.37　禹庙和禹陵

(1) 禹庙和禹陵

禹庙和禹陵（见图 4.37）位于绍兴会稽山，相传夏禹治水成功，东巡至此山，聚诸侯于此，死后就葬在这里。因此，山上建有禹庙和禹陵，自古就是祭禹的地方，至今仍是人们瞻仰凭吊的胜地。

(2) 兰亭

绍兴兰亭（见图 4.38），王羲之在此写下了书法杰作《兰亭集序》。这里还有王羲之当年洗涮毛笔的墨池以及养鹅的鹅池。

(3) 沈园

沈园（见图 4.39）位于绍兴市内，是一座著名的园林。园内有楼台亭阁、假山池塘、茂林翠竹，环境优美。沈园是陆游与唐琬相遇的地方，陆游的名词《钗头凤》至今还留在园中墙上。

图 4.38　兰亭

图 4.39　沈园

(4) 鲁迅纪念馆

绍兴是鲁迅的故乡，鲁迅的许多作品都取材于绍兴，他所描写的阿 Q、祥林嫂、孔乙己等人物的生活，都是以这里为背景。鲁迅纪念馆位于绍兴市城南，包括鲁迅故居、百草园、三味书屋和鲁迅生平事迹陈列厅。馆内陈列着鲁迅一生革命活动的实物、信札、手稿、照片等珍贵文物。

鲁迅纪念馆（见图 4.40）西有咸亨酒店，北有秋瑾纪念碑、周恩来祖居和蔡元培故居，很值得一游。

3．三湖三寺古明州——宁波市

宁波简称甬，古称明州，位于浙江省东部，我国海岸线的中段。宁波依山傍海，是著名的港口城市和全国历史文化名城。宁波历史文化丰富，名胜古迹甚多，著名景点有三湖（东钱湖、慈湖和月湖）三寺（保国寺、天童寺和阿育王寺）、天一阁、河姆渡遗址、舟山群岛、奉化溪口蒋宅等。

(1) 保国寺

宁波保国寺（见图 4.41）的大雄宝殿，不用一钉，却能屹立近千年，且“虫不蛀、鸟不栖、鼠不入”，是我国现存最早的罕见木结构建筑之一。

图 4.40　鲁迅纪念馆

图 4.41　保国寺

(2) 天童寺

宁波天童寺（见图 4.42）是禅宗名刹，以规模宏大著称，现尚存房屋 730 多间，号称“东南佛国”，我国佛教“五天丛林”之一。

(3) 天一阁

天一阁（见图 4.43）位于宁波市城西，距今已有 400 多年历史。天一阁是我国现存最古老的藏书楼，以藏书之丰著称于世，享有“南国书城”盛誉。建筑设计古朴，具有江南园林特色。

图 4.42　天童寺

图 4.43　天一阁

4．普陀山风景名胜区

图 4.44　普陀山磐陀石

普陀山位于浙东近海舟山群岛上，是我国四大佛教名山之一。佛教活动始于唐宋，盛于明、清。香火旺盛时代，曾达到“五百丛林，三千僧众”之规模，相传为观音菩萨道场。普陀山集庙、沙、石（见图 4.44）、洞等于一山，以奇特的海滨地貌和浓郁的宗教气氛而名闻中外，素有“海天佛国”之称。人文景观以三大寺庙为代表，即普济寺、慧济寺、法雨寺；自然风光可以用“一境、二洞、三沙”来概括。一境即“梅岭仙境”；二洞即潮音洞、梵音洞；三沙指东部海滩的千步沙、百步沙和金沙，是人们游泳的好去处。

5．雁荡山风景名胜区

雁荡山（见图 4.45）位于温州市乐清市，主峰雁湖岗，海拔 1057 米，雁湖岗顶有湖，芦苇丛生，结草成荡，秋雁常来栖宿，故称雁荡。雁荡山以山水奇秀闻名，号称东南第一山，是我国风景秀丽的名山之一。景观丰富，景物集中，尤其是奇岩怪石造型独特，象形肖物，且移步换形，晨昏不一，惟妙惟肖，以“造型地貌博物馆”名闻遐迩。雁荡山有 300 多个风景点，分为五个景区，其中灵峰、灵岩和大龙湫三景区称为“二灵一龙”，被誉为“雁荡三绝”。特产有雁茗、香鱼、观音竹、金星草、山乐官鸟，世称“雁荡五珍”。

6．钱塘江

钱塘江，位于浙江省北部，是我国东南沿海的一条著名河流，发源于安徽省休宁县西南，皖、赣两省交界处怀玉山脉主峰六股尖的东坡。全长605千米，流域面积5万平方千米，占全省面积的43%，是浙江省的第一大河流。

提起钱塘江，人们自然会想到举世闻名的海宁潮。海宁潮，又名钱江潮，是海洋中的一种潮汐现象，自古称为“天下奇观”。海宁潮是壮观无比的自然动态奇观，在古代它和“雷州换鼓”、“广德埋藏”、“登州海市”一起合称为“天下四绝”。当江潮从东涌来时，似一条银线，渐渐地“则玉城雪岭际天而来，大声如雷霆，震撼激射，吞天沃日，势极雄豪”。

钱江观潮（见图4.46）始于唐，盛于宋。海宁的观潮盛于明朝，至今已有400年历史，并以盐塔一线潮著称。这些年，随着海涂围垦和钱塘江流沙的淤积，除盐官不失为第一观潮胜地外，盐官东8千米处的八堡、大缺口、龙头角一带以及盐官西11千米的老盐仓也成为观潮热点。涌潮时速约为25千米/时，驱车追潮，一潮三看，可大饱眼福。

图4.45　雁荡山

图4.46　钱江观潮

4.2.4 安徽省

安徽省简称皖，省会合肥市，人口5950万，跨长江、淮河流域。安徽徽州地区的商业，在中国商业史上占有重要地位，明清之际是徽州商业的黄金时代，徽州商人被称为“徽帮”，与山西商人并列全国两大商帮。

安徽历史上英才辈出。例如，明朝开国皇帝朱元璋的老家在凤阳，家喻户晓的清官包拯包青天家乡在合肥，我国古代名著《儒林外史》的作者吴敬梓为全椒县人，歙县名人则有近代的大教育家陶行知、名人冯玉祥、文学家蒋光慈等。本区历代人才济济，众多的名人为本区留下了丰富的文物古迹。

安徽具有浓郁地方特色。至今仍保留了明清风格的徽派古建筑，以烹制山珍海味而著称的徽菜，中国传统的文房“四宝”中的宣纸、徽墨、歙砚等都使本区更加魅力无穷，光彩照人。

安徽的大江南北、淮河两岸名山错落，秀水长流，著名的景点有黄山、九华山、天柱山、齐云山等，以山见长，以水添姿。

图 4.47　黄山风光

1．黄山风景名胜区

黄山（见图 4.47）位于安徽省东南部，原名黟山，因传说轩辕黄帝曾在此修身炼丹，唐明皇时改名为黄山。

黄山号称天下第一奇山，它集名山胜景于一身，兼有泰山之雄伟、华山之峻峭、衡山之烟云、庐山之飞瀑、峨嵋之清秀、雁荡之巧石、长白之温泉，是我国著名的旅游名山。所以有“震旦第一奇山”之称，又有“天下名景集黄山”之赞语。

黄山不仅是我国著名的风景区，而且也是世界知名的游览胜地。有大小峰 72 座，其中，天都峰、莲花峰和光明顶是黄山三大主峰，海拔均在 1800 米以上。“奇松、怪石、云海、温泉”历来被称为黄山“四绝”。山中处处皆景，共有景点 400 多处，主要分成七个景区。

黄山不仅是一个风景胜地，而且是一个天然的植物园。山中有各种植物约 3000 种和很多珍禽异兽，黄山毛峰茶也驰名中外。

黄山气候宜人，夏季凉爽，是避暑胜地，每年中外游客络绎不绝。“五岳归来不看山，黄山归来不看岳”反映了黄山在中国山岳风景区中的地位。正因为如此，黄山被评为“中国十大风景名胜”之一，并作为自然和文化双重遗产被联合国教科文组织列入《世界遗产名录》。

图 4.48　九华山

2．九华山风景名胜区

九华山（见图 4.48）位于皖南青阳县境内，古称九子山，后因李白的诗“昔在九江上，遥望九华峰。天河挂绿水，绣出九芙蓉”而改称九华山。

九华山是我国四大佛教名山之一，其佛教活动始于唐代。明清两代，山中佛教活动进入极盛时期，大小寺庙达 300 多座，僧众 4000 多人，享有“佛国仙城”之名。山上现存寺庙 78 座，寺庙建筑具有皖南民居风格，别具匠心。山上还有大小佛像 6000 多尊，藏有与佛教有关的珍贵文件 1300 多件，其密集程度居国内四大佛山之首。整座九华山是一个巨大的佛教文化宝库。

九华山不仅以佛教人文景观著称，而且山水雄奇、灵秀，胜迹众多。在全山 120 平方千米范围内，奇峰迭起，怪石嶙峋，涌泉飞瀑，溪水潺潺。鸟语伴钟鼓，云雾现奇松，自然风光十分迷人，为国家重点风景名胜区。

3．天柱山风景名胜区

天柱山（见图 4.49）位于安徽潜山、岳西县，是由花岗岩构成的山岳，主峰海拔 1490 米，壮丽峻秀，多瀑布、清泉，林木茂密，海拔千米以上多为黄山松，千姿百态。天柱山古称皖山，现存三祖寺等寺庙和历代文人留下的摩崖石刻200多处。天柱山风景名胜区是国家重点风景名胜区。

4．琅琊山风景名胜区

琅琊山风景名胜区位于安徽滁州市，古称摩陀岭，包括琅琊山（见图4.50）、城西湖、姑山湖、三古四大景区，以茂林、幽洞、碧湖、流泉为主要观景特色。区内动植物种类繁多，人文景观丰富，有始建于唐代的琅琊寺。醉翁亭位于琅琊山半山腰，为中国四大名亭之一，与丰乐亭都因镌有欧阳修文、苏东坡字而著名。三古景区（古关隘、古驿道、古战场）、卜家墩古遗址留下了大量的古迹和文物。此外还有唐吴道子画观音像、唐元数百处摩崖石刻等景点。琅琊山风景名胜区是国家重点风景名胜区。

图4.49　天柱山

图4.50　琅琊山

5．齐云山风景名胜区

齐云山（见图4.51）位于安徽省休宁县，古称白岳，与黄山南北相望，素有“黄山白岳甲江南”之誉，因最高峰廊崖“一石插天，与云并齐”而得名，乾隆皇帝称之为“天下无双胜景，江南第一名山”。齐云山由齐云、白岳、岐山、万寿等九座山峰组成。齐云山又是道家的“桃源洞天”，为道教名山之一，以山奇、水秀、百怪、洞幽著称。齐云山共分月华街、云岩湖、楼上楼三个景区，有奇峰36座，怪岩44处，幽洞18个，飞泉洞27条，池潭14方，亭台16座，碑铭百刻537处，百坊3个，石桥5座，庵堂祠庙33处。丹岩耸翠，群峰如海，道院禅房为营，碑铭石刻星罗棋布。齐云山风景名胜区是国家重点风景名胜区。

图4.51　齐云山

6．省会中心城市——合肥

合肥市地处华东西缘，位于江淮中部，是安徽省省会，全省政治、经济、文化中心。合肥是一座具有2000多年历史的古城，市内古代名胜主要有包公祠、逍遥津和教弩台等。

(1) 包公祠

包公祠（见图 4.52）位于合肥市，今称“包孝肃公祠”，是纪念北宋清官包拯的专祠，始建于明，重建于清。祠附近有包公井，又称“廉泉”，以及包拯墓园。

(2) 逍遥津

逍遥津（见图 4.53）位于合肥市旧城东北角，为古时肥水上的津渡，是著名的三国古战场。“张辽威震逍遥津”的故事即发生于此。今辟为逍遥津公园，有逍遥湖、逍遥山庄、张辽衣冠冢等景点，为游览胜地。

图 4.52 包公祠

图 4.53 逍遥津一景

(3) 教弩台

合肥市教弩台（见图 4.54）俗称“点将台”，为曹操所筑军事堡垒，他曾在此教练强弩手 500 人，以抗击东吴水军。

7. 皖南古村落

(1) 西递

西递（见图 4.55）是黄山市最具代表性的古民居旅游景点，坐落于黄山南麓。据史料记载，西递始祖为唐昭宗李晔之子，因遭变乱，逃匿民间，改为胡姓，繁衍生息，形成聚居村落，故自古文风昌盛。到明清年间，一部分读书人弃儒从贾，他们经商成功，大兴土木，建房、修祠、铺路、架桥，将

图 4.54 教弩台

图 4.55 西递

故里建设得非常舒适、气派、堂皇。历经数百年社会动荡、风雨侵袭，虽半数以上的古民居、祠堂、书院和牌坊已毁，但仍保留下数百幢古民居，从整体上保留下明清村落的基本面貌和特征。

图 4.56　宏村

（2）宏村

宏村（见图 4.56）位于黟县城西北角。村内鳞次栉比的层楼叠院与旖旎的湖光山色交相辉映，动静相宜，空灵蕴藉，处处是景，步步入画。从村外自然环境到村内的水系、街道、建筑，甚至室内布置都完整地保存着古村落的原始状态，没有丝毫现代文明的迹象。造型独特并拥有绝妙田园风光的宏村被誉为“中国画里乡村”。

皖南古村落西递、宏村作为文化遗产被联合国教科文组织列入《世界遗产名录》。

4.2.5　江西省

江西省因唐代属江南西道，故名江西；又因赣江贯穿南北，简称赣；省会南昌市，人口 4456 多万；位于长江中下游以南，地形呈向北开口的盆地形势，北部为鄱阳湖平原。鄱阳湖是我国第一大淡水湖，纳赣、抚、信、饶、修等江河入长江。三面环山，附江带湖，沃野千里，是江南重要的稻米、油茶、木材、竹材、淡水鱼苗产区及有色金属基地。江西历史上以景德镇的瓷器生产闻名，并一直延续至今。

江西具有光荣的革命历史。1927 年 8 月 1 日，中国共产党领导和发动了“八一南昌起义”；井冈山革命根据地是毛泽东同志于 1927 年创立的全国第一个农村革命根据地；红色故都瑞金是中央革命根据地首府；红色安源是中国早期工人运动的发源地。本省主要旅游景点有庐山、三清山、龙虎山、井冈山、滕王阁、景德镇等。

1．庐山风景名胜区

庐山（见图 4.57）在江西省北部，九江市南，北临长江，东濒鄱阳湖，一山独峙，群峰峥嵘，自然景色优美，是自古以来著名的游览避暑胜地。山麓四周公路环绕，四通八达；山上主要风景点亦通汽车，旅游方便。庐山以大汉阳峰最高，海拔 1474 米。

图 4.57　庐山风光

由于傍依大江、大湖，因此山上云雾缭绕，云海为其特色。在庐山还可以看到“瀑布云”的奇景，有时它像涓涓细流，流入幽谷，有时又似奔腾的江河，汹涌澎湃，飞流直下，一泻千尺。庐山雨雾出名，庐山出产的云雾茶也是茶叶中的佳品。

庐山的瀑布也是很有名的。唐代诗人李白的《题庐山瀑布》一诗，给庐山瀑布带来了极高的声誉。“日照香炉生紫烟，遥看瀑布挂前川。飞流直下三千尺，疑是银河落九天。”这首写庐山瀑

布的短诗，采取了艺术夸张的手法，气势雄伟，被后人誉为千古绝唱。庐山瀑布最著名的应数三叠泉，被称为庐山第一奇观。

庐山的含鄱口，左望扬子江，右望鄱阳湖，形势壮观。这是一个山口，似欲吸尽鄱阳湖水，故名含鄱口，在这里看日出，湖天尽赤，红霞荡漾，金光闪闪，景色动人。

庐山不但风景秀丽，而且有许多古迹。著名的花径就是庐山三大名寺之一大林寺的遗址。据说唐代诗人白居易登庐山时，山下桃花已谢，而这里的桃花却正值怒放，不禁诗兴大发，写下了《大林寺桃花》："人间四月芳菲尽，山寺桃花始盛开。常恨春归无觅处，不知转入此中来。"始建于晋代的东林寺，规模宏大，被称为中国佛教八大道场之一，是庐山寺院的鼻祖。白鹿洞书院，相传是唐代李渤读书的地方，并在此养一鹿自娱，后称白鹿洞；宋代朱熹、陆九渊重建洞府，扩建为书院，为我国历史上最早的四大书院之一；该处林木葱茏，环境清幽，院内还有陶渊明、李白、杜甫、白居易、苏轼、陆游、范仲淹等赋诗填词的数以百计的历代碑刻。

云雾缭绕绿树丛中隐现的一幢幢山间别墅，形成了我国少见的高山别墅园林群体景观。有的耸立在翠峰秀峦之上，有的坐落在幽壑小溪之间。这些别墅不仅造型别致，风格各异，而且在设计上，别墅之间的距离、体量及造型都有严格控制，使之与周围自然环境融洽协调，成为庐山美景的一个组成部分。

庐山是我国著名的旅游、避暑和疗养胜地，作为文化景观遗产被联合国教科文组织列入《世界遗产名录》。

2．英雄城——南昌

南昌位于江西省北部，赣江下游，是江西省省会，因古时为我国"江南昌盛之地"，因而得名。南昌是一座具有 2000 多年历史的文化名城，还是一座具有光荣革命传统的城市，1927 年这里爆发了举世闻名的"八一南昌起义"，南昌因此被誉为英雄城市。南昌市区风景优美，名胜古迹繁多，著名的有滕王阁、八一南昌起义总指挥部旧址、青云谱等。

(1) 滕王阁

素有"西江第一楼"之称的滕王阁（见图 4.58），雄踞南昌沿江北大道，依城临江，瑰伟绝特。唐显庆四年（公元 659 年），太宗之弟、滕王李元婴都督洪州（今南昌）时营建，阁以其封号命名。上元二年（公元 675 年）九月九日，重修滕王阁，洪州都督阎伯屿在此大宴宾客，原拟由其婿撰写阁序以之夸客。王勃省父，过此，席间作《秋日登洪府滕王阁饯别序》，简称《滕王阁序》。王勃的《滕王阁序》，脍炙人口，传诵千秋，誉满天下。文以阁名，阁以文传，历千载沧桑而盛誉不衰。滕王阁于 1989 年第 29 次重建，整个建筑高 57.5 米，飞檐翘角，画栋雕梁，外观极为壮丽，吸引着纷至沓来的中外游人。

图 4.58　滕王阁

(2) 八一南昌起义总指挥部旧址

1927 年 8 月 1 日，中国共产党在这里领导了八一南昌起义，打响了武装反抗国民党反动统治的第一枪。八一南昌起义总指挥部旧址如图 4.59 所示。

（3）青云谱

青云谱（见图4.60）位于南昌市城南，又称八大山人纪念馆，是一座纪念性的博物馆，馆内收藏了中国写意画大师、艺术巨匠八大山人朱耷的书画及生平史料，其院内环境幽雅，清新秀丽，数百年的古樟树、苦槠树、罗汉松枝青叶茂，覆护着青砖灰瓦白墙红柱的殿宇，显得格外静谧。

3．龙虎山风景名胜区

图4.59　八一南昌起义总指挥部旧址

图4.60　青云谱

龙虎山（见图4.61）位于鹰潭市西南20公里处的贵溪市境内。龙虎山的美妙在其山水，由红色沙砾岩构成的龙虎山有99峰、24岩、108处自然及人文景观，奇峰迭出，千姿百态。有的像雄狮回头，有的似文豪沉思，有的如巨象汲水，还有被当地人俗称为“十不得”的景致：“云锦披不得”、“蘑菇采不得”、“玉梳梳不得”、“丹勺盛不得”、“仙女献花配不得”、“尼姑背和尚走不得”等。这些既逼真又“不得”的景观中，都隐含着各自奇妙的传说，听来活灵活现、回味无穷。龙虎山中的泸溪河发源于崇山峻岭之中，似一条逶迤的玉带，把龙虎山的奇峰、怪石、茂林、修竹串连在其两岸。河水碧绿似染，楚楚动人。水急时千流击崖，水缓时款款而行，水浅处游鱼可数，水深处碧不见底。与山岩相伴，便构成了“一条涧水琉璃合，万叠云山紫翠堆”的奇丽景象。

图4.61　龙虎山

龙虎山的神奇在其崖墓群。泛舟泸溪河上，两岸的崖壁犹如一幅历史画卷展现眼前。一个个山崖墓穴，形态各异，高低不一。有的单洞单葬，有的连洞群葬，淡黄色的古棺木和堑底封门之间的泥砖清晰可见。据考证，这是春秋战国时期古越人的墓，距今已有2600年的历史。考古工作者发掘到的几百件文物，如十三弦木琴、斜纹纺织机以及陶器、木器、篾器等都十分珍贵，堪称中国崖墓文化的发源地和博物馆。而墓内所葬之人何许身份，为何要葬进山崖，如何放进悬崖峭壁之中，至今仍是一个谜。

龙虎山是一座名山，还在于它是中国道教的发源地。东汉中叶，第一代天师张道陵在原名为云锦山山麓肇基炼九天神丹，研创道教。“丹成龙虎见”，山名遂改为“龙虎山”，道教由此登上中国历史舞台。至唐朝，道教为国教，宋元明时期，历代天师被敕封“一品”，龙虎山统领江南道教，成为中国道教的传播中心、“百神授职之所”。道教最兴盛时期，龙虎山建有 10 座道宫、1 处道观、836 座道院，其中以“上清宫”规模最大，宫内伏魔殿和镇妖井就是施耐庵生花妙笔下的“水泊梁山一百单八将”的出生地。现在龙虎山作为道教圣地，在海内外道教界备受推崇，来此朝圣、观光者络绎不绝。

龙虎山风景名胜区作为自然遗产“中国丹霞”的六个丹霞地貌风景区之一被列入联合国教科文组织《世界遗产名录》。

4．井冈山风景名胜区

图 4.62　井冈山

井冈山（见图 4.62）位于湘赣两省交界的罗霄山脉主段，山势雄伟险峻，山中多盆地，夏无酷暑，冬无严寒，游山四季皆宜。山区林竹茂密，风景秀丽，有小井龙潭、咸坪南山、黎坪石燕洞、笔架山等景区，为全国重点风景名胜区。1927 年毛泽东、朱德等老一辈无产阶级革命家率领中国工农红军在这里创建了第一个农村革命根据地，井冈山被称为“中国革命摇篮”。茨坪是井冈山风景名胜区的中心，毛泽东旧居、红军军部等旧址依然存在。这里建有井冈山革命博物馆、革命烈士纪念塔、烈士墓等，还有茅坪、大井、小井、五大哨口、黄洋界等景点。井冈山集风景名胜、避暑胜地和革命纪念地于一处，游览的中外游客不计其数。

5．三清山风景名胜区

三清山（见图 4.63）位于江西省上饶市玉山、德兴县交界处，古有“天下无双福地”、“江南第一仙峰”之称，因玉京、玉虚、玉华三座山峰高耸入云，宛如道教玉清、上清、太清 3 位道教最高尊神而得名。包括西华台、三清宫、玉京峰、三洞口、梯去岭、玉灵观、石鼓岭等七个景区。主峰玉京峰海拔 1800 多米。景区以奇峰异石、泉瀑溶洞、云海佛光、名贵动植物、第四纪冰川遗迹等构成丰富的自然景观，被誉为“黄山姊妹山”。其中“巨蟒出山”、“女神峰”和“观音听琵琶”为三大奇景。景区内植被垂直分布明显，有 1000 多种植物，其中珍贵稀有植物有黄山松、华东黄杉、华东铁杉等。人文景观包括三清宫道观在内的古建、石刻 220 余处。

三清山风景名胜区作为自然遗产被联合国教科文组织列入《世界遗产名录》。

6．“瓷都”——景德镇

景德镇（见图 4.64）位于江西省东北部，昌江西岸，是我国著名瓷都及历史文化名城。因宋景德年间烧制御用瓷器注有“景德年制”而得名。景德镇瓷器质地优良，具有“白如玉、明如镜、薄如纸、声如磬”的高超水平和独特的风格。景德镇旅游景点有景德镇陶瓷馆、湖田古瓷窑址、南宋街宋代古窑遗址、珠山明清时期御窑遗址，以及明代祥集弄民宅、三间庙、明代古街区等。

图 4.63　三清山

图 4.64　景德镇

知识链接

中国丹霞

2010年8月1日在巴西利亚举行的第三十四届世界遗产大会上，经联合国教科文组织世界遗产委员会批准，“中国丹霞”被正式列入《世界遗产名录》。至此，中国的世界遗产地数量已增加到40个。“中国丹霞”项目是中国把全面展示丹霞地貌形成演化过程的贵州赤水等六个丹霞地貌风景区“捆绑”申报自然遗产，包含的六个申报点分别是福建泰宁、湖南崀山、广东丹霞山、江西龙虎山（包括龟峰）、浙江江郎山、贵州赤水。

海宁潮

海宁潮雄奇壮观，可涌潮是怎样形成的呢？这是由于太阳、月球对地球的吸引力和杭州湾特殊的喇叭口地形所形成的。当月球背向地球时，地球自转的离心力大于吸引力，而使海水再次外鼓，再加上太阳的吸引力，就形成农历每月初一、十五的大潮日，加之潮水与河流的摩擦作用，一般最大涌潮日推迟2～3天，所以初三、十八的潮水最大。另外，当东海潮波传至杭州湾时，因河口急骤缩小，潮波能量愈来愈大，到海宁时，就形成特有的涌潮现象。

阅读之窗

苏轼的苏堤

西湖，乃一人工湖。已故浙大校长竺可桢先生在《杭州西湖生成的原因》中说：“西湖若没有人工的浚掘，一定要受天然的淘汰，现在我们尚能徜徉湖中，领略胜景，亦是人定胜天的一个证据了。”

苏轼第一次来杭时，西湖已有十分之二三淤塞了，过了16年，苏轼再来，西湖竟又小了一半，如此下去，再过20年，西湖将荡然无存。为此，苏轼为西湖请命，写下历史性的文件《乞开西湖状》，那著名的断言“杭州之有西湖，如人之有眉目，不可废也”便出于此。

苏轼提出了西湖不可废的五大理由。

第一条貌似最重要其实最不重要，只是苏轼这位北宋老臣做的官样文章，让皇上看了舒服开恩罢了。说的是西湖乃放生池，每年4月8日，数万人在湖上放生百万数，它们皆向西北磕头说皇上万寿无疆呢。

第二条为灌溉。放水一寸，可灌沿湖雨岸田1500多亩。

第三条为民饮。城内的井，要靠湖水引入，才便于人民饮用。

第四条是助航。城内有一条通航的盐河，要取水于西湖。

第五条是酿酒。用西湖水造酒，质好味醇，所缴酒税全国第一。

以上五条，一条为皇帝，另四条均为国计民生。倒是的确不曾想过要筑一条万古流芳的苏堤来纪念自己。

朝廷一分钱也没有给太守，只给了他100道僧人的度牒，也就是和尚尼姑的“身份证”。苏轼拿它换了17000贯钱，又亲自发起募捐，写字作画，到店铺里去义卖，这简直就是一个拯救西湖的希望工程。要知道，这可是整整900年前的事情啊。

从夏到秋，苏轼动用了20万民工，终于把西湖治理好了。

劳动创造艺术，劳动创造美。苏堤正是劳动创造最美好的良性循环之美。从西湖中挖出的葑草和淤泥，修筑了一条自南到北横贯湖面的2.8千米长堤，这可是一条交通要道，苏轼自己也不免纵歌唱之：“六桥横绝天汉上，北山始與南屏通”。

苏堤筑桥六吊，曰映波、锁澜、望山、压堤、东浦、跨虹，形似弯弓，各有其趣。又遍植桃柳、芙蓉、蔷薇。苏堤在春天的早晨醒来，六桥中淡妆素裹的烟柳，美得让人常常感动得说不出话来，又美得让人屏气息心，只恐惊动了她，美境幻化而去。这种时常会怀疑自己是否在梦中的美，天赐杭人也，苏轼赐杭人也。

苏轼，在杭州为官，前后五年，对杭人的恩情，却泽被万代。他像保护自己的眼睛一样，保护了杭州的眼睛，筑堤一条，吟诗千首，展现了天堂美景。可以说，西湖是从这时起才开始真正成为游览胜地的。

文房四宝

文房四宝是笔、墨、纸、砚等四大文化用品的总称。与国外文具迥然不同，我国的文房四宝最具独特的民族文化风格，是几千年来中华文化发展进程中我们祖先的伟大发明创造。它们的诞生，对记录祖国古老历史，促进文学、书法、绘画艺术和科学的发展，传播和发扬灿烂的中华文化，有着无可估量的贡献，在世界文化史上也占有相当高的地位。文房四宝品类繁多，其中湖笔、徽墨、宣纸、端砚被称为文房四宝之首。

湖笔。产于浙江省湖州善琏镇，该镇古属湖州府，故称湖笔。晋朝以来，善琏制笔就很有名，博得“毛颖之技甲天下”的称誉。湖笔分为羊毫、狼毫、紫毫和兼毫四大类，具有尖、齐、圆、健四大特点。

徽墨。产于安徽歙县和休宁等县，因历史上属于徽州，故得其名。徽墨的主要原料是松烟、桐油、生漆，还要加上麝香、冰片等香料。具有“坚如金石，闻有异香，丰肌腻理，光泽如漆”的特点，素有“落纸如漆，万载存真”之誉。徽墨在设计、造型方面十分讲究，墨模多用名家书画刻成，墨块成型后描金、着色，一墨一图，千姿百态，本身就是综合性的艺术品。

宣纸。产于安徽南部的泾县，因历史上属宣州府，故得其名。宣纸始产于唐，在当时已是贡品，自古就是书画家的必备品。它的特点是洁白如雪，细薄坚韧，光而不滑，折而不损，润墨性强，不蛀不腐，色泽不变。因便于收藏故又有“纸寿妙千年”之说法。

端砚。产于广东省肇庆市，因隋在肇庆设端州府，故得其名。端砚产于唐代，宋代已为世所重。其特点是石质细，易发墨，墨汁细稠而不滞，不易干枯。端石是一种沉积岩，以紫色为主，名贵的石品有青花、鱼脑冻、蕉叶白、苏青、冰纹等。端石贵在有石眼，它是天然生长在砚石上的石核形状的“眼”，人们用石眼花纹雕刻的砚台尤为珍贵，有“端石一斤，黄金千斤”之说。端砚为中国四大名砚（端砚、歙砚、洮砚、澄泥砚）之首。

思考与练习

1. 列举南京市著名的风景名胜旅游点。
2. 举例说明井冈山为什么是国内唯一集风景名胜、避暑胜地和革命纪念地于一处的地方？
3. 华东旅游区有哪些山属佛教圣地？哪些山属道教圣地？哪些风景名胜区属清凉世界，是避暑胜地？

4.3 旅游线路设计

本区特色旅游是江南水乡和吴越文化游：山水秀丽，名山秀水众多，江南园林美不胜收；本区是中华文明发祥地之一，漫长的历史发展过程中，创造了源远流长、独具特色的吴越文化，并留有大量的文物古迹。旅游资源得天独厚，使本区成为中国旅游业发展最发达的地区之一，也是全国旅游热点地区。

4.3.1 华东五市旅游线

1．行程

杭州—上海（黄浦江—外滩—南京路—浦东新区—豫园—玉佛寺—中共“一大”会址）—苏州—无锡—南京。

2．特点

山清水秀，鱼米之乡。华东五市是我国重要的旅游资源之一，主要指南京、无锡、苏州、杭州、上海。这里是“江南鱼米之乡，山清水秀之处，历史文物之都，名人荟萃之地”。江南水乡，以周庄为胜；都市气派，以上海大都市为主。外滩十里洋场，浦东新区拔地而起，明珠塔直上云霄。太湖烟波浩渺，西湖秀色碧波涟漪，苏州园林争奇斗艳，南京又是文化名城、七大古都之一。江南佳肴驰名中外，如南京板鸭、无锡酱排骨、杭州东坡肉、阳澄湖大闸蟹，无不令游客大饱口福。

4.3.2 苏南旅游线

1．行程

以江南秀丽的山水风光和古典园林为特色的旅游线行程：沧浪亭—狮子林—拙政园—留园—网师园—怡园—虎丘—剑池—寒山寺—鼋头渚—蠡园—锡惠公园—古国城—水浒城—瘦西湖—蜀岗—焦山—北固山。

2．特点

风景秀丽，园林众多。苏州具有江南水乡的独特风光，前巷后河，遍及全城，街道依河而建，建筑临水而造。苏州又有江南“鱼米之乡”、“丝绸之府”的美誉。明代起就成为全国最大丝织业中心之一。传统产品“苏绣”驰名中外，有“东方明珠”之美称。

苏州又是我国著名的“园林之城”。苏州园林既集中了江南园林的精华，又代表了宋、元、明、清不同朝代的园林建筑风格，享有“江南园林甲天下，苏州园林甲江南”之美誉。被称为苏州四大名园的是沧浪亭、狮子林、拙政园、留园。其中，拙政园和留园被列为全国重点文物保护单位。

无锡是我国著名的鱼米之乡，也是一座现代化工业城市，号称“小上海”。风景秀丽，历史悠久，又是一座享誉国内外的旅游城市。无锡地处太湖北端，是江南蒙蒙烟雨，孕育出的一颗璀璨的太湖明珠。无锡以丰富而优越的自然风光和历史文化，跻身于全国十大旅游观光城市之列。

扬州不仅是历史名城，而且是一座风景秀丽的古城。历史为扬州留下了大量的古迹。著名的有古运河、平山堂、大明寺、瘦西湖、史公祠、鉴真纪念堂等。扬州自古还以园林取胜，著名的有平山西园、小盘谷、寄啸山庄等，既有别于富丽的皇家园林，又不同于典雅的江南园林，兼有“南方之秀，北方之雄”的独特风格，是我国园林艺术中的杰作。

4.3.3 浙东水乡佛国旅游线

1．行程

杭州—绍兴—新昌—天台—奉化—宁波—普陀—嵊泗—上海。

2．特点

水乡佛国，风光旖旎。从杭州向东而行，途经古城绍兴、港口城市宁波、佛教名山普陀山、国际化大都市上海等。沿途有中国最典型的江南水乡地貌，水网纵横，至今仍可见古老的水利灌溉系统。这里人民的生活方式独特，他们择水而居，采石筑桥，用脚划船，戴毡帽，品老酒，观社戏，怡然自得。浙东一带风光旖旎，历史久远，有 7000 年历史的河姆渡文化遗址；有中国书法圣地兰亭、中国最古老的藏书楼天一阁等历史文化古迹；有奉化溪口雪窦山风景区；有中国四大佛教名山之一的普陀山，以及天童寺、普济寺等佛教名刹；还有嵊泗列岛风景区，其优美的海滨浴场，是夏日游人理想的度假场所。

都市风情。上海是我国最大的城市，古今中外、东西南北中文化的汇合、交融、开拓、创新，构成了独具特色的上海海派文化，从城市风貌、都市风情、购物娱乐、风味小吃等方面都深深体现出海派文化的独特性，丰富的文化内涵给人以美的享受。游客可游览上海中央商务区——浦东陆家嘴；外观上海十大建筑——金茂大厦、环球金融中心以及东方明珠（新上海的象征）等。游览外滩风光带，观赏万国建筑群、黄埔江风光，南京路步行街。

4.3.4 安徽奇山异水旅游线

1．行程

合肥市—九华山—黄山。

2．特点

安徽省会合肥是一座具有2000多年历史的古城，素有“三国故地，包拯家乡”之称的城市。

莲花佛国九华山既有清幽奇秀的自然风光，又有内涵丰富的人文景观。九华山是国家级风景名胜区，原名九子山，诗仙李白赞其九峰秀如莲花，有“灵山开九华”之吟，故得名“九华”。其与山西五台山、四川峨眉山、浙江普陀山合称中国佛教四大名山，有“莲花佛国”的美誉。在中国佛教四大名山中，九华山以其风光旖旎而独领风骚，又以“香火甲天下”和“东南第一山”的双重桂冠而名扬天下，是善男信女们的朝拜圣地。游九华山，偶尔路遇僧侣尼姑，让人犹如置身古装武侠片中。

天下奇山黄山不仅是我国著名的风景区，而且也是世界知名的游览胜地。“五岳归来不看山，黄山归来不看岳”反映了黄山在中国山岳风景区中的地位。正因为如此，黄山被评为“中国十大风景名胜”之一，并作为自然和文化双重遗产被联合国教科文组织列入《世界遗产名录》。游览黄山，能饱览黄山“三奇”、“四绝”的奇异风采，亲身体验天海景区，感受百步云梯带来的震撼。

4.3.5 赣北旅游环线

1．行程

南昌—庐山—鄱阳湖—景德镇—三清山—龙虎山。

2．特点

名胜古迹众多，好山好水不断。江西的赣北环线游，把南昌、庐山、鄱阳湖、景德镇、三清山、龙虎山等几个旅游区串连一体，线路合理，行程紧凑，山水景观旖旎，人文历史悠久，备受海内外旅游界注目。

南昌作为这个环形旅游线的出发点，城中赣江之畔的滕王阁已是29次重建，数以千计的墨宝、绘画、雕刻把这座千古名楼充实成为艺术宝库。八一南昌起义旧址中江泽民亲笔题词“军旗升起的地方”几个大字金色生辉，与朱德旧居、贺龙指挥部、叶挺指挥部等组成革命传统教育游览线。其他如八大山人纪念馆的青云谱、“珠帘暮卷西山雨”的西山梅岭等都是令人流连的地方。

出南昌北行60千米就到庐山牯岭。庐山周边也是好山好水不断。永修云居山真如寺是全国三大样板丛林之一，山形如莲花，清幽脱俗。当年李白徜徉星子县秀峰景区香炉峰留下“飞流直下三千尺，疑是银河落九天”名句，历代名人所写庐山诗文达3000篇。

从庐山下来即达九江，周瑜水军检阅台——烟水亭、白居易“泪沾湿”——琵琶亭，宋江醉题反诗——浔阳楼等名胜古迹都是人们喜爱的地方。九江县陶渊明纪念馆，极好体悟“采菊东篱下，悠然见南山”的超逸人生态度。

九江到湖口县石钟山只45千米，苏东坡那篇《石钟山记》让它耸立在人们心中，时时向而往之。湖口东行就到陶渊明做过几十天县令的彭泽县，那里水光天色，空灵清澄。彭泽龙宫洞开发不过才十余年，却以华东最大溶洞闻名中外。

从湖口到景德镇是 90 千米，现正建设高速公路。当汽车两旁看到连接不断的瓷器店，店门口各式各样的瓷器列队陈列，仿佛迎接来客时，景德镇就到了。如今景德镇陶瓷旅游已跻身中国王牌旅游项目行列。三清山被誉为黄山的姊妹山，其景色就不必多说了。

景德镇南行 120 千米就到鹰潭龙虎山了。龙虎山是道教祖庭，天师府是历代天师的居家大宅，《水浒传》中洪太师从镇妖井中放出 108 条好汉就在这里。道教文化，美丽传说，配上清澈的沪溪河、古朴的龙虎山以及千古崖墓，给鹰潭旅游蒙上缥缈仙气。

赣北环线游把名山、名湖、名江、名洞、名城、名桥、名刹如珍珠般连起来，组成耀眼的光环奉献给旅游者。

思考与练习

1．设计一条江南水乡游的精品旅游线路。

2．设计一条江南园林和吴越文化特色游的精品旅游线路。

案例探究

比较黄山与庐山、上海与南京、杭州与苏州，各有何独特之处？

第 5 章

华中旅游区

探　究

华中旅游区的巴蜀文化和楚文化格局及其形成原因是什么？

学习目标

1. 了解华中旅游区的自然和人文旅游地理环境。
2. 掌握本区主要的旅游景观和风景名胜，重点掌握国家级重点风景名胜区和被列入《世界遗产名录》的名胜古迹。
3. 熟悉区内重点旅游城市及主要旅游线路，尝试设计独具本区特色的精品旅游线路。

洞庭湖

九寨沟

武当山

武陵源

宜昌三峡大坝

张家界

5.1 区域旅游概况

华中旅游区位于长江中上游，包括湖北、湖南、四川、重庆三省一市，处在我国内陆腹地，是全国唯一既不靠海又无国境的旅游区。全区总面积约 96 万平方千米，人口达 23 719 万。本区北部是中国自然地理南北分界的重要地域，也是东西之间的过渡地带，地形复杂，气候差异大，河网稠密，湖泊众多，经济比较发达，旅游资源丰富，拥有举世闻名的三峡风光以及王朗、卧龙、九寨沟等自然保护区和张家界国家森林公园等。人文旅游资源中以古代楚文化和三国遗迹最具特色。

5.1.1 自然地理环境

1．地理位置优越，交通网络便利

本区位于长江中上游，地处我国南方内陆腹地，沟通东西南北，联系沿海与内地，属内陆性旅游区。区内长江东西横跨，并有雅砻江、岷江、嘉陵江、乌江、沅江、汉水、湘江和赣江等大型支流汇集，成为我国最大内河航运系统。同时，区内还有京九、京广、焦柳、宝成、成昆、川黔等铁路干线，与浙赣、湘黔、汉丹、襄渝等东西铁路干线形成本区的交通骨架。四通八达的现代立体交通网为本区旅游业的发展提供了有利的条件。

2．温暖湿润的亚热带季风气候

本区的气候属温暖湿润的亚热带季风气候，四季分明，降水丰富，但季节分配不太均匀。本区年平均气温为 16 ～ 20℃，夏季普遍高温，7 月平均温度均超过 29℃，感觉特别闷热；春夏之交多梅雨，秋天则天气晴朗。

3．地表结构复杂，地貌类型多样

本区跨越我国地势三大阶梯，地表结构复杂，地貌类型多样。从西至东有川西高原、四川盆地、川东及湘鄂西山地、长江中游平原和湘赣低山丘陵等地貌。川西高原是青藏高原的组成部分，属中国地貌上的第一级阶梯，由一系列平行的高山深谷组成。四川盆地及川东湘鄂西山地属第二级阶梯。其余属第三级阶梯。本区高原山地环绕盆地，低山丘陵一线平原，地势起伏变化明显，出现了许多两山夹峙、壁立千仞、江水中流、谷窄流急的壮观景象。

4．河网稠密，湖泊众多

本区河网稠密，湖泊众多。本区的主要河流是长江及其支流，如嘉陵江、乌江、汉水、湘江等。湖泊主要集中在两湖平原，其中又以“千湖之省”的湖北最多。本区河湖流经的地方往往都是旅游业发展较好的地区。这些河流湖泊形成了丰富的自然旅游资源，并孕育了各具特色的人文旅游资源。

5．旅游资源独具特色，保护区众多

复杂的地形结构和多样的地貌类型造就了本区众多的自然景观。本区是中国自然地理南北、东西交接地带，自然旅游资源丰富多彩，既有海拔不足100米的两湖平原和鄱阳湖平原，也有海拔7556米的川西贡嘎山；既有亚热带季风湿润气候的典型性，又具有高山地区的垂直递变性。到目前为止，本区共有10处景点入选《世界遗产名录》。世界级的观赏项目有峨眉山—乐山大佛、大足石刻、武陵源、青城山—都江堰、九寨沟、黄龙、武当山古建筑群、明显陵、大熊猫栖息地、天坑群等。本区珍稀动植物数量多，闻名中外。本区是著名大熊猫的唯一产地，还有小熊猫、金丝猴等珍稀保护动物，以及连香树、金线槭、水青树、领青木、红豆杉等珍稀植物。为了保护这些珍稀动植物，国家先后在四川的卧龙、九寨沟、神农架等地建立了自然保护区。其中卧龙自然保护区已经加入“世界人与生物圈计划”的自然保护区网，现有植物4000多种，兽类60多种。

5.1.2 人文地理环境

1．三国遗迹和革命圣地众多

本区是三国时期三雄争霸的古战场，以曹操、刘备、孙权为代表的魏、蜀、吴三国，为了统一中国而展开了长期的政治军事斗争。本区为“三国”时代的矛盾中心，留下了许多历史遗迹，为“三国”古迹游创造了条件。著名的古迹有武侯祠、张飞庙、关公庙、赤壁古战场等。

本区还是近现代中国革命早期活动的中心，也是许多革命先驱工作和生活过的地方。大量的革命胜迹有湖北武汉中央农民运动讲习所旧址、武昌起义军政府旧址、毛泽东故居、毛泽东纪念馆、重庆红岩革命纪念馆等，这些都是进行革命传统教育极为珍贵的人文旅游资源。

2．巴蜀文化和楚文化特色鲜明

今天的重庆市和四川省古称巴蜀。不过，巴蜀的地域范围并不是一成不变的，它有一个历史演变过程。在战国以前的历史文献里，巴与蜀是分称的。到战国时代的文献中，才开始出现巴蜀合称的记载，从地域相连的角度反映了巴与蜀文化、人类群体的交流融汇。3000多年前，重庆为巴国首府；2400多年前，成都为蜀国王都；四川历来称为“蜀”。巴蜀山川自古就有雄险幽秀之称（峨眉天下秀，青城天下幽，剑阁天下险，夔门天下雄），经过当代的开发，更增加了“神奇瑰丽”的特色，九寨沟山水的神奇，黄龙山水的瑰丽，熊猫世界的趣味，恐龙世界的奇特，是旅游者最深的感受。本区的旅游线路有西北线的九寨、黄龙、四姑娘山、贡嘎山，有北线的剑门蜀道，有东线的三峡风光，有南线的蜀南竹海风光和泸沽湖探密。

楚文化是指先秦时期的楚地文化。湖北是楚文化的发祥地，楚国作为春秋战国时期的大国和强国之一，在800多年的历史长河中创造了灿烂辉煌的文明成果。楚文化在物质方面主要表现为漆器、木器及青铜器，丝织、刺绣及工艺品，郢都、宫殿及台榭建筑，帛画、壁画及屈骚庄文，编钟、琴弦及轻歌曼舞，祭祀膜拜等民俗。

巴蜀文化和楚文化经过长时期的碰撞交融之后，形成了独特的“巴楚文化”。

思考与练习

1. 华中旅游区的自然和人文地理环境有哪些？本区地理环境特征为本区旅游业的发展提供了哪些条件？

2. 本旅游区巴蜀文化和楚文化的形成原因是什么？

5.2 主要旅游景观和风景名胜地

华中旅游区位于我国中部的长江中、上游地区，包括湖北、湖南、四川、重庆三省一市。本区地形复杂、河湖众多，形成了丰富的旅游资源，是我国重要的极具发展潜力的旅游区。

本区的历史文化名城有湖北的江陵、武汉、襄樊、钟祥、随州，湖南的长沙、岳阳、凤凰，四川的成都、阆中、自贡、宜宾、乐山、都江堰、泸州和重庆市。

5.2.1 湖北省

湖北省简称“鄂”，因位处洞庭湖以北而得名，面积 18 万平方千米。境内江河密布，天然成网，是中国内河航运最发达的省份之一，有“九省通衢”、“千湖之省”之美誉，省会是武汉。

1. 武汉黄鹤楼公园

黄鹤楼（见图 5.1）是首批国家 5A 级景区，位于武昌蛇山武汉大桥旁，享有“天下绝景”之美誉，它与湖南岳阳楼、江西滕王阁并称为“江南三大名楼”。据史料记载，黄鹤楼始建于三国时期，传说是为了军事目的而建，孙权为实现“以武治国而昌”，筑城为守，建楼以瞭望。1700 多年来，黄鹤楼屡建屡毁，仅明清两代，就被毁七次，重建和维修了 10 次，有“国运昌则楼运盛”之说。唐代诗人崔颢的《黄鹤楼》已成千古绝唱，更使黄鹤楼名声大噪。

图 5.1　武汉黄鹤楼

关于黄鹤楼的得名，有“因山”、“因仙”两种说法。“因仙”说法是曾有道士在此地辛氏酒店的墙上画了一只会跳舞的黄鹤，店家生意因此大为兴隆。10 年后道士重来，用笛声招下黄鹤，乘鹤飞去，辛氏于是出资建楼。这些神话传说很有趣，也很动人，但都不是黄鹤楼楼名真正的由来。历代的考证都认为，黄鹤楼的名字是因为它建在黄鹄山上而取的。古代的“鹄”与“鹤”二字一音之转，互为通用，故名为“黄鹤楼”。

现楼为 1981 年重建，以清代“同治楼”为原型设计。楼址仍在蛇山头。主楼高 51.4 米，共五层，攒尖顶，层层飞檐，四望如一。底层外檐柱对径为 30 米，中部大厅正面墙上设大片浮雕，表现出历代有关黄鹤楼的神话传说；三层设夹层回廊，陈列有关诗词书画；二、三、四层外有四面回廊，可供游人远眺；五层为瞭望厅，可在此观赏大江景色。附属建筑有仙枣亭、石照亭、黄鹤归来小景等。

2. 武汉东湖

武汉东湖风景名胜区（见图 5.2）位于武汉市东，1982 年被国务院列为首批国家重点风景名胜区，2001 年 1 月被国家旅游局评为 4A 级风景名胜区。它是一个自然湖，自然环境优越，湖面辽阔，湖面面积 33 平方千米，是中国最大的城中湖，由郭郑湖、水果湖、喻家湖、汤湖、牛巢湖五个湖泊组成，加上沿湖陆地风景区，面积达 88 平方千米，约占市区面积的四分之一，是武汉市最大的风景游览地。武汉东湖依自然环境可分为听涛、磨山、落雁、白马、吹笛、珞洪六个区。

图 5.2　武汉东湖风景

据统计，风景区内有雪松、水杉、池杉、樟树等各类树木 250 多种；有梅花、荷花、桂花、樱花、杜鹃花、菊花等各类木本花、草本花和水生花达 390 多种。花卉中，最著名的要数梅花和荷花。两花的品种各收集了 140 多种和 300 多种，为全国之最，栽培技术和研究水平均领先全国。基于此，中国花卉盆景协会将“中国梅花研究中心”和“中国荷花研究中心”设在东湖风景区。在东湖 4.8 万亩的水域中，生长着鱼类 18 科 67 种，其中以淡水武昌鱼最为名贵。

3. 武当山风景名胜区

武当山，又名太和山、谢罗山、参上山、仙室山，古有“太岳”、“玄岳”、“大岳”之称；位于湖北省西北部的十堰市丹江口境内，东接历史名城襄樊，背倚苍茫千里的神农架原始森林，面临碧波万顷的丹江口水库（中国南水北调中线工程取水源头），是联合国公布的世界文化遗产地，国家重点风景名胜区，国家 4A 级旅游区，道教名山和武当拳发源地，是全国武术之乡。武当山不仅拥有奇特绚丽的自然景观，而且拥有丰富多彩的人文景观。可以说，武当山无与伦比的美是自然美与人文美高度和谐的统一，因此被誉为“亘古无双胜境，天下第一仙山”。武当山是著名的山岳风景旅游胜地，胜景有 72 峰、36 岩、激湍飞流的 24 涧、11 洞、10 石、9 台等。主峰天柱峰，海拔 1612 米，被誉为“一柱擎天”，四周群峰向主峰倾斜，形成“万山来朝”的奇观。武当山的药用植物丰富，在《本草纲目》记载的 1800 多种中草药中，武当山就有 400 多种。据 1985 年药用植物普查结果，已知全山有药材 617 种，因此，武当山有“天然药库”之称。

武当山保留有众多的文物古迹和规模宏大、气势雄伟的道教古建筑群，被列入《世界文化遗产名录》，并先后荣获“全国文明风景名胜区”称号和“全国文明风景旅游区示范点”称号。明永乐年间大建武当，史有“北建故宫，南建武当”之说，共建成 9 宫、9 观、36 庵堂、72 岩庙、39 桥、12 亭等 33 座道教建筑群，面积达 160 万平方米。明嘉靖三十一年（公元 1552 年）又进行扩建，现存较完好的古建筑有 129 处，庙房 1182 间，犹如我国古代建筑成就的展

览。金殿（见图5.3）、紫霄宫、“治世玄岳”石牌坊、南岩宫、玉虚宫遗址分别于1961年、1982年、1988年、1996年、2001年被列为国家重点文物保护单位。坐落于天柱峰绝顶被称为金顶的金殿，是四坡重檐歇山式宫殿，由铜铸鎏金构件铆榫拼焊而成，总重约90吨，是中国现有最大铜建筑物。除古建筑外，武当山尚存珍贵文物7400多件，尤以道教文物著称于世，故被誉为“道教文物宝库”。2009年，武当山入选中国世界纪录协会中国道教第一山。

图5.3　武当山金殿

4．明显陵

明显陵（见图5.4）是全国重点文物保护单位，世界文化遗产，位于湖北省钟祥市城东郊的松林山，是明世宗嘉靖皇帝的父亲恭壑献皇帝和母亲章圣皇太后的合葬墓，是我国数千年历史长河中最具特色的一座帝王陵寝。

图5.4　明显陵

显陵始建于明正德十四年（公元1519年），嘉靖四十五年（公元1566年）建成，前后历时共47年，其围陵面积约1831平方千米，是我国历代帝王陵墓中遗存最为完整的城墙孤品，陵园由内外逻城、前后宝城、方城明楼、棱思殿、陵恩门、神厨、神库、陵户、军户、神宫监、功德牌楼、新红门、旧红门，内外明塘、九曲御河、龙形神道等30余处规模宏大的建筑群组成。

显陵之奇特主要源于王墓改帝陵而形成的一陵双冢举世无双的孤例而弥足珍贵。显陵的墓主朱祐杬生前为兴献王，死后葬于松林山，明正德十六年武宗驾崩，因其无子嗣，慈寿皇太后与首辅大学士杨廷和遵奉“兄终弟及”之祖训，遗命“兴献王长子朱厚熜”嗣皇帝位，年号为嘉靖。后朱厚熜为自立体系，用武力平息了长达三年之久的“皇考”之争，其间廷杖致死17人，入狱、夺俸、充军、戍边、革职等官员达115余人，从而完成了自己的昭穆体系，这一重大事件历史上称之为“大礼仪”之争。此后嘉靖皇帝朱厚熜便将其父追尊为恭壑献皇帝，并将王墓改为帝陵，开始了大规模的改建扩建工程，直至嘉靖驾崩建设才停止。

明显陵以其独特的环境风貌、精巧的布局构思、宏大的建筑规模、丰富的地下宝藏及其珍贵的历史价值而受到国家文物专家的高度重视，1988年国务院公布其为全国重点文物保护单位，2000年明显陵被列入《世界遗产目录》。

5．大洪山

大洪山风景名胜区位于湖北省中北部，横跨随州、荆门两地三市区（曾都、钟祥、京山），方圆350平方千米。

1988 年 8 月 1 日，国务院批准大洪山为国家重点风景名胜区，2006 年 5 月被团中央命名为全国第四批青少年爱国主义教育基地，2006 年 10 月被批准为国家森林公园。

大洪山风光秀丽，具有“一山分四季，十里不同温”的气候特点。大洪山风景名胜区核心景区面积为 305 平方千米，主峰宝珠峰海拔 1055 米。境内景点性质分为地质（溶洞）、山石、植被、气象、瀑泉（河湖）、人文等六大类。其基本特点是山青林密、水秀洞丽、自然朴实、清静凉爽，具有观光游览、避暑度假、垂钓游泳、健身疗养、赏雪写生、科学考察等多种功能。

6．隆中风景名胜区

隆中风景名胜区，位于襄樊市 13 千米处，总面积 209 平方千米；1994 年被列为国家重点风景名胜区，1996 年被定为国家重点文物保护单位。它是融历史人文景观与低山丘陵风光为一体的风景名胜区，包括古隆中、水镜庄、承恩寺、七里山、鹤子川等五个景区。我国三国时期杰出的政治家、军事家诸葛亮青年时期在这里隐居长达 10 年之久。脍炙人口的《隆中对》和刘备“三顾茅庐”的史事都发生在这里。

隆中风景区有着丰富的人文景观和优美的自然环境，明代就形成了 " 隆中十景 "，即草庐亭、躬耕田、三顾堂、小虹桥、六角井、武侯祠、半月溪、老龙洞、梁父岩、抱膝亭。建国后又先后修建或新建了隆中书院、诸葛草庐、吟啸山庄、铜鼓台、长廊、观星台、棋盘石、琴台、孔雀寨、猴山等众多景点。

进入古隆中山口，必经一座三门石坊，正中雕刻着“古隆中”三个大字，背阴写着“三代下一人”，意思是说，诸葛亮是夏、商、周以后的近千年来唯一的人物，也是中华民族智慧的象征。两边除镌刻着杜甫“三顾频烦天下计，两朝开济老臣心”的诗句外，还有摘自诸葛亮《诫子书》一文中的“澹泊明志，宁静致远”八个大字。转过石坊，就是诸葛亮曾“躬耕垄亩”逾十亩的躬耕田，土地方方正正，很是整齐，前行为小虹桥，刘备二顾茅庐时，在这桥边遇到诸葛亮的岳父黄承彦，见老人衣着不凡，误以为是孔明，便滚鞍下马，趋前问候，闹了一场误会，小虹桥却因此著称于世。清王的《隆中十咏》写到小虹桥说：“有人暑物思玄德，曾向小虹桥上行”。可见这座小桥很有些不凡的历史。

武侯祠是隆中传统十景之一，为隆中的主要建筑，坐落在隆山的东山梁上，它是供奉诸葛亮的祠宇，整个建筑群雄伟壮观。祠内诸葛亮、刘备、关羽、张飞及蜀汉政权中功勋显赫的文武大臣塑像威武雄壮，栩栩如生，真是“山中有遗貌，矫矫龙之姿”。

7．九宫山

九宫山位于湖北省咸宁市通山县城东南，为国家重点风景名胜区，主峰海拔 1583 米，核心景区由九宫山镇、森林公园、铜鼓包、石龙沟、闯王陵等组成。

九宫山因南朝“晋安王兄弟九人建九宫殿于此山，遂以为名”。此后，多朝皇帝封山赐匾，历代文人作赋题词，至南宋名道士张道清赴九宫山开辟道场，香火远播，九宫山便成为全国五大道场之一，特别是公元 1645 年明末农民起义领袖李自成殉难于九宫山，从此九宫山声名远播。如今，修建于 1979 年的闯王陵已成为全国重点文物保护单位和全国唯一保存下来的农民起义领袖陵寝。

九宫山境内千峰争翠，万壑竞幽，峰、岭、岩、台、洞、泉、池等奇丽景物引人入胜，被誉为“九天仙山”。

8．宜昌三峡大坝旅游区

长江三峡西起重庆市的奉节县，东至湖北省的宜昌市，全长 193 千米。自西向东主要有三个大的峡谷地段——瞿塘峡、巫峡和西陵峡，三峡因而得名。三峡两岸高山对峙，崖壁陡峭，山峰一般高出江面 1000 ～ 1500 米。最窄处不足百米。三峡是由于这一地区地壳不断上升，长江水强烈下切而形成的，因此水力资源极为丰富。

长江三峡大坝（见图 5.5）被称为“世界第一坝”，三峡大坝旅游区于 1997 年正式对外开放，现拥有三峡展览馆、坛子岭园区、185 园区、近坝园区及截流纪念园五个园区，总占地面积共 15.28 平方千米。旅游区以世界上最大的水利枢纽工程——三峡工程为依托，全方位展示工程文化和水利文化，为游客提供游览、科教、休闲、娱乐为一体的多功能服务，将现代工程、自然风光和人文景观有机结合，使之成为国内外友人向往的旅游胜地。三峡大坝 2007 年被评为国家首批 5A 级景区。

图 5.5　宜昌三陕大坝

5.2.2 湖南省

湖南省位于中国中南部的长江中游，总面积 21.18 万平方千米，因全省大部分地区在洞庭湖之南，故名“湖南”，又因省内最大河流为湘江，而简称“湘”。湖南地处湘江之畔、鱼米之洲，故又被称为“鱼米之乡”。

1．武陵源风景名胜区

1984 年，时任中共中央总书记的胡耀邦视察时将张家界、索溪峪、天子山三大景区命名为“武陵源”。因此，又称张家界核心景区为武陵源风景名胜区。武陵源风景名胜区（见图 5.6）位于湖南省张家界市，是世界地质公园。1988 年被列入国家级重点风景名胜区，1992 年 12 月被列入《世界遗产名录》，2007 年被评为国家首批 5A 级景区。它由张家界国家森林公园、天子山自然保护区、索溪峪自然保护区、杨家界自然保护区四大景区组成。

图 5.6　武陵源风景区

风景区内，集山、水、林、洞于一地，融万象之美于一体，独特的石英砂岩峰林、奇妙的溶洞、幽静的峡谷、茂密的森林、多姿的溪涧、变幻的云海和充满浓郁乡土气息的田园风光，构成了一幅雄、奇、幽、野、秀的天然画卷，被誉为“天下第一奇山”、“自然博物馆”和“地球纪念物”。

武陵源以“五绝”闻名于世，即奇峰、怪石、幽谷、秀水、溶洞。

武陵源独特的石英砂岩峰林在国内外均属罕见，素有“奇峰三千”之称。在217.2平方千米的核心景区中，有石英砂岩山峰3103座，峰体分布在海拔500～1100米，高度由几十米至400米不等。峰林造型奇特、变化万千，山谷中生出的云雾缭绕在层峦叠嶂之间，云海时浓时淡，石峰若隐若现，景象变幻万千。

武陵源水绕山转，素有“秀水八百”之称。众多的瀑、泉、溪、潭、湖各呈其妙。金鞭溪是一条十余公里长的溪流，从张家界沿溪一直可以走到索溪峪。

武陵源的溶洞数量多、规模大，极富特色。现已探明的大小溶洞40余个，其中最为著名的是黄龙洞，全长7.5千米，洞内分为四层，景观奇异，是东南亚岩溶景观的缩影。

武陵源有十分丰富植物资源。境内森林覆盖率已达74.75%，并保存着两处原始森林，为我国重要的古老孑遗生物的生长地区。境内有高等植物3000余种，首批列入国家重点保护的珍稀濒危种子植物有珙桐等35种。

武陵源有宝贵的野生珍稀动物。经调查，境内陆生脊椎动物共有50科116种，其中包括《国家重点保护动物名单》中的一级保护动物3种，二级保护动物10种。武陵源动物世界中，较多的是猕猴，据初步观察统计为300只以上。当地人叫做“娃娃鱼”的大鲵，则遍布溪沟、泉眼和深潭之中。

张家界国家森林公园成立于1982年，是我国第一个国家森林公园，是世界自然遗产。公园不仅自然景观奇特，而且动植物资源丰富，有“天然植物园”、“动物王国”之称。

2. 岳阳楼洞庭湖风景名胜区

岳阳楼洞庭湖风景名胜区位于湖南省岳阳市。洞庭湖是中国第二大淡水湖，是国家重点风景名胜区，素有“八百里洞庭美如画”的赞誉，已列入《国际重要湿地名录》。洞庭湖素称“鱼米之乡”，湖滨盛产稻谷，湖中盛产鱼虾，自古为我国著名淡水鱼产地。湖中的君山、湖滨的岳阳楼与洞庭湖，构成了特有的“一山一湖一楼”的风景画卷。

图5.7 岳阳楼

岳阳楼（见图5.7）位于岳阳城西北高丘的城台之上，洞庭湖之畔，与江西南昌的滕王阁、湖北武汉的黄鹤楼并称为“江南三大名楼”。岳阳楼前身相传为三国时期东吴大将鲁肃的“阅军楼”，西晋南北朝时称“巴陵城楼”，唐代以前，其功能主要用于军事上，中唐李白赋诗之后，始称“岳阳楼”。岳阳楼真正闻名遐迩是在北宋庆历年间滕子京重修，请范仲淹作《岳阳楼记》之后。岳阳楼是江南三大名楼中唯一的一座保持原貌的古建筑。现在的岳阳楼为1984年重修，沿袭清朝光绪六年所建时期形制；1988年被国务院公布为全国重点文物保护单位；同年8月，被批准为第二批国家级重点风景名胜区；2000年底，被国家旅游局评为首批国家4A级旅游景区。

3．衡山风景名胜区

衡山风景名胜区位于湖南省衡阳市境内，是国家级重点风景名胜区、国家级自然保护区、全国文明风景旅游区示范点和国家首批5A级旅游景区。衡山（见图5.8）是中国五岳之一的南岳，主峰祝融峰海拔1290米。祝融峰之高、藏经殿之秀、方广寺之深、水帘洞之奇为南岳四绝，素有“五岳独秀”之称。

登衡山必登祝融。唐代文学家韩愈诗云：“祝融万丈拔地起，欲见不见轻烟里。”这两句诗既写了祝融峰的高峻、雄伟，又写了衡山烟云的美妙。

山中藏经殿，隐于幽谷深处，四周古木参天，绿树掩映，飞鸟流泉，鸣声互答，显得生机无限，幽静逸脱。

方广寺林泉、山峦秀美，环境幽静深邃，游人至此必有一种“幽深”之感，故前人有“不至方广，不足以知其深”之说。

山下水帘洞，飞瀑如泻，帘影高悬，宋朝毕田有咏水帘洞诗一首，专道其妙处：“洞门千尺挂飞流，玉碎珠联冷喷秋；古今不知谁卷得，绿萝为带月为钩。”可见其景致之不一般。

南岳还是著名的佛教圣地，南岳最大的寺庙是位于衡山脚下的南岳庙，也是中国江南最大的古建筑群，占地9800多平方米，仿北京故宫形制，九进院落。

图5.8 衡山

4．韶山

韶山（见图5.9）位于湖南省中部，是伟大领袖毛泽东的故乡，全国著名革命纪念地和国家重点风景名胜区。韶山自然、生态环境优良，森林覆盖率达56%，空气十分清新，有“天然大氧吧”的美誉。相传古代虞舜南巡时，奏韶乐于此，故名。

韶山风景区基本形成以毛泽东故居、毛泽东铜像、毛泽东纪念馆、毛泽东遗物馆、毛泽东诗词碑林、毛泽东纪念园等人文景观为主体，以韶峰、滴水洞、黑石寨等自然景观为基础，拥有七大景区82个景点，集旅游、瞻仰、娱乐、休闲于一体的综合性旅游区。

韶山与井冈山、遵义、延安同被列为中国四大革命纪念地。这里留下了不少毛泽东青少年时期求学、生活、劳动和从事革命活动的纪念物。

图5.9 韶山

5.2.3 四川省

四川省位于长江上游，至今已有4500多年文明史，号称“天府之国”。现历史文化名城有成都、自贡、乐山、宜宾、泸州、阆中、都江堰七座城市。四川省是我国拥有世界自然文化遗产和国家重点风景名胜区最多的省区，九寨沟、黄龙、乐山大佛—峨眉山和卧龙四处被联合国教科文组织列入《世界自然文化遗产名录》和“人与生物圈”保护网，都江堰—青城山、剑门蜀道、贡嘎山、蜀南竹海、四姑娘山、西岭雪山等九处为国家重点风景名胜区。由于大熊猫数量占全国总数85%以上，故又有“大熊猫故乡”之称。

1．九寨沟

九寨沟（见图5.10）位于四川省阿坝藏族羌族自治州九寨沟县（原南坪县）境内，是白水沟上游白河的支沟，海拔2000～4300米，以有九个藏族村寨（所以又称何药九寨）而得名。九寨沟遍布原始森林，沟内分布108个湖泊，因其独有的原始自然美、变幻无穷的四季景象、丰富的动植物资源而被誉为“人间仙境”、“童话世界”。九寨沟为全国重点风景名胜区，并被列入《世界遗产名录》。2007年5月8日，经国家旅游局正式批准为国家5A级旅游景区。

图5.10 九寨沟

九寨沟蓝天、白云、雪山、森林尽融于瀑、河、滩，缀成一串串宛若从天而降的珍珠；篝火、烤羊、锅庄和古老而美丽的传说，展现出藏、羌人热情强悍的民族风情。九寨沟的翠海、飞瀑、彩林、雪峰等自然与人文景观，成为全国少有拥有“世界自然遗产”和“世界生物圈保护区”两顶桂冠的圣地。九寨沟以原始的生态环境、一尘不染的清新空气和雪山、森林、湖泊组合成神妙、奇幻、幽美的自然风光，显现“自然的美，美的自然”，被誉为“童话世界九寨沟”的高峰、彩林、翠海、叠瀑和藏情被称为九寨沟“风光五绝”。

九寨沟的主要观景点包括宝镜岩、盆景滩、芦苇海、五彩池、珍珠滩、镜海、犀牛海、诺日朗瀑布、五花海和长海等。九寨沟已开树正、日则、则查洼、扎如四条旅游风景线，长60余千米，景观分布在树正、诺日朗、剑岩、长海、扎如、天海六大景区，以三沟118海为代表，包括五滩十二瀑、十流、数十泉等水景为主要景点，与九寨十二峰联合组成高山河谷自然景观。四季景色迷人。动植物资源丰富，种类繁多，原始森林遍布，栖息着大熊猫等十多种稀有和珍贵野生动物。远望高耸云天，加上藏家木楼、晾架经幡、栈桥、磨房、传统习俗及神话传说构成的人文景观，被誉为“美丽的童话世界”。

2．黄龙风景区

黄龙名胜风景区（见图5.11）位于四川省阿坝藏族羌族自治州松潘县境内，是国家4A级旅游区。1982年10月，黄龙由国务院审定为国家重点风景名胜区，1992年12月被联合国教科文组织作为自然遗产列入《世界遗产名录》，1997 年被联合国列为世界“人与生物圈保护区”，2001 年 2 月取得“绿色环球 21”证书，黄龙已成为拥有三项桂冠的世界级风景名胜区。

图 5.11 黄龙风景区

黄龙名胜风景区核心面积 700 平方千米，最低海拔 1700 米，最高海拔 5588 米，由黄龙本部和牟尼沟两部分组成。黄龙本部主要由黄龙沟、丹云峡、雪宝顶等景区构成，牟尼沟部分主要是扎嘎瀑布和二道海两个景区。黄龙名胜风景区主要因佛门名刹黄龙寺而得名，以彩池、滩流、雪山、峡谷、森林、瀑布六绝著称于世，是中国唯一保护完好的高原湿地，主景区黄龙沟位于岷山主峰雪宝顶下。它是巨型钙化岩溶景观，蜿蜒于天然林海和石山冰峰之间，宛若金色“巨龙”腾游天地，长约 7 千米，宽约 300 米，这里山势如龙，又称“藏龙山”，是当今世界规模最大、保存最完好的喀斯特地貌，有世界三大之最：即最壮观的露天钙华彩池群、最大的钙华滩流、最大的钙华塌陷壁。钙华彩池是黄龙最主要的景观，黄龙彩池一共有 8 群 2300 多个，彩池层层相连，由高到低，呈梯田状排列，这些彩池大的几十平方米，小的只有几平方米。池中的碳酸钙在沉积过程中与各种有机物和无机物结成不同质的钙化体，再加上光线照射的种种变化，便形成了池水的不同颜色。因此黄龙彩池被称为“五彩池”，享有“世界奇观、人间瑶池”之誉。

这一地区还生存着许多濒临灭绝的动物，包括大熊猫和四川疣鼻金丝猴。

3．峨眉山—乐山大佛

峨眉山位于中国四川峨眉山市境内，景区面积 154 平方千米，与山西五台山、浙江普陀山、安徽九华山并称为中国佛教四大名山，是举世闻名的普贤菩萨道场。因山峰相对如蛾眉，故名。最高峰万佛顶海拔 3099 米。峨眉山地势陡峭，风景秀丽，有“峨眉天下秀”之美誉；气候多样，植被丰富，共有 3000 多种植物，其中包括世界上稀有的树种。山路沿途有较多猴群，常结队向游人讨食，为峨眉一大特色。它是中国四大佛教名山之一，有寺庙约 26 座，重要的有八大寺庙，佛事频繁。

1982 年，峨眉山以峨眉山风景名胜区的名义，被国务院批准列入第一批国家级风景名胜区名单。1996 年，峨眉山与乐山大佛共同被列入《世界自然与文化遗产名录》，成为全人类自然和文化双重遗产。2007 年，峨眉山景区被国家旅游局首批正式批准为国家 5A 级旅游风景区。

峨眉山包括大峨、二峨、三峨、四峨四座大山。大峨山为峨眉山的主峰，通常说的峨眉山就是指的大峨山。峨眉山以多雾著称，常年云雾缭绕。峨眉山层峦叠嶂，山势雄伟，景色秀丽，气象万千，素有“一山有四季，十里不同天”之妙喻。

峨眉山金顶是峨眉山的象征，峨眉十景之首“金顶祥光”则是峨眉山精华所在，由日出、云海、佛光、圣灯四大奇观组成，佛光是峨眉山最壮美的奇观。

万年寺是峨眉山的主要寺庙之一，始建于东晋元熙二年（公元 420 年），当时叫普贤寺，宋代改名为白水普贤寺。明万历二十八年（公元 1600 年）建无梁砖殿，第二年竣工，改名为圣寿万年寺。万年寺是全国重点文物保护单位，现有殿宇五重：山门、弥勒殿、砖殿、巍峨宝殿、大雄宝殿。万年寺砖殿为我国古代建筑一大奇观，该建筑400多年来经历了18次地震，却安然无恙，被誉为我国古建筑史上的奇迹。砖殿内宋代铸造的普贤骑像铜像为镇寺之宝。这尊铜像通高7.85米，重62吨。1986年以后又修复了弥勒殿、般若堂、幽冥钟亭、鼓楼长廊、山门等，使整座寺院更加雄伟庄严。

峨眉山终年常绿，动植物资源极为丰富，素有"古老的植物王国 "之美称。峨眉山植被茂盛，植被随着地势高度而变化，据统计，植物多达3700余种。在峨眉山生长的植物中，有被称之为植物活化石的珙桐、桫椤；有著名的峨眉冷杉、桢楠、洪椿；有品种繁多的兰花、杜鹃花等；还有许多名贵的药用植物和成片的竹林。这些植物为峨眉山披上秀色，还给各类动物创造了一个天然的乐园。峨眉山有2300多种野生动物，其中有珍稀的大熊猫、黑鹳、小熊猫、短尾猴、白鹇鸡、枯叶蝶、弹琴蛙、环毛大蚯蚓等。峨眉山猴群见人不惊且与人同乐，已成为峨眉山中独具一格的"活景观"。峨眉山灵猴学名藏猕猴，也叫藏酋猴，因为它们尾巴只有6～10厘米，比一般猴子的尾巴要短很多，因此也叫"短尾猴"。许多野生猕猴不时出没于路旁，拦住游客索要食物，也为游客增添了不少乐趣。峨眉山野生自然生态猴区是我国目前最大的野生自然生态猴区。

乐山，古称嘉州，历史上属古蜀国，位于四川盆地西南部，坐落在岷江、青衣江、大渡河三江交汇处，是国家历史文化名城、中国优秀旅游城市、世界双遗产城市。2000年6月，乐山市正式成为联合国城市管理中心在中国唯一的合作城市。

乐山大佛景区属峨眉山风景名胜区范围，是国家5A级风景名胜区，全国重点文物保护单位，世界自然与文化双重遗产。乐山大佛（见图5.12）又名凌云大佛，位于三江汇合的地方，为弥勒佛坐像，是唐代摩崖造像中的艺术精品之一，也是世界上最大的石刻弥勒佛坐像。古有"上朝峨眉、下朝凌云"之说。凌云山紧傍岷江，依山开凿大佛一座，通高71米，脚背宽8.5米，为当今世界第一大佛。大佛为唐代开元名僧海通和尚创建，历时90载完成，雍容大度，气魄雄伟，被诗人誉为"山是一尊佛，佛是一座山"。

图5.12　乐山大佛

在乐山大佛的外围，发现了一尊全身长达4000余米，由几座山体组成的"巨型睡佛"。这尊睡佛四肢齐全，体态匀称，面目清秀，安详地漂卧在青衣江山脊上，仰面朝天，慈祥凝重。著名的乐山大佛不偏不倚正好端坐在巨佛心脏部位。巨佛的头、身、足，分别由乌尤山、凌云山和龟城山三山连襟组成。佛头由整个乌尤山构成；佛峰由凌云山构成，山上九峰相连，犹如巨佛宽广的胸膛、浑圆的腰和健美的腿；脚板翘起的佛足是龟城山的一部分。佛的整个体态十分逼真、自然、和谐，犹如天造地设。

知识链接

乐山大佛的故事

据史书记载，发起建造乐山大佛的是僧人海通法师，唐《嘉州凌云大像记》载："开元初，有沙门海通者，哀此水险……作古佛像"。海通自然没有建造大佛的财力，为了募集巨资，他云游天下，终于组织起人力、财力，于开元初年（公元 713 年）正式动工。然而，这项工程实在是过于浩大，海通在有生之年没有能够看到大佛落成。大佛能够得以完工，最终还是靠了当时的朝廷，特别是两位官吏。海通去世后，剑南节度使章仇兼琼和西川节度使韦皋相继捐献薪俸相助，朝廷方面也下诏赐款资助。最终历时整整九十年，大佛于唐贞元十九年（公元 803 年）完工。

海通穷其一生精力建佛，其用心良苦。据史书记载，建造大佛之前，乐山城东的三江汇流处，因为水流复杂，经常发生舟倾人亡的惨剧。海通正是"哀此水险"，决心做件善事，借助佛的法力镇住水魔。事遂人愿，大佛建成后，船只失事竟真的少了许多。其中的原因，据现代人推测，可能是因为开凿的山石大量填入险滩，客观上改善了通航条件，加之大佛的身影增强了船夫的信心。也许，古人一直以为大佛真的具备法力。

无论如何，海通的确是做了一件大善事，为此，他付出了巨大的代价。史书记载海通募得巨资后，曾有贪婪的郡吏上门勒索，海通面对贪官，大义凛然地说："自目可剜，佛财难得"。酷吏一再逼迫，海通也说到做到："自抉其目，捧盘致之！"

4．青城山—都江堰

青城山于 2000 年被列入《世界遗产名录》。青城山位于四川成都的都江堰风景区，距都江堰市区 16 千米，背靠岷江，群峰缭绕，状若城郭。景区面积 200 平方千米，有 36 峰、8 大洞、72 小洞、108 个景点，是中国著名的道教发祥地，被道教列为"第五洞天"。山内古木参天，群峰环抱，四季如春，山林幽深、亭阁幽雅、溪流幽清，故有"青城天下幽"的美誉。青城山前山景色优美，文物古迹众多，至今保存完好的道教宫观有数十座，珍藏着大量古迹文物和近代名家手迹，是一座纵横千百年的道教"博物馆"。著名的景点有：上清宫、建福宫、天师洞、天然图画等。

著名的古代水利工程都江堰（见图 5.13），位于四川都江堰市城西，古时属都安县境而名为都安堰，宋元后称都江堰，被誉为"独奇千古"的"镇川之宝"。都江堰建于公元前 3 世纪，主要由鱼嘴分水堤、宝瓶口引水工程和飞沙堰溢洪道三大工程组成。是中国战国时期秦国蜀郡太守李冰及其子率众修建的一座大型水利工程，是至今为止世界范围内年代最久、唯一留存、以无坝引水为特征的宏大水利工程，目前仍发挥巨大效益，都江堰水利工程科学地解决了江水的自动分流、自动排沙、自动排水和引水的难题，收到了"行水灌田，防洪抗灾"的功效，是世界水利工程史上的一大奇观。因都江堰的引水灌溉，才使蜀地有"天府之国"的美誉，是"天府"富庶之源。

图 5.13　都江堰

阅读之窗

李冰创建都江堰

秦昭王后期李冰任蜀郡守期间（约公元前276～前251年），在深入调查研究、总结前人治水经验的基础上，精心选择在成都平原顶点的岷江上游干流出山口处作为工程地点，团结和组织西蜀各族人民，经过艰苦奋斗，终于在公元前256年前后建成都江堰。实践证明，历时2000多年效益不衰的都江堰水利工程，地理位置优越、合理，工程布置符合自然规律，分水堤、溢洪道、宝瓶口三项工程相互制约、相辅相成，联合发挥引水、分洪、排石输沙的重要作用，至今仍然发挥着巨大的效益。

汉武帝元鼎六年（公元前111年），司马迁奉命出使西南时，实地考察了都江堰。他在《史记·河渠书》中记载了李冰创建都江堰的功绩。后人在其西瞻蜀之岷山及离堆处建西瞻亭、西瞻堂以示纪念。

5. 大熊猫栖息地

大熊猫栖息地（见图5.14）位于中国四川省境内，被列入《世界遗产名录》，以雅安为中心，包括卧龙、四姑娘山和夹金山脉，面积9245平方千米，拥有丰富的植被种类，是全球最大最完整的大熊猫栖息地，全球30%以上的野生大熊猫栖息于此。

图5.14　大熊猫栖息地

雅安是熊猫故乡，这里是世界上第一只大熊猫的发现地和命名地，野生大熊猫的现存量和密度居世界之冠。

卧龙自然保护区位于四川汶川境内，是国家级自然保护区，包括卧龙、耿达两个乡，以“熊猫之乡”、“宝贵的生物基因库”、“天然动植物园”享誉中外。面积达7000平方千米，最高峰四姑娘山海拔6250米，风景秀丽，景色宜人。本区动植物组成复杂，有珙桐、香果树、红豆杉等植物，还有大熊猫、金丝猴、白唇鹿等动物。卧龙自然保护区是动物“活化石”大熊猫生存和繁衍后代的理想地区，现已列为联合国国际生物圈保护区。

6. 剑门蜀道

剑门蜀道风景名胜区位于四川省绵阳地区，是首批国家级风景名胜区。它是以“蜀道”为纽带、以剑门为核心的风景名胜区。剑门蜀道（见图5.15）纵贯成都以北的德阳、绵阳、广元三市之间，全长450千米，是一条著名的“三国蜀汉文化寻踪之旅”。三国人物庞统、蒋琬、姜维、邓艾、马超、鲍三娘等都在此留下了精彩的故事。沿线地势险要，山峦叠翠，风光峻丽，关隘众多，唐代李白有“蜀道难，难于上青天”的形容。景区范围广大，山水林泉等自然景观丰富，沿蜀道分布着众多的名胜古迹，主要有古栈道、三国古战场遗迹、唐宋石刻千佛岩、剑门关、古驿道翠云廊、七曲山大庙、李白故里等。

7. 贡嘎山风景名胜区

贡嘎山风景名胜区位于四川省康定以南，是国家级重点风景名胜区。它以贡嘎山为中心，由海螺沟、木格错、伍须海、贡嘎南坡等景区组成。贡嘎山（见图5.16）主峰海拔7556米，被誉为“蜀山之王”，是四川省内第一高峰。贡嘎山受海洋季风影响，冰川发育规模较大，有现代冰川71条。东坡最大的海螺沟冰川长14.2千米，是国内同纬度海拔最低的冰川。海螺沟以其独有的低海拔现代冰川——原始森林与冰川共存，举世罕见的大冰瀑布，无杂质、无污染的冷泉水，天然的动植物大观园四大特色而著称。

贡嘎山景区内垂直带谱十分明显，植被完整，生态环境原始，已查明的植物有4880种，国家一、二、三类保护动物有20多种。景区内温泉点有数十处，水温介于40～80℃之间，有的达到90℃以上，著名的有康定二道桥温泉和海螺沟温泉景区内还有跑马山、贡嘎寺、塔公寺等藏传佛教寺庙，有藏族、彝族等丰富多彩的民族风情。

图5.15 剑门蜀道

图5.16 贡嘎山

8．蜀南竹海

蜀南竹海（见图5.17）是国家级重点风景名胜区，位于四川南部的宜宾市境内，面积120平方千米，核心景区44平方千米，共有八大主景区。景区内共有竹子58种，7万余亩，是我国最大的集山水、溶洞、湖泊、瀑布于一体，兼有历史悠久的人文景观的最大原始“绿竹公园”。植被覆盖率达87%，为我国空气负离子含量极高的天然氧吧。景区以竹林景观为主要特色，兼有文物古迹之胜。蜀南竹海景观独特，1991年被评为“中国旅游目的地四十佳”，1999年被评为“中国生物圈保护区”，2001年年初被评为国家4A级旅游区。

图5.17 蜀南竹海

9．西岭雪山

西岭雪山位于四川省成都市大邑县境内，是国家级重点风景名胜区，以雪山、林海、飞瀑为主要特色。区内大雪山海拔5264米，积雪终年不化。景区内有日照金山、阴阳界森林、佛光三大奇观。

1999年开发了占地为7平方千米、海拔为2200～2400米的中国规模最大、设施最好的大型高山滑雪场、大型雪上游乐场和大型滑草场、高山草原运动游乐场。

10．四姑娘山

四姑娘山风景名胜区位于小金县与汶川县交界处，是国家级重点风景名胜区，由横断山脉中四座毗连的山峰组成，根据当地藏民的传说，为四个美丽的姑娘所化，因而得名。四姑娘山以雄峻挺拔闻名，为各国登山家所瞩目，人称“中国的阿尔卑斯”，与以保护大熊猫为主的卧龙自然保护区相毗邻。

这里因气候条件特殊，垂直高度显著，动植物资源十分丰富。这里出产的红杉、红豆杉、连香树等是四川特有的珍贵树种。山上还盛产天麻、贝母、虫草等名贵中药材。这里的兽类约有五六十种，鸟类约 300 种左右。其中属国家保护的珍稀动物有大熊猫、小熊猫、金丝猴、白唇鹿、毛冠鹿、雪豹、苏门羚、金猫、扭角羚、林麝以及红腹角雉、血雉等。

5.2.4 重庆市

重庆市简称“渝”，是我国四个直辖市之一，位于中国西南部、长江上游，总面积 8.2 万平方千米。重庆市四面环山，江水回绕，既以江城著称，又以山城闻名。辖区主要以丘陵、低山地形为主，平均海拔 400 米。重庆市的地质多为“喀斯特地貌”构造，因而溶洞、温泉、峡谷、关隘多。重庆位于北半球亚热带内陆地区，年平均气温为 18℃，最高极端气温可达 43.8℃。重庆与武汉、南京并称为“长江流域三大火炉”。重庆也有“雾都”之称，每年秋末至春初多雾，年均雾日为 68 天。

1．大足石刻

大足石刻（见图 5.18）位于重庆大足县境内，距重庆市中心 130 千米，为石刻之乡，是世界文化遗产。大足石刻群有石刻造像 70 多处，总计 10 万多躯，其中最著名、规模最大的有两处，一处是宝顶山，一处是北山。大足石刻是唐宋时期石刻艺术的代表，也是中国晚期石窟艺术的优秀代表作，开凿于唐永徽元年（公元 650 年），历时 70 年，沿岩壁开凿，长 500 米，造像近万尊，其中尤以举世无双的千手观音和长达 31 米的卧佛著称。佛像以佛教造像为主，儒、道教造像并陈，是中国晚期石窟造像艺术的典范，规模之宏大，艺术之精湛，内容之丰富，可与敦煌莫高窟、云冈石窟、龙门石窟齐名。

图 5.18　大足石刻

2．天坑群

重庆天坑群（见图 5.19）位于重庆武隆县后坪乡境内，属武陵山系，2007 年列入《世界遗产名录》。重庆后坪天坑景区有举世罕见的五大天坑群，总面积为 15 万平方米，五个天坑口径和深度都在 300 米左右，呈圆桶状。天坑群位于武隆县后坪乡桐梓山占地一万多亩的原始森林和竹林中，四周是万丈绝壁，上下落差 300 米以上，坑口直径达 300 米。坑的上方，三条溪流飞泻而下，轰鸣作响，极为壮观。更令人惊奇的是，天坑底部有两个巨大的溶洞，洞深达 580 米，总长达 18 千米，之后在洞中又发现了一个直径达 100 米以上的天坑。一般天坑是地下河冲击、导致地面垮塌而成，而武隆天坑群则完全由地表之上的三条溪流冲蚀形成，为世界上首次发现的冲蚀型成因天坑，极具科学价值。

图 5.19　天坑群

3．缙云山

缙云山位于重庆市北碚区嘉陵江温塘峡畔，古名巴山，与嘉陵江小三峡、合川钓鱼城一并被定为国家级自然风景名胜区。缙云山总占地面积 76 平方千米，海拔 350 ～ 951 米。缙云山景色宜人，山间早霞晚云，姹紫嫣红，五彩缤纷。古人观云雾之奇，称“赤多白少为缙”，故名缙云山。

缙云山景区古木参天，翠竹成林，环境清幽，景色优美，素有“小峨眉”之称，是观日出、览云海、夏避暑、冬赏雾，饱览自然风光的最佳去处。缙云山从北到南有朝日峰、香炉峰、狮子峰、聚云峰、猿啸峰、莲花峰、宝塔峰、玉尖峰和夕照峰等九峰。其中玉尖峰最高，海拔 1050 米；狮子峰最险峻壮观，其余各峰亦各具风姿。

缙云山又是具有 1500 多年历史的佛教圣地。山中缙云寺，始建于南朝刘宋景平元年（公元 423 年），后曾称“相思寺”、“崇胜寺”、“崇教寺”，曾受到历代帝王封赐。寺中自古办学，名为“缙云书院”。寺内现存有宋太宗诵读过的 24 部梵经。寺外石照壁上“猪化龙”浮雕，为六朝文物。另有出土的石刻天王半身残像，据传是梁或北周作品。

4．金佛山

金佛山位于重庆南部南川区境内，融山、水、石、林、泉、洞为一体，集雄、奇、幽、险、秀于一身，风景秀丽、气候宜人，旅游资源丰富，以其独特的自然风貌、品种繁多的珍稀动植物、雄险怪奇的岩体造型、神秘而幽深的洞宫地府、变幻莫测的气象景观和珍贵的文物古迹而荣列国家重点风景名胜区和国家森林公园，被国内外专家评定为极有开发价值的自然风景区。金佛山最高峰海拔 2238 米，“金佛何崔嵬，飘渺云霞间”是对金佛山最美好的写照，每当夏秋晚晴，落日斜晖把层层山崖映染得金碧辉煌，如一尊金身大佛交射出万道霞光，异常壮观美丽，“金佛山”因此而得名。

5．四面山

四面山自然风景名胜区位于重庆市江津市境内，距重庆市区 140 千米。四面山占地面积 240 平方千米，山势南高北低，最高峰蜈蚣岭海拔 1709.4 米，最低处海拔 560 米。

景区景观以原始森林为基调，丹霞地貌丰富。四面山的瀑布最为壮观。大小瀑布倾泻激荡，掀起满天烟雾，轰然鸣响，数里之外也能感受到其威势。其中最著名的是望乡台瀑布、水口寺瀑布以及鸳鸯瀑布，称为“瀑布之乡”。

四面山原始绿阔叶林带在同纬度中保存较好，有植物 1500 多种，珍稀濒危植物 19 种，其中刺桫椤是3.5亿年前的史前残遗植物；动物207种，其中属国家级重点保护动物16种，省级保护动物8种，不愧为我国“物种基因的宝库”。

6. 重庆小三峡

在长江三峡的中段巫峡，有一条支流大宁河，河道较窄，水浅流急，清澈见底。大宁河上有三处相连的狭谷，称为小三峡，即龙门峡、巴雾峡、滴翠峡的总称。小三峡（见图5.20）的特色是秀美、神奇。有人认为它有六奇，即山奇雄、水奇清、峰奇秀、滩奇险、景奇幽、石奇美，可称为“天下奇峡”。它南起龙门峡口，北至涂家坝，全长60千米，被评为“中国旅游胜地四十佳”之一，也是国家重点风景名胜区。

图5.20 小三峡

龙门峡全长3千米，位于巫山县城西北。峡口两山对峙，峭壁如削，天开一线，状若一门，形势甚为险要，因此有人说它“不是夔门，胜似夔门”。峡中有中国最长的古栈道遗迹的起点处，还有龙门桥、龙门泉、青狮守门、九龙柱、灵芝峰等胜景，素有“雄哉，龙门峡”之誉。巴雾峡在乌龟滩至双龙镇之间，全长约有10千米。峡谷之中，谷深且陡峭，钟乳密布，山的形状景色颇像天然雕塑，有“猴子捞月”、“马归山”、“龙进”、“虎出”、“回龙洞”、“仙桃峰”、“观音坐莲台”、“悬棺”、“白蛇出洞”等景观，千奇万状，令人叹服，贯有“奇哉，巴雾峡”之称。滴翠峡在双龙镇至涂家坝之间，长约20千米。峡中钟乳石遍布，石石滴水，处处苍翠，故名滴翠峡，是小三峡中最长的一段峡谷，有水帘洞、仙焦林、摩崖佛像、天泉飞雨、罗家寨、绵羊崖、赤壁摩天、巴人船棺、双鹰戏屏、飞云洞等景点，清幽秀美，令人流连忘返，常有“幽哉、滴翠峡”之称。

阅读之窗

童话世界“九寨沟”

1992年12月九寨沟作为自然遗产被列入《世界遗产名录》。

九寨沟风景名胜区位于四川省阿坝藏族羌族自治州九寨沟（南坪）县境内，距离成都市400多千米，是一条纵深40余千米的山沟谷地，因周围有九个藏族村寨而得名，总面积约651.34平方千米，大约有52%的面积被茂密的原始森林所覆盖。林中夹生的箭竹和各种奇花异草，使举世闻名的大熊猫、金丝猴、白唇鹿等珍稀动物乐于栖息在此。自然景色兼有湖泊、瀑布、雪山、森林之美。沟中地僻人稀，景物特异，富于原始自然风貌，有“童话世界”之誉。

九寨山水，天然原始，四季景色变幻无穷，尤其是秋季，沿湖连绵数十里彩林美不胜收。九寨沟的精灵是水，湖、泉、河、滩连缀一体，高低错落的群瀑高唱低吟，大大小小的群海碧蓝澄澈，水中倒映红叶、绿树、雪峰、蓝天，变幻无穷；水在树间流，树在水中长，花树开在水中央。树正景区是九寨风光的集中表现，河谷地带有大小湖泊100多处，沿沟叠延多个海子（当地人习惯称湖泊为“海子”），个个如水晶般明澈，由于每个海子深度、沉积物和临岸景物不同，各自在色度上有差异，使片片彩池都有特征。

九寨沟景观的奇特之处，首先在于它有108个“翠海”。传说在十分遥远的年代，神女沃诺色姆的情人达戈送给她一面宝镜，沃诺或许是太高兴了，竟不慎失手把宝镜摔成了108块，而这108块碎片便成了108个被称为“翠海”的彩色湖泊。其实九寨沟内大多数湖泊的真正形成是与流水中含有的碳酸钙质有关。

在远古时代，当地球处于很冷很冷的间冰期、小冰期阶段，这里水中的碳酸钙质不能凝结，它们随水流逝。到距今大约12 000多年前，地球气候变暖后，流水中的碳酸钙才活跃起来，它们一遇障碍物就附着其上，千年万年，越积越多，也越积越高，便形成了现在人们在九寨沟见到的、由一条条乳白色的钙质堤埂蓄水而成的“海子”，在地质学上称之为堰塞湖。

许多人很小的时候就从神话故事里得知，天上王母娘娘的宫苑内有五彩瑶池，可谁也没见过，然而在九寨沟却能实实在在地见到彩色的湖泊，那便是藏匿于则查洼沟底部的五色池。透过森林间隙可见池中有的地方水色蔚蓝，有的浅绿，有的绛黄，有的灰黑，有的粉蓝……若有山风吹过，那更是满湖五彩缤纷，真的恍如五彩瑶池落入人间。在当地曾盛传，这是仙女的胭脂水染成。然而事实上它却和生长于湖泊内的水绵、轮藻、水蕨等水生植物形成的水生群落密切相关。

与之相比较，日则沟内的五花海更显壮观。当人们从山上俯视三面环山、呈葫芦状的海子，会发现它像一个倒放的彩色大葫芦向山下倾注着永不止息的彩色水。十分奇特的是葫芦腹部有一处鹿腿形的图案，长约十多米，整个腿的颜色为浅蓝色，而腿的中间因湖底岩层呈梅花形的一个个陷坑而呈现出墨绿色，远远望去，色调层次分明，自然构成一支梅花腿形。传说这是山神撵山时，一头受惊的梅花鹿不小心丢下的。

九寨沟的瀑布很有特点，以树正群海沟沟尾的诺日朗瀑布为例，它是透过树丛缝隙而溢漫出来的。人们可见在那约百米宽的瀑布顶端，齐整地长着一排水柳，枝叶攀搭，组成一堵绿色的墙。绿墙下端的树干间隔有序，宛如一把长梳的梳齿，昼夜不停地梳理着经久不息的流水。

九寨沟最为奇特的瀑布还属日则沟的珍珠滩瀑布。它的石滩在一处峭壁上方，好似斜挂于天际。滩上被万年流水融成的许多圆形坑洞，经急速的流水冲进又反弹出而形成许多飞舞的水珠，它们一排排，一串串，一层层，大的如皮球，小的如弹子，个个晶莹透亮，尤其是经阳光的反射，就像一颗颗带彩的珍珠。

沿则查洼沟上行，在接近沟顶时可见一个苍茫的大湖，这便是九寨沟的群海之冠，坐落于海拔3000米之上的长海。常年以雪山为伴的长海，多少个世纪以来始终如同世外桃源一般不为人知，直到20世纪70年代，进山的伐木雇工发现了它。一些到过那里的人说，夏日在长海荡舟十分惬意，而春秋两季，水中的世界，不是倒映出百花簇拥的雪山，就是雪山衬映下的枫叶，使人一时难以分辨究竟是冬日春景，还是秋景冬日。隆冬时节，长海便成了一个硕大的冰湖……

置身九寨沟，如梦如幻。不论你仰望、俯视，还是左顾、右盼，迎接你的无处不是美景，以至许多观光者感叹：人在沟里走，如同画中行。

“黄山归来不看云，九寨归来不看水”，九寨沟的精灵是水。湖（海子）、泉、溪、瀑、河、滩连缀一体，飞动与静谧结合，刚烈与温柔相济，千颜万色，多彩多姿。高低错落的群瀑自丛林峭壁跌落，高唱低吟，热情洋溢。大大小小的群海置身于高山深谷之中，碧蓝澄澈、恬静秀美；水中倒映着红叶、绿树、雪峰、蓝天，一步一色，变幻无穷，水在树间流，树在水中长，花树开在水中央，有“中华水景之王”的美誉。

20世纪70年代，这片在莽莽丛林中沉寂了千百万年的仙境终于被一群偶然闯进的伐木工人发现。1987年，九寨沟被列为以保护自然生态环境为主的国家级自然保护区；1982年，成为国家首批重点风景名胜区；1990年，在全国40佳风景名胜区评比中，名列新自然景区榜首。1992年，被联合国教科文组织纳入《世界遗产名录》；1997年，又被纳入世界“人与生物圈”保护网络，是迄今为止世界上唯一同时获得这两项殊荣的景区。

思考与练习

本旅游区有哪些重要的旅游景区景点？

案例探究

旅游开发冲击摩梭文化

当市场经济的潮水在泸沽湖边荡起波浪的时候，许多生长在这片世外桃源中的摩梭人感受到一种从未有过的机会，也经受着从未有过的困惑与压力：开放与封闭，现代与传统，个人与群体等诸多交织。

走婚还要帮卖烧烤

杨志之沿着草海边的路快速向前走，三分钟后就到了一个铁架塑料布的棚子。这条路是杨志之走了10多年的通往“阿夏家”走婚的路。他要到棚子里帮助阿夏卖烧烤。他的阿夏——加初之玛曾经和游客开玩笑说：“如果他不帮我卖烧烤，我就不让他走婚。”

走婚还要附带帮阿夏卖烧烤，这也许能折射2004年四川泸沽湖边摩梭人生活的新变化。

旅游业带来返乡热

2004年9月21日，22岁的高若拉玛给凉山州泸沽湖景区管理局负责人打电话，要求在博树村当摩梭文化讲解员。听完高若拉玛自我介绍后，那位负责人当即决定录用。三年前高若拉玛从盐源职业中学毕业后先后到丽江市的酒店当过服务员，在广东东莞市的一家百货商店当过售货员。9月22日，高若拉玛被安排到博树村五支洛自然村一幢小房子里上班，泸沽湖离她的家只有5分钟的步行路程。高若拉玛说：“在外面工作，觉得人心复杂得很，心累。今年以来家里老是打电话催我回家，说是家里没有人跳舞、划船，在家里一样的可以打工。我对家本来就有一种依赖感，于是我下定决心回家乡工作，白天当讲解员，晚上还可去村集体舞场跳舞为家庭挣得收入。”据了解，泸沽湖景区今年招聘的51位讲解员绝大部分都是外地打工回乡的女孩。

2004年以来，泸沽湖的四川沿岸比过去能见到更多的衣着艳丽民族服饰的摩梭姑娘，当然还有高大健壮的摩梭小伙子。对于游客来说，摩梭姑娘、小伙的第一个鉴赏点是景区收费站，在这里有被称为“七仙女”的七位摩梭姑娘用摩梭语和汉语向游客问好。2004年春节以来，300余名在外地打工的四川摩梭人返回了泸沽湖，吸引他们返乡的是从未有过的家乡旅游业提供的就业机会。

山南村的党支部书记泽西甲泽说：“年轻人是喜欢走婚的，自由、轻松。小伙子平时在自己的母亲家劳动，偶尔去阿夏家帮一下忙。脸皮厚的小伙子还可以一天在姑娘家吃上两顿饭——早饭和晚饭。我以前也是走婚的，后来因为家里兄弟姐妹不和，于是出来和阿夏建立了新家。现在想来后悔，我和老婆两个人不仅要管理两个小孩的学习生活，还要承担所有的家务和劳动。”

摩梭文化面临冲击

在论及云南宁蒗县落水镇泸沽湖旅游开发的繁荣时，四川盐源县泸沽湖镇的摩梭村民们总忘不了加上这样一句话：“但是他们已经变了，变得冷漠只认钱。”和摩梭村民一样，当地各级政府和旅游部门对于湖对岸的这种变化密切关注的同时感到了责任，于是便对文化采取措施保护。草海附近的博树村是规划中的一类保护区，也是2004年新保护措施的试点村。

保护的重点是防止摩梭大家庭的分裂和夫妻结婚情况的出现。而分裂的征兆的确曾经产生过。以往四川泸沽湖景区的划船、骑马项目由村民集体进行，收入集体分配，但是划船、骑马的次数是按家庭轮流分配。十四五个人的大家庭一年分配到的划船、骑马的次数和四五人的小家庭分配到的次数一样多。因为这样的分配方式，个别家庭为获得更多的利益而分成了两个小家庭，同时为获得更多利益而分家的想法也在村民中蔓延。今年3月8日，博树村通过村规民约对划船、骑马的分配方式进行了改革：不再由家庭轮流划船、骑马，而以全村的总人口为统计口径，不分家庭，无论男女老幼，每6个人分为一组，一组一组地轮流安排划船、骑马，同时收入也分到全村每一个人的头上。由于此前村里的篝火晚会是由家庭旅馆组织，不同家庭旅馆的游客互不串门，游客利益受损，因此篝火晚会的经营方式也改为在村集体的舞场举行，村民参与跳舞和分配利益的方式也按照划船、骑马的方式进行。由于利益在全村以最平均的方式进行分配，大家庭不觉得比小家庭吃亏，分家的思潮在全村暂时平息下来。目前博树村的绝大多数村民对这样的旅游利益分配方式感到满意，今年以来全村10 081人，人均从旅游项目上获益1100余元。

博树村强硬的村规民约是否能确保将来摩梭文化的延续呢？28岁的姑娘阿卡是云南落水镇的一个摩梭大家庭的当家人，这个13人的大家庭同时也正经营着一个生意红火的家庭旅馆。阿卡对摩梭文化延续的关键是这样认识的："在摩梭家庭里，每个成员挣的钱都要交给当家人，每个成员的支出都由当家人来安排。如果私心进入了摩梭家庭，家庭不团结了，大家都讲个人利益，这一天到来的时候，摩梭家庭、文化就崩溃了。"阿卡强调说："我喜爱我现在的大家庭，我非常不愿意看到那一天。"

在开放中承受压力

卓玛（化名）从公共舞场跳完舞回家，在路上就被几个在路边烧烤棚喝酒的男游客叫住了，一看是先前一起跳舞的人。卓玛于是和他们一起喝酒吃东西，忽然有一位男游客借着酒醉把卓玛紧紧抱住，还嚷着"要走婚"，卓玛奋力挣脱后逃走。

游客或者是外来人员的到来给这个原本平静的摩梭村庄带来了无形的压力。有的游客不厌其烦地向摩梭姑娘询问走婚的习俗，甚至不礼貌地提问："你是否有几个爸爸？""你是否有很多情人？""我和你走婚好吗？"有的人对于这种问话有时不予理睬，有时则一味地说是。

草海附近的摩梭人面对的冲击不仅仅来自形形色色的游客，还来自当地为发展旅游业而制定的各种规章制度。今年初，草海边的博树村出台了许多新的村规民约，景区管理局也向村民传达了新制定的景区规划和泸沽湖保护条例。而博树村的村民中读完小学的人数还不到30%，因此，这些条例、规定有的对于他们来说要么是不存在，要么就只是一些理解不清楚的事情。

对摩梭村民来说，外地人介入本地旅游业经营的趋势也造成了竞争的压力。喇明强家2000年就修建了一个旅游接待房，他的老婆和两个侄女是他家的全部服务人员，每天都忙得手忙脚乱。到今年4月他才把门面租给了两户来自云南大理的商人卖旅游商品。最近他又不满地说："草海边卖旅游商品的商人大部分都是外地人，外地人把本地人的钱赚走了。"不仅仅是旅游商品，外地人甚至涉足了旅游接待房的生意。由于担心经营上的风险，一家名叫天然居的旅游接待房被当地摩梭人以3.5万元的年租金租给了西昌市的航天旅行社，而拥有房屋所有权的摩梭家庭成员又重新来为旅行社当服务员打工。

无疑，对于扎根在传统农业生产中的摩梭母系大家庭来说，要以一种商业方式包装摩梭文化去赚取好奇游客的钞票的确艰难。然而，他们必须走出这一步，才能面向未来。

想一想：旅游开发对摩梭文化带来哪些冲击？

5.3 旅游线路设计

华中旅游区经济发达，旅游资源丰富。本区地表结构复杂、地貌类型多样，造就了以九寨沟、黄龙、峨眉山等为代表的自然旅游资源。本区是三国时期的古战场，也是战国时期巴蜀文化的所在地，留下了以古代楚文化和三国遗迹等为代表的人文旅游资源。

根据本区的自然地理条件和人文地理环境，形成了连接三省一市的精品旅游路线。

5.3.1 武汉—三峡大坝—神农架—武当山

武汉是湖北省省会，是华中地区最大都市及中心城市，中国长江中下游特大城市，自古称为“江城”。唐朝诗人李白在此写下“黄鹤楼中吹玉笛，江城五月落梅花”。世界第三大河长江及其最长支流汉水横贯市区，将其一分为三，形成了武昌、汉口、汉阳三镇隔江鼎立的格局。武汉是中国水域面积最大的城市，在城市面积中，水域面积约占四分之一，湖泊数量达到 170 个。武汉的东湖则是中国最大的城中湖。

长江三峡大坝被称为“世界第一坝”，是世界第一大的水电工程，位于西陵峡中段湖北省宜昌市境内的三斗坪，距下游葛洲坝水利枢纽工程 38 千米。“截断巫山云雨，高峡出平湖”，三峡大坝工程包括主体建筑物工程及导流工程两部分，工程总投资为 954.6 亿元人民币。于 1994 年 12 月 14 日正式动工修建，2006 年 5 月 20 日全线建成。2003 年 6 月三峡大坝正式蓄水发电，坝上水面高度已经达到 135 米，三峡之“险”不复存在，但是由于两岸山峰多在海拔 1000 米以上，因此“雄秀”依然可见，“高峡平湖”也使三峡另添别样风姿。

神农架（林区）位于湖北省西部边陲，东与湖北省保康县接壤，西与重庆市巫山县毗邻，南依兴山、巴东而濒三峡，北倚房县、竹山且近武当，总面积 3253 平方千米，辖五镇三乡和一个国家级森林及野生动物类型自然保护区、一个国有森工企业林业管理局、一个国家湿地公园（保护区管理局、林业管理局和湿地公园均为正处级单位），林地占 85% 以上，总人口 8 万人。神农架林区是 1970 年经国务院批准建制，直属湖北省管辖，是我国唯一以“林区”命名的行政区。

5.3.2 长沙—桃花源—武陵源张家界—韶山—南岳

长沙为湖南省省会，位于湖南省东部，别称“星城”，是湖南省政治、经济、文化、交通、科技、金融、信息中心，是华中地区主要的中心城市及经济中心之一。湘江为长沙最重要的河流，由南向北贯穿全境，境内长度约 75 千米，把城市分为河东和河西两大部分。河东以商业经济为主，河西以文化教育为主。长沙属亚热带季风气候，四季分明。春末夏初多雨，夏末秋季多旱；春湿多变，夏秋多晴，严冬期短，暑热期长。长沙有国家 4A 级旅游区七处——岳麓山风景名胜区、长沙世界之窗、湖南省石燕湖生态旅游公园、大围山国家森林公园、湖南省博物馆、雷锋纪念馆和天心阁。长沙也因此成为中南地区拥有 4A 级旅游区最多的城市，国家重点风景名胜区一处——岳麓山风景名胜区（包括岳麓山、岳麓书院和橘子洲）。

桃花源位于常德桃源县境内，分桃花山、桃源山、桃仙岭、秦人村四个景区，其中桃花山、秦人村为桃花源的中心。桃花源之所以闻名，得益于中国历史上的著名诗人陶渊明的《桃花源记》。这篇千古传颂的文章，使桃花源成为千百年来的游览胜地。

韶山是伟大领袖毛泽东的故乡，全国著名革命纪念地和国家重点风景名胜区，位于湖南省中部，面积 210 平方千米。韶山自然、生态环境优良，属亚热带季风性湿润气候区，四季分明，森林覆盖率达 56%，空气十分清新，有“天然大氧吧”的美誉。韶山主要景点有毛泽东故居景区、滴水洞景区、韶峰景区等。毛泽东故居景区主要包括毛泽东故居、毛氏宗祠、毛泽东纪念馆及新建的毛泽东铜像、毛泽东诗词碑林、韶山烈士陵园等。毛泽东故居为全国重点文物保护单位，韶山是国家级重点风景名胜区。

5.3.3 九寨沟—黄龙—阆中—黄龙溪—凉山—峨眉山—乐山大佛—大足石刻

阆中古城位于四川盆地东北部、嘉陵江中游，战国时曾为巴国国都，被誉为四川最大的“风水古城”，素有“阆苑仙境”、“巴蜀要冲”、“天下第一江山”、“阆中天下稀”、“世界千年古县”、“国际最佳旅游度假胜地”、“中国春节文化之乡”等美誉，1985 年被国务院公布确认为国家历史文化名城。阆中是全国现存最为完好的四大古城之一，保护完好的唐、宋、元、明、清各历史时期的古民街院、寺院楼阁、摩崖石刻构成了阆中独特的旅游资源和丰富的文化内涵。气势恢弘的张飞庙、张飞墓冢以及蜀汉遗址文物，更是三国旅游热线重要的组成部分。以古城为中心，已经形成“古城南区”、“张飞庙旅游区”、“东山园林”、“锦屏山旅游区”、“滕王阁旅游区”、“古城科举文化旅游区”、“天宫院旅游区”等多处成片的旅游区。阆中城市选址完全依照古代风水学原理，背山面水、坐北朝南、三面环水、四面环山，被誉为“中国风水学的教科书”。阆中是古代天文学的研究中心，在这里诞生了世界级的杰出天文学家落下闳，以及周群、周舒、周巨、任文孙、任文公等众多天文学家，并吸引了一大批天文学家、数学家来到阆中，东汉道教创始人张道陵，唐代著名天文学家、数学家袁天罡、李淳风即是其中的杰出代表。阆中是三国重镇，蜀汉大将张飞在此镇守多年并安葬于此，蜀汉名臣周群、马忠、黄权、谯周、程畿等均为阆中人，在三国版图上占有重要地位。

四川黄龙溪古镇坐落在黄龙溪省级风景名胜区中心，位于成都市双流县境内，是十大水乡古镇之一，有着 1700 余年的历史。这里清代风格的街肆建筑仍然保存完好。青石板铺就的街面，木柱青瓦的楼阁房舍，镂刻精美的栏杆窗棂，无不给人以古朴宁静的感受。镇内还有六棵树龄在 300 年以上的黄角树，枝繁叶茂，遮天蔽日，给古镇更增添了许多灵气。镇内现还保存有镇江寺、潮音寺和古龙寺三座古庙，每年农历六月初九和九月初九的庙会，还能再现昔日古镇的喧闹场面。这里弯弯曲曲的石径古道，河边飞檐翘角的木质吊脚楼，街道上的茶楼店铺，古庙内的缭绕青烟等，展现出一幅四川乡镇的民俗风情图，给人一种古朴而又新奇的感受。

凉山彝族自治州是我国最大的彝族聚居区，位于四川省西南川滇交界处，境内有汉、彝、藏、蒙古、纳西等十多个世居民族。自古以来就是通往云南和东南亚“南方丝绸之路”的重镇。

这里冬无严寒，夏无酷暑，四季如春，平均气温17℃，可同春城昆明（平均气温14℃）媲美，享有“万紫千红花不谢，冬暖夏凉四时春”之誉。这里纬度低，海拔高，云雾少，污染小，大气浮悬物少，空气透明度高，因而月亮格外晶莹明亮，获“月城”之雅称。其民俗风情古朴而丰富多彩，具有浓郁的民族特点和地区特点。“一步跨千年”的社会发展史令许多专家学者所关注和研究。独具特色的彝族民风、民俗和泸沽湖畔摩梭人的“走婚”习俗，中国对外开放“窗口”——西昌卫星发射中心，全国唯一的社会发展形态博物院——凉山彝族奴隶社会博物馆，神奇秀美的螺髻山和大风顶自然保护区，吸引着众多的中外专家和游客。

知识链接

彝族的风俗习惯

1．婚俗

彝族是一夫一妻制。

2．定亲及娶亲

过去，黑彝以牛马金帛为聘；白彝以酒、布、银钱为聘；乾彝以酒、麻布、炒面为聘。解放后，聘礼从简。一般是青年男女定亲后，男方请人去和女方父母说亲，只需带一瓶酒去，只要女方父母接酒喝，就表示同意。然后男方就到女方家正式定亲，一般是带二三丈（1丈≈3.33米）布和二三十元钱，布和钱都是给女方的。过了三个月，男方还要买三丈青布或蓝布、一块肉、一瓶酒去女方家，这些东西都是给女方父母的，称为“递小礼”。男方请毕摩择日子，择出的日子要和女方父母商量。这次去，可以根据自己的家庭情况，给女方买点结婚用品，称为“压八字”。女方的父母为孩子准备嫁妆，一般是做一个橱柜、两个装面柜、两只箱子、三张小桌子，大桌子必配齐八个凳子，二号饭桌、小号饭桌只配备四个凳子；还要配制两套被褥、洗脸盆、口缸、毛巾等。男方在讨亲时，要做好女方穿的一套衣服，包括包头、鞋子、针线等，由作陪郎的娶亲人背到女方家。这些东西要到晚上女方的父母请歌师来唱“娶亲歌”时，唱到一样才拿出一样。如果歌师唱错，娶亲人便将唱错的东西拿出来在歌师眼前绕三转，笑眯眯地装进自己的包包，不给新娘，也不还新郎，娶亲人自己得。如果歌师要的东西唱准确了。娶亲人拿不出来，歌师就用一个簸箕在娶亲人头上打三下，引得客人们哄堂大笑。

3．泼水迎亲

彝族姑娘出嫁时，姑娘的姊妹兄弟和同辈的青年男女可以用水浇波迎亲者。比较大的彝族寨子，在姑娘出嫁的前十天，寨子里的青年男女，就砍些木桩钉在路两旁，然后用野藤拧成绊索，等迎亲者到来时，就用路边早就准备好的几十桶水，朝着迎亲者泼去。迎亲者无法逃脱，被水浇成落汤鸡，只有拼命奔跑，跑进新娘家，才能不挨泼。因此，聪明的娶亲者早有准备，如果探听好姑娘家有后门或者村寨里有另一条路通向新娘家，便趁泼水者不注意时钻入女方家，在女方家供桌上点三炷香，烧三份纸钱，磕三个头，这样就不挨泼水。但大多数娶亲者不容易办到这一点，都要被泼水。冷天挨泼，冷得上牙打下牙，往往引得男女青年大笑一场，女方父母才找衣服给迎亲者换掉。一般是泼清水，个别地方很早以前用牛粪水泼，如大小凉山。《西昌县志》卷十二中就有“以牛粪和水遍泼之”的记载。

4．抢婚

据历史上的记载，过去四川的大小凉山和云南的部分地区，都有抢婚习俗。“抢婚”，按彝族人的说法：“这是老代传下来的，男方去抢是对女方家的一种尊敬，说明不是嫁不掉送去的。”男女的婚姻，虽由父母包办，并经过媒人说媒成亲，但他们娶妻时，男家在头一天除派媒人和新郎的弟弟到女家接亲外，还要请两个接亲人披上毡子，背着牛角酒同去。接亲人到女方村里，要先由两个背牛角酒的接亲人

去女家，女方家的人有权在本家门口用棍子去打接亲人。在晚上，女方的青年人可以抹黑接亲人的脸。第三天，新娘的舅舅、兄弟等送亲人将新娘送到男家后，要设法拿到男家的碗勺或其他东西，离开男方村寨时，要在寨外的广场上跑几圈马，同时把拿来的碗打碎，当地叫“打口舌”，然后扬长而去。

在滇南地区，则存在着在男女互爱的基础上，由男方及其伙伴以假抢的形式先将女子领到男方家，再补行求婚仪式的习俗。男女青年一般在春节期间利用集体歌舞的机会结识相爱。二人如私订终身，男方便可邀约好友数人，在晚上到事先同女方约好的地点，用假抢的形式将女方领到男家。女子一旦被领到男家的堂屋，便意味着已经缔结成正式夫妻。在第二天，新娘要在男家参加一天劳动。第三天新郎新娘各背一背柴到女家回门。有的男子为了防止女方父母反对他们的婚事，可以邀请善于言谈的伙伴同行，帮助自己去说服女方父母。即使女方父母同意女儿的亲事，也仅仅招待吃顿便饭。姑娘携带自己的衣物和生产工具当天回到男家。有个别的父母坚决反对女儿的婚事，把新郎赶走，扣下自己女儿的；也有男子看中了姑娘，而姑娘不从，则去劫持的。

5. 换裙仪式

解放前凉山彝族少女盛行换裙的习俗，她们把换裙和出嫁当做女儿家的两件终身大事。换裙，彝语叫“撒拉”，俗称“换童裙”，意为脱去童年的裙子，换上成年的裙子。换裙的时间依据幼女的发育情况而定，一般为 15 ～ 17 岁。换裙多在单岁，据说，双岁换裙会多灾多难，终身不吉利。换裙前的女子梳单辫，穿浅色两接裙，裙边镶有一粗一细两条黑布边。举行换裙仪式时，不允许任何男子在场，只邀请女亲戚、女友和年老妇女参加。仪式开始，妇女们就说些逗弄少女的风流话和祝愿词，然后，请一个漂亮、能干、相好的妇女给换裙者梳头，带哈帕，将原来梳在脑后的单辫梳结到前边来，正中分开。在耳后梳成双辫，再戴上哈帕。额前的刘海用少许水打湿，使之整齐发亮，以显示少女的情窦初开，秀丽端庄。再佩上艳丽的耳珠，珠光闪耀。最后换上红、蓝、黑等对比强烈的三接或四接长统百褶裙，换裙仪式到此结束。换裙意味着女子已经成年，她们可以谈恋爱，找情人。换裙前女子受严格保护，不准调戏，如发生此类事件，就要受到社会习惯法的严惩。

6. 迎宾礼

彝族人十分好客，热情劝客人饮酒。凡是到彝家做客，主人都要拿出酒来，相对举杯，席地而坐，一边倾心相谈，一边劝酒说：“地上没有走不通的路，江河没有流不走的水，彝家没有错喝的酒。喝吧，尽情地喝！”直到客人醉倒了方不再劝。每逢过年过节，彝家的阿妹子（姑娘、妇女）就抱着一坛酒，插上几支锦竹竿或麦竿，站在家门口的路边上。凡是来往行人都要劝你拿着杆杆从罐里吸饮过酒后才让你走路。人们称：“甜不过彝家一杯酒，好不过彝家人的心！”

7. “土掌房”

在云南南部彝族地区常见的平顶屋，人们称为“土掌房”。它多半建筑在斜坡上。建筑结构以块石为墙基，用土坯砌墙或以土筑墙，有的大梁架在木柱上，担上垫木，铺上茅草或稻草，草上覆盖一星稀泥，再放上细土捶实而成；有的梁放置于墙上，梁上铺上木板、木条、树枝或竹子，上面再铺上一层土，形成平台屋面，滴水不漏。这种建筑多为平房，但也有二层和三层楼的建筑。平台扇面既是房屋顶，又是晒场，曝晒粮食物品，非常实用。该种房具有冬暖夏凉、防火性能好的优点。

8. 服饰

彝族的服饰古朴、独特。生活在不同地区的彝族有不同的服饰习俗，大致可分为梁山型、乌蒙山型、红河型等。梁山的彝族成年男子往往在脑后留一绺长发，象征男性尊严不可侵犯，俗称“天菩萨”。他们还喜欢用清布包头，在前额处扎出一长锥形结，俗称“英雄结”，以示英武气概。梁山彝族姑娘的三接裙使用三种不同花色的布拼成，跳舞时宽宽的裙摆随风飘舞，像一朵朵大大喇叭花，而她们的花包头则被看做自由、幸福的象征。

9．鸡冠帽

鸡冠帽是用硬布剪成鸡冠形状，再用1200多颗大小银泡镶绣而成，戴在头上像一只“喔喔”啼鸣的雄鸡。鸡冠帽是彝族姑娘吉祥、幸福的象征。因此，红河地区彝家姑娘都要绣制一两顶鸡冠帽。鸡冠帽戴在头上，表示雄鸡永远伴着姑娘，帽上的大小银泡，表示星星和月亮，永远光明和幸福。

10．彝族的忌讳

彝族群众最恨别人叫他们“老彝胞”和“蛮子”，他们认为这种称呼是对他们的最大污辱。到彝族群众家里做客，要坐在锅庄（即火塘）的上方或右方，不能坐在堆放东西和睡觉的下方和左方。忌用脚踏在锅庄上，更不准从锅庄上和堆放的柴上跳过。彝族对待客人、一般都用酒肉盛情款待。他们给你东西吃，你必须吃，即使不会喝酒也要少喝一点，表示谢意。不然，就认为你看不起他们。彝家给你吃的东西只准在那里吃，不准带走。否则，就会说你对人不讲义气。

思考与练习

1．试讨论华中旅游区可以开发哪些有特色的旅游线路？

2．华中旅游区各省主要特色旅游城市和旅游景区有哪些？

案例探究

三峡蓄水催生新景观，“新三峡”同样独具特色和魅力

三峡蓄水导致一批景观被淹没，同时也催生了一批新景观。与老三峡相比，“新三峡”同样独具特色和魅力。

三峡蓄水后，举世闻名的瞿塘峡、巫峡和西陵峡水位抬高，一批石刻、栈道和喀斯特景观隐没于水中。5A级景区巫山小三峡的栈道孔也全部被淹，游览方式也由乘柳叶舟变成了乘大船，昔日漫步河滩的闲适与拣三峡石的乐趣，已化为永恒的回忆。鉴于这种情况，三峡工程二期蓄水前，许多旅行社大规模炒作“三峡绝版游”、“告别三峡游”，致使三峡游在2003年以后一度跌入低谷。

然而，三峡风光虽然少了些许雄奇，却也多了几分秀丽，一些新景观应运而生，一批新旅游线路也逐渐显现。重庆巫山县旅游局工作人员说，三峡蓄水确实也给旅游业带来不少机遇。例如，巫峡境内的神女溪、鳊鱼溪、禹王河、大溪河等，都堪称世间绝景，自然景致丝毫不次于小三峡。但由于蓄水前巫峡风急浪高，这些支流滩浅石多，游船根本无法进入。如今，乘游艇即可从巫峡长驱直入，一览其秀美风光。

三峡蓄水后，许多景观不再是只可远望而不可近观。神女峰是长江三峡中最奇特的景观之一，蓄水前水面距神女峰很高，山路艰险难行，攀爬神女峰需一天时间。如今，神女峰下有了停船的小码头，游客沿着已修好的便道，仅用两个小时就能爬到峰顶，细观“神女”真容。

巫山红叶也成为新三峡旅游中的一大亮点。近两年，烂漫于冬季的巫山红叶在旅游淡季中打造出了一个旅游旺季。每年12月以后，火红的红叶遍布巫峡和小三峡，吸引了众多游客和情侣，巫山由此被誉为“中国恋城”。如今，经摄影家推荐，巫山县旅游局已确定了12条登山赏红叶的线路。

三峡蓄水后，神秘的大宁河旅游线路跃然出现。小三峡是长江三峡景区的精华，但许多人或许不知，小三峡上游的大宁河，更有一派旖旎而古朴的风光。大宁河发源于大巴山脉深处的重庆市巫溪县，这里位于神农架西坡，山势奇伟，古树众多，植物茂密，生物多样。大宁河经巫溪县剪刀峡、荆竹峡、月牙峡、庙峡，

到大昌古镇，到小三峡，沿途两岸高山鬼斧神工，悬崖上的石洞中停放着悬棺，每一具悬棺，都隐藏着春秋战国时期一个动人的故事。

高峡依旧在，平湖更秀美。随着三峡水库水位升高，三峡库区的长江江面不断扩大，一些地方已出现迷人的平湖景观。在巫峡口，大宁湖水面已扩大到 10 平方千米左右，与巫峡口的彩虹桥、小三峡形成和谐之美。在巫山县大昌古镇旁边，一个方圆 12 平方千米的大昌湖已经形成。

想一想：新三峡的建设对本区的旅游发展有何影响？

第 6 章

东南旅游区

探　究

东南旅游区的多元文化格局及其形成的原因是什么？

学习目标

1. 了解本旅游区最突出的优势旅游资源，掌握其优越的自然和人文旅游地理环境。
2. 掌握本区主要的旅游景观和风景名胜概况。
3. 熟悉区内重点旅游城市及主要旅游线路，学会初步设计旅游线路。

福建武夷山

厦门鼓浪屿

广东佛山

台湾阿里山

澳门景观

海南

6.1 区域旅游概况

东南旅游区位于我国最南部，含福建、广东、海南、台湾四省和香港、澳门两个特别行政区，总面积约37.3万平方千米。本区经济发展迅速，是我国最早对外开放的省区，囊括了全国仅有的五个经济特区。自然旅游资源以热带、亚热带风光最为突出，特别是阳光海岸、沙滩、珊瑚岛礁独具特色；地貌类型复杂多样，主要以丹霞、海岸、花岗岩地貌取胜。人文旅游资源有著名的海上丝路遗迹和众多的人造景观等。广东、福建是我国著名的侨乡，港、澳、台等地还是国际上著名的旅游胜地。各省区历史文化联系密切，经济贸易往来和科技交流非常频繁。本区的国家历史文化名城主要有广州、潮州、肇庆、佛山、中山、梅州、雷州、泉州、福州、漳州、长汀、琼山区、海口。

6.1.1 自然地理环境

1. 地形地貌

本区地貌因在历次地壳运动中，受褶皱、断裂和岩浆活动的影响，形成了山地、丘陵、台地、平原交错，且山地较多，岩石性质差别较大，地貌类型复杂多样的特点。这里自然风光婀娜多姿，既有气势磅礴的山峦，也有水网纵横的平原。主要山地有南岭山脉、武夷山脉、台湾山脉和五指山等。南岭山脉分布在湘、桂、粤、赣边界地区，山峰海拔约1500米，是长江与珠江水系的分水岭，对南北气流起一定阻滞作用。武夷山脉绵亘于闽赣边境，海拔1000～1500米，最高峰黄岗山2158米，是福建的天然屏障。台湾山脉由一系列南北走向的山脉组成，最高峰玉山，海拔3997米。五指山分布在海南省的中部，呈穹窿状，海拔约1000米。其余地区多为海拔500米以下的丘陵，其中不少山地丘陵受岩性的影响，在外力侵蚀下，塑造成各种奇异的地貌形态，成为旅游景点，如武夷山、鼎湖山、西樵山等。

本区平原多分布在河流下游和沿河两岸。面积较大的平原有广东珠江三角洲和台湾西部平原。珠江三角洲面积1100平方千米，河道密布，一派水乡泽国风光。

2. 江河湖海

东南旅游区河流众多，具有流量大、含沙量少、汛期长、径流量丰富等特点。珠江和闽江是本区最大的两条河流。其中珠江是西江、东江、北江三条河流的总称，是中国第五大河，流量仅次于长江，约为黄河的八倍，全年均可通航。闽江是闽浙丘陵地区最大的河流，上游三源均出自武夷山脉，沿岸景色秀丽，流域内崇山峻岭，森林茂密。台湾有浊水溪，其上游有著名的旅游胜地日月潭。由于受岩浆活动和构造运动的影响，本区有四条断裂带，有利于温泉的形成。广东境内有温泉230多处，福建有150多处，台湾有100多处，温泉出露处宜发展温泉旅游疗养区。

星湖位于广东肇庆市北郊，湖面约8000亩，大小和西湖相近。很多游人对它评价很高，认为它兼有杭州西湖和广西桂林的胜景。本区海岸线漫长曲折，有许多优良的港湾。岛屿众多，且类型多样，有大陆岛、海洋岛、火山岛和珊瑚岛。大陆岛较大的有台湾岛、海南岛、台山岛、海坛岛、东山岛。南海诸岛由东沙、西沙、中沙和南沙等四组群岛组成，多属珊瑚礁岛类型。蓝天、大海、椰子树和礁岛组成南海独特的热带海洋风光。

3．气候植被

本区属东亚季风气候区，南部具有热带、亚热带季风海洋性气候特点，大部分属亚热带季风气候，雷州半岛一带、海南岛和南海诸岛属热带气候。北回归线横穿中部，高温多雨为主要气候特征。大部分地区夏长冬短，终年不见霜雪。太阳辐射量较多，日照时间较长，大部分地区年平均气温在20℃以上，为全国之最。本区濒临热带海洋，水汽来源丰富，同时受地形影响，具备各种降水的条件，是全国雨量最充沛的地区，年均降雨量为1000～2000毫米。台北火烧寮最多年份降水量可达8507毫米，创全国降水量纪录。大部分地区70%～80%的降水量集中在5～10月。

因全年气温较高，加上雨水充沛，所以本区林木茂盛，四季常青，百花争艳，各种果实终年不绝。植物资源非常丰富，森林植物也为动物生长提供了有利的条件，动物种类较多，是全国动物较繁盛的地区之一。

台风影响是本区气候的重要特色，袭击我国的台风，80%在东南沿海登陆。台风活动较频繁的时间为5～11月，给本区带来一定损失，但在一定程度上缓解了夏季旱情。台风雨占东南地区降水量的10%～20%，强度大是导致本区水灾、风灾的重要原因。

总之，东南地区气候长夏无冬，春秋相连，夏季酷热不及江南，因此旅游季节长。沿海城市受海洋的影响，几乎一年四季皆可旅游；冬季温暖，是全国的避寒疗养和旅游中心。但降水多，尤其多台风，给旅游活动带来不便。

知识链接

珠江名称的由来

珠江全长2129千米，是我国第三大河，其名来自“海珠石”。当千里珠江流经广州城下时，江中有一个巨大的石岛，石岛长期被江水冲刷，变得圆滑光润，形如珍珠，称“海珠石”。由此，流经该石的河流便称之为“珠江”。

珠江的名称还有另一个说法。传说有一位波斯商人，偷了他们国家的一颗价值连城的宝珠，来到广州拍卖，由于此珠是镇国之宝，所以波斯国王派人携巨款来广州，把宝珠买了下来。当他们乘船回国时，拿出宝珠来欣赏。突然，宝珠飞起，坠入江中。后来宝珠化为巨石，熠熠生辉，人们便将其称为海珠岛，“珠江”也因此得名。珠江包括东江、西江和北江等支流，汇合至广州河段，景色十分秀丽。

6.1.2 人文地理环境

1．经济基础

古代的东南地区，由于山高岭峻的阻隔，与中原沟通困难而开发的较晚。但正是“山高皇帝远”，较少受到中原政治风波的影响，经济发展一直较为平稳。与中原地区“以农为本”的模式相同，其农作物为五谷，尤以水稻为首，而且种植历史相当悠久。除种植水稻以外，这里水网纵横，气候温和，适合养鱼、种果、种桑、育蚕，人民重视经济作物与多种经营。本区最重要的经济作物是甘蔗，还以盛产热带、亚热带水果而闻名全国，荔枝、香蕉、龙眼、菠萝号称南国四大名果。宋代苏轼诗赞荔枝：“日啖荔枝三百颗，不辞长作岭南人。”这里也是我国重要的海产捕捞与养殖基地，海产特别丰富。本区拥有较长的海岸线和较早开放的港口，海上对外贸易无时无刻不在刺激着商品经济和商品意识。明代至清中期，是古代本区最繁荣的时期，广州长时间成为唯一的对外贸易港口，也是当时最大的商业城市之一。本区雄厚的经济基础对旅游业有极大的促进作用。

2．交通运输

本旅游区交通运输相当便捷，拥有以铁路、公路为主，海运、航空为辅的现代化交通运输网。铁路运输以京广线、京九线、鹰厦线为主干。海上运输有福州、厦门、广州、高雄等大港口。香港是世界自由港，不仅海运发达且有频繁航班连接着世界各地。广东省有广州火车站，还有白云国际机场，对内对外联系都很便利。台湾交通也很便利，铁路、公路网遍布全岛。珠江三角洲内河航运也占相当重要的地位。

3．历史文化

商周以后，本区与中原及长江流域已存在着政治、经济和文化等多方面的往来。战国时，岭北汉人因经商、逃亡或随军征战等原因，逐渐南来。从人文地理要素来看，广东地处边远，中央王朝鞭长难及，历代对岭南都会采取特殊政策和措施。政治上相对独立和稳定，使土著文化得到较多保留，并作为底层文化积淀下来，形成多元文化格局，如秦汉时的氏族制、唐代以土人为官“南选”制、唐宋广州“蕃坊”制、明清海禁时独留广州对外通商等。而政区归属也在东南地区文化上留下深刻印记，海南岛、雷州半岛明以前与广西属同一政区，文化上与广西颇多共性；唐代潮汕有很长时间属福建，深受闽南文化滋润，秦汉至六朝，粤北部分地区与湘南属于同一政区，文化颇多共性。新中国成立后，实行民族区域自治制度，并在多个城市设立特区，皆为保留文化个性提供了政治保障。

广东人大部分来自岭外。秦汉以来，多次大移民，带来中原、荆楚、吴越、巴蜀以及海外文化，使广东文化最富多元性风格。而部分未汉化土著，则保留自己的文化，成为黎、瑶、壮、畲等少数民族文化。移民呈大集中、小分散分布格局，以人居环境、时间先后，原文化影响不同，后发展为广府、客家、福佬等民系，形成风格不一的民系文化，使广东文化更为多彩多姿，在全国独树一帜。独特的文化艺术有梨园戏、粤剧、广东音乐等。

由于受本区多元文化格局的影响，东南地区语言文化比较复杂，主要有闽南话、闽北话、客家话、广州话等。在饮食文化方面，俗话说“吃在广州”，其实粤、闽都不例外，粤菜、闽菜均为我国八大菜系之一。两大菜系不仅烹调技术高超，且用料来源之广令人难以想象，诸如猫、狗、鼠、虫、猴、蛇等均可上席，而且吃法奇特。

知识链接

客家文化

客家先民原是中原汉人，由于战乱、饥荒和政府奖惩的原因，辗转南迁，经过不断辗转迁徙之后，部分移民来到了这块被大山屏蔽的赣、闽、粤三角地区，与当地土著相互杂居，并在相对封闭的社会与自然条件下，与土著民相互融合，从而创造出一支以汉文化为主导、与周边文化相区别的地域文化，这就是客家文化。故有学者称其为特定历史条件下形成的移民文化。客家是中华民族大家庭中重要的一员，具有显著特性的汉族民系，是汉民族中的一个地缘性群体。目前世界上已有1亿以上的客家人。

客家先民自身团结的精神形成了很强的向心力。正是这种向心力使他们在漫长的迁徙过程中把中原灿烂的文明带到南方播衍而不被迁徙地的土著同化。广东梅州的多层围垅屋、永定的土楼（见图6.1）、长汀的九厅十八井等典型的客家建筑，既是“世界建筑史上的一支奇葩”，也是客家人团结奋进的象征。在永定的一些大型土楼内，有石柱雕联、石鼓承柱、雕梁画栋，有天井、花园、假山、盆景、鱼池，美不胜收。甚至还有土楼附设学堂，楼有楼名，柱有雕联，如“振成楼”、“振纲立纪，成德达才”，教人遵纲纪，重德才，奋发进取。这些文化印记无不闪耀着中原文明崇文尚武、耕读传家的精神光芒。

图6.1　永定土楼

阅读之窗

粤菜与“食在广州”

广义的粤菜包括广州菜、潮州菜、东江（客家）菜，狭义的粤菜即指广州菜。岭南饮食文化在中国饮食文化中具有极其重要的地位，而“食在广州，味在潮州”这种文化现象则是岭南饮食文化的集中表现，它涵盖了独具特色的粤菜精华和别具一格的岭南饮食风格。广州人的饮食款式新颖，量少而精，味求隽永，清爽香脆，浓郁鲜美。这个风俗与爱好，已有非常悠久的历史。广州菜既集“南（海）、番（禺）、顺（德）、中（山）”等珠江三角洲地方风味的特色，更兼采京、苏、杨、杭、鲁等外省菜以及西菜之所长，融会贯通而独成一家。粤菜作为中国菜四大菜系之一，以其独特的风格和风味而享有盛誉。

“食在广州，味在潮州”，历史悠久，闻名天下。粤菜形成的历史是由中外饮食文化汇合并结合地域气候特点不断创新而成的。南北兼容，中西并蓄，极富特色的美食、小吃大批大批地涌现出来。羊城茶楼餐馆之多，酒店食档之众，在国内首屈一指。粤菜又素以品种之丰，茶式之盛，烹调之巧，风味之美而闻名遐迩。“食在广州”是广州旅游的一大特色，广州的名菜佳肴、美点小吃，对中外游客均有极大吸引力。

粤菜最大特色便是采料复杂，菜式丰富。它用料广博奇杂，配料多而巧。山珍海味、花鸟鱼虫、飞禽走兽、家禽等可成佳肴。粤菜的第二个特色是口味清淡，可用“清鲜嫩滑爽香”六字概括其风味特色。这是粤菜广受欢迎的根本原因。粤菜调味品种类繁多，菜肴有五滋（香、酥、脆、肥、浓）、六味（酸、甜、苦、辣、咸、鲜）之美。粤菜重色彩，求镬气（指用武火把镬烧热，加油，把油烧开，炒出来的菜有一种香味），火候恰到好处。粤菜追求原料的本味、清鲜味，如活蹦乱跳的海鲜、野味，要即宰即烹，原汁原味。这种追求清淡、追求鲜嫩、追求本味的特色，区分“寒性和热性”，既符合广州的气候特点，又符合现代营养学的要求，是一种比较科学的饮食文化。粤菜的第三个特点是博采众长，善于变化，制作精良，勇于创新。广东人思想开放，不拘教条，一向善于模仿创新，因此在菜式和点心研制上，便富于变化，标新立异，制作精良，品种丰富。粤菜的菜式还注重随季节时令变化而变异，夏秋求清淡，冬春重浓郁。宴席上的菜式皆冠以美名。粤菜具有“杂交”的优势，讲究炮制的方法，烹调方法有 30 多种。到目前为止，粤菜的菜式有 5400 多种，点心有 1000 多种，风味小吃也有数百种之多。

漫长的岁月，使广州人既继承了传统饮食文化，又博采外来及各方面的烹饪精华，不断吸收、积累、改良、创新，从而形成了菜式繁多、烹调工巧、质优味美的饮食特色。近百年来已成为国内最具代表性和最有世界影响的饮食文化之一。这无论是按三大菜系（即黄河流域的“鲁菜”，长江流域的“川菜”、“苏菜”和“沪菜”，以及珠江流域的“粤菜”），还是按四大菜系（即鲁、川、苏、粤四大菜系），或者是八大菜系（即鲁、川、苏、粤、闽、浙、湘、徽八大菜系），粤菜都占有极其重要的地位。到现在，广州的饮食，无论是食品的品种、质量，酒楼食肆的数量和规模，抑或是饮食环境、服务质量，在国内都是首屈一指的，在国外也享有盛名。

思考与练习

1. 我国著名的侨乡指的是哪里？
2. 本区优越的自然和人文地理环境表现在哪些方面？
3. 本区的地理位置对发展旅游有哪些优势？

案例探究

多 元 文 化

由于受本区多元文化格局的影响，语言文化比较复杂，主要有闽南话、闽北话、客家话、广州话等；在饮食文化方面，主要有粤、闽两大菜系；建筑、服饰、音乐方面也多姿多彩。

例如，戏曲音乐方面，广东的戏曲剧种有粤剧、潮剧、汉剧、采茶戏、客家山歌等，以粤剧、潮剧、汉剧三种流行最广、影响最大、观众最多。粤剧是岭南最重要的地方剧种，流行于粤语方言地区。粤剧唱腔优美、多样化，具有丰富的表现力和感染力，影响遍及粤语华人地区，有“南国红豆”的盛誉。兼容并蓄、通俗易懂、音乐优美是粤剧的主要特点。

客家山歌是一种用有节奏、有韵律的语言来反映客家人思想情感与生活劳动情况的艺术形式，是客家文化的组成因素，在客家人的生活中占有重要的地位。客家山歌一般每首四句，每句七个字，第一、二、四句押韵；多触景生情，即兴创作，情深意切；唱腔丰富多彩，节奏自由又富于变化。特点是通俗易懂、形象生动、比喻丰富、音乐性强。内容极为广泛，既有情歌，也有对日常生活、生产的赞美或责难、抱怨、自嘲，还有年节喜庆的欢唱。梅州是客家人聚居的中心，客家山歌广泛流行，有“山歌之乡”的美誉。每年中秋节成为梅州地区的山歌节，客家人“打擂台”赛山歌，热闹非凡。

分组合作探究：哪些方面证明了东南地区具有多元文化格局？这对当地旅游业发展起着怎样的作用？

6.2 主要旅游景观和风景名胜地

东南旅游区位于我国东南沿海，是我国华侨最多的地区，素有“华侨之乡”之称。本区旅游资源丰富，是我国的经济发达地区，拥有发展旅游业的坚实的物质基础和客源基础，是我国旅游的热点地区。

6.2.1 福建省

福建省简称“闽”，省会福州，面积12.4万平方千米，人口3689万；地处祖国的东南，素有“东南山区”之称，是中国最早对外交往的基地和窗口之一，与祖国的宝岛台湾隔海相望，地理位置独特而优越。境内群山连绵，林海广袤，海岸曲折，良港众多，气候温和湿润，四季如春，自然条件十分优越。加上悠久的历史、众多的名胜古迹、美丽的自然风光，使福建成为一个十分有特色的旅游地区。

1．厦门—鼓浪屿—万石山

厦门是福建省第二大城市，具有祖国“大厦之门”的寓意。相传古时有白鹭栖息，故又有“鹭岛”之称。这座美丽的海滨城市，风景优美，气候宜人，四季飘香，素有“海上花园”、“海上明珠”之称。

图6.2　鼓浪屿

鼓浪屿（见图6.2）位于厦门岛的西南面，原名“园沙州”，开拓于元末，明朝时改称“鼓浪屿”。小岛的西南隅海边，有两块相叠的岩石，长年累月受海水侵蚀，中间形成一个竖洞，每逢涨潮时，波涛撞击着岩石，发出如鼓的浪声，人们称它为“鼓浪石”，鼓浪屿因此得名。

鼓浪屿素有“音乐之乡”、“钢琴之岛”的美誉。20世纪五六十年代就拥有500多台钢琴，许多闻名中外的音乐家在这里诞生和成长。鼓浪屿的轮渡码头，外形就像一台打开琴盖的钢琴，使人们一踏上码头，就感受到这里独有的情韵。鼓浪屿的建筑千姿百态，有闽南风格的飞檐翘角，有被称为“小白宫”的八卦楼，有威严高耸的天主教堂，有红瓦大坡顶的欧式建筑，也有各种中西合璧的别墅，堪称“万国建筑博物馆”。

鼓浪屿以其婀娜多姿的自然风光和积淀深厚的文化底蕴，成为国家重点风景名胜区、全国35个王牌风景区之一，为福建省十佳风景区之首。

图6.3　万石山景观

万石山（见图6.3）是厦门市城区一座风光秀美的山，属鼓浪屿—万石山国家级风景名胜区的一部分，包含太平山、半岭山、中岩山、阳台山以及外清山、五老山、钟山、鼓山、虎山等，陆域面积约 32.96 平方千米。这里山山相连，山水相依；峰峦叠翠，巨石互倚；曲径通幽，步移景异；绿荫连绵，莺燕啼飞；是中国大中城市中少有的紧依闹市、面积最大的观光游览区。

万石山中，有著名的厦门园林植物园，占地 2.27 平方千米，已开发约 1.2 平方千米。厦门园林博物园是以“科学内容、公园外貌”为特征，“园林艺术、园艺技术”相融合的科技与艺术、自然与人工相结合的园林式植物园，享有“植物王国”或“植物博物馆”的美誉。植物园中的万石湖，是 1952 年 10 月建成的水库，蓄水 15 万立方米。围绕万石湖有众多专类园区和游览点，汇聚着许多热带、亚热带的珍稀植物品种。

万石山上还有万石莲寺、云中岩寺、太平岩寺、虎溪岩寺、白鹿洞寺、紫云岩寺、紫竹林寺、万寿岩寺、甘露寺等 11 座不同规模的庙宇。闽南佛学院的“女众部”就设在紫竹林寺内，佛教文化与园林文化和谐荟萃，形成独特的风景线。

2．武夷山

武夷山（见图 6.4）是一处绝妙的山水名胜。武夷山有所谓“三三”、“六六”之胜。

武夷山风景区是 1982 年国家首批公布的重点风景名胜区之一，位于福建省武夷山市南郊，武夷山脉北段东南麓。全区呈长条形，东西宽约 5 千米，南北长约 14 千米，面积 70 平方千米。

武夷山是由红色砂砾岩组成的低山丘陵，属典型的丹霞地貌，亿万年以来，因地壳运动，地貌不断发生变化，构成了秀拔奇伟、独具特色的“三三”、“六六”、“七十二”、“九十九”之胜。“三三”指的是碧绿清透盘绕山中的九曲溪，“六六”指的是千姿百态夹岸森列的 36 峰，还有 72 个洞穴和 99 座山岩。武夷山碧水丹山，千姿百态，还有距今约 3800 年前高插于悬崖峭壁之上的船棺、宋代朱熹创办的紫阳书院、元代御茶园以及历代摩崖石刻等名胜古迹，素有“奇秀甲东南”之称，集道、佛、儒教于一身，是一座历史悠久的文化名山，秦汉以来，为历代朝廷所推崇，唐朝时被朝廷册封为天下名山大川。古代李商隐、范仲淹、朱熹、陆游、辛弃疾、徐霞客等名家都在武夷山留下各自的墨宝。武夷山共遗留下摩崖石刻 500 多方及众多的文物古迹。武夷山还是朱子理学的摇篮，是世界研究朱子理学乃至东方文化的基地。景区以九曲溪为主线，主要有天游峰、玉女峰、大王峰、水帘洞、一线天等游览区。

图 6.4 武夷山

3．永定客家土楼民俗文化村

福建永定客家土楼（见图 6.5）是世界上独一无二的山村民居建筑，被誉为“中国古建筑的一朵奇葩”、“神秘的东方古城堡”，其历史之悠久，种类、数量之多，规模之大，结构之奇巧，功能

a

b

图 6.5　客家土楼

之齐全，堪称世界之最。

据统计，永定现存的圆楼、方楼、五角楼、八角楼、纱帽楼、吊角楼等各式土楼 30 多种，两万多座。其中振成楼、福裕楼、承启楼、奎聚楼被列为全省重点文物保护单位，是国家 4A 级景点——永定土楼民俗文化村的核心景点。

如果说永定是一座没有大门的中国土楼博物馆，那么位于永定县湖坑镇洪坑村的永定客家土楼民俗文化村景区就是浓缩的永定客家土楼博物馆。景区内土楼建筑独特，其中有富丽堂皇的“圆楼王子”振成楼、五凤楼（府第式土楼）、经典福裕楼、宛如布达拉宫的宫殿式建筑奎聚楼和“袖珍圆楼”如升楼，以及天后宫、土楼博物馆等其他特征土楼 40 多座。它们沿溪而上，气势恢弘，错落有致，与青山、绿水、翠竹、拱桥、水车、农田和谐相处，组成一幅幅多姿多彩的绚丽画卷。

永定客家土楼以历史悠久、风格独特、规模宏大、结构精巧、功能齐全、内涵丰富而闻名于世，在中国传统古民居建筑中独树一帜，被誉为“东方文明的一颗璀璨明珠”，是福建省八大旅游品牌之一。

图 6.6　太姥山景观

4. 太姥山

太姥山（见图 6.6）位于福建省东北部，在福鼎市正南，距市区 45 千米，以“山海大观”著称于世。1988 年，太姥山以福建太姥山风景名胜区的名义，被国务院批准列入第二批国家级风景名胜区名单。

太姥山挺立于东海之滨，三面临海，一面背山，巍峨秀拔，气势雄伟，拥有山峻、石奇、洞异、溪秀、瀑急等众多自然景观，以及古刹、碑刻等丰富人文景观。山上奇石林立，有“十八罗汉岩”、“仙人锯板”、“夫妻峰”、“金猫扑鼠”、“玉猴照镜”、“九鲤朝天”、“二佛谈经”、“金龟爬壁”、“韦陀把天门”等三百六十景，真是“太姥无俗石，个个似神工”。

5．清源山

清源山风景名胜区是我国历史文化名城泉州市的重要组成部分，是国务院公布的国家重点风景名胜区。

清源山（见图 6.7）位于福建省枕山面海的泉州市北郊，名胜古迹遍布，包括清源山、九日山、灵山圣墓和西北洋四大景区。清源山是闽中戴云山余脉，峰峦起伏，石壁参差，林幽壑深，岩石遍布。山间水景多姿，泉、涧、潭、瀑有 135 处。据《方舆览胜》一书载："山有石乳泉，澄洁而甘，其源流衍下达于江，建郡时，以清源名。"该山遂名清源。清源山是错落于千岩万壑之中的文物古迹，既有道教的清源洞、老君岩等，又有佛门的千手岩，弥陀岩，瑞象岩等。寺观亭台，不可胜数。唐武德年间，穆罕默德门徒三贤、四贤来泉州传教，殁葬于灵山，称伊斯兰圣墓。其旁有郑和第五次下西洋的"行香碑"，为我国海外交通的重要史迹。

图 6.7　清源山景观

6．鸳鸯溪

鸳鸯溪位于福建屏南县东北部，全长 14 千米，附近山深林密，幽静而清净，每年秋季有上千只鸳鸯在此地过冬，这里有我国目前唯一的鸳鸯保护区，屏南也因此被称为"鸳鸯之乡"。鸳鸯溪共分白水洋、鸳鸯溪、叉溪、水竹洋、考溪和鸳鸯湖五个游览区。白水洋游览区在鸳鸯溪上游，在溪流两岸有诸多瀑布和岩洞，还有奇绝"十里水街"景点，它是由三块平坦的巨石铺于水底而成，最大的一块面积达 4 万平方米。人行其上，水只淹到脚背。白水洋下游有一条 50 多米长的天然滑道，平整光洁，人在上面滑不会被刮伤。鸳鸯溪游览区为鸳鸯溪的中心景区，它以野生动物鸳鸯、猕猴和稀有植物为特色，融溪、瀑、峰、岩、洞等山水景观为一体，成为不可多得的综合性游览区。叉溪游览区位于鸳鸯溪下游，那里有数千亩原始次生林，另外还有美丽的河谷景观。水竹洋—考溪游览区位于叉溪游览区西面，它以险峰幽谷和黄山松为主要特色。鸳鸯湖游览区位于双溪镇，以湖光、小岛、野鸭群及四季杜鹃花和寺庙、古塔等组成。

7．桃源洞—鳞隐石林

桃源洞在永安市北 10 千米、紧临 205 国道的栟榈山中，面积 37 平方千米，因景区内有桃花涧而得名。宋李纲有诗云："栟榈百里远沙溪，水石称为小武夷。"故又有"小武夷"之称。明万历年间（公元 1573 ～ 1619 年），桃源洞已辟为游览区，筑亭台楼阁 10 余座；1987 年，与鳞隐石林一起被评为首批省级风景名胜区；1994 年，又一起被评为第三批国家重点风景名胜区。桃源洞景区分为桃源洞、百丈岩、葛里、修竹湾、栟榈潭等五个旅游景区，73 处旅游景点。

桃源洞似洞非洞，系拔地而起的山岩，中裂一隙，仅留天光一线。洞口绝壁上有明万历年间两郡司马陈源湛所书"桃源洞口"四个大字。桃源洞有一线天、通天亭、观音殿、飞来石、仙人棋盘、跨虹桥、凤冠亭等 18 景。最著名的是一线天，只见悬岩断壁上一隙通明，全长 120 米，高

40 米，宽仅盈尺，最窄处只可侧身而过。徐霞客在游记中称“缝隙一线，上劈山巅，远秀山北，中不能容肩。余所见一线天数处，武夷、黄山、浮盖，曾未见若此大而逼、远而整者。”游人称“桃源洞乃人间仙境，风流尽在此山中”。

桃源洞与井冈山相毗邻，一脉相连，蔚为壮观，千米以上山峰 18 座，万阳山海拔 1800 多米。传说炎帝神农曾到此采药，留有神农脚印、洗药潭、捣药臼、藏药洞、晒药台等千古胜迹。桃源洞的自然景观多彩多姿，山、水、石、林俱备，雅、趣、奇、险兼有，属原始次生林带。这里空气格外清新，动植物资源十分丰富，有各类植物资源 1727 种，其中珍稀观赏植物 245 种，华南虎、云豹等珍稀动物 44 种，是一个自然景观优美、生态环境优越、气候舒适宜人的生态型国家森林公园，不愧“天下第一秀”美称。

国家重点风景名胜区鳞隐石林位于福建省永安市区西北 13 千米处的大湖镇境内，由鳞隐石林、洪云山石林、十八洞等景区组成。这是一处典型的喀斯特地貌，发育了众多的怪石、奇峰和异洞。景区内耸立着石芽、石锥、石柱、石笋 400 多座，最高 36 米。怪石拟人状物，千姿百态。主要景点有三鼎岩、望天星、八戒照镜、接笋峰、石猿抱桃、黑熊护笋、石龟探洞、接吻石、鳞隐书院等 50 多处。

鳞隐石林始建于清雍正年间（公元 1729 年），由大湖人赖翘千、赖允升两兄弟开发，历时六年，建有亭、台、楼、阁和鳞隐书院。“鳞隐”取“天故隐其迹”之意，又因石芽表面呈鱼鳞片状，故而得名。

8．平潭海坛岛

福州市平潭县素有“千礁百屿”之称，全县有大小岛屿 126 座、岩礁 702 座，而有人居住的岛屿仅 10 个，其余均处于鸟翔鱼跃的原始状态，风光旖旎，景色宜人。

图 6.8　海坛岛

位于闽江口南侧的海坛岛（见图 6.8）是平潭的主岛，也是福建第一大岛。它背靠大陆，面对东海，与台湾澎湖岛、广东南澳岛形成“海中三目”。

海坛岛本名平潭岛，因主岛远望如坛，所以又名“海坛”。岛上多云气，时常“东来岚气弥漫”，故又有别称“东岚”。

天风海涛，造就了岛上景观的神秘、雄奇和绚丽多姿。因为拥有优质的海滨沙滩与奇特的海蚀地貌，海坛岛又被专家誉为海蚀地貌博物馆。

海蚀地貌千奇百怪，登上礁石岛，只见两块花岗岩巨石，一高一低巍然屹立于万顷碧涛之中，东望如碑，南看似瓜，西视像帆，北见则似小巫见大巫，这就是位于石牌洋景区中的半洋石帆。据载，400 多年来它一直被誉为“天下奇观”，是中国最大的一对花岗石海蚀柱。

在海坛岛南部的塘屿岛南端，有一巨型全裸状大石人仰卧于海陆边际线上。他头枕金色沙滩，脚抵东海碧波，双手平置于胯侧，状若天神，被誉为“海坛天神”。

9．连城冠豸山

连城冠豸山（见图 6.9）地处福建西部的连城县，境内山川秀丽，风景名胜众多，是国家重点风景名胜区。它距县城 1.5 千米，于 1986 年被评为福建省十佳风景区，1994 年被确定为国家重点风景名胜区，并于 2000 年被评为国家首批 4A 级旅游区。冠豸山风景区总面积 123 平方千米，由獅豸冠、石门湖、竹安寨、九龙湖、旗石寨等九大游览区组成，区内奇峰比肩，山水相应，以“雄奇”、“秀美”著称，素有“上游第一观”的美誉。

图 6.9　连城冠豸山

冠豸山雄奇险峻，山后是温柔秀丽的石门湖。作为冠豸山水代表作的生命之根和生命之门两个形象逼真的景点相距只有 1 千米之遥，一个在水中，一个在湖畔，阴阳相对，遥呼相应，堪称华夏一绝、神州奇观，人称“阳刚天下第一，阴柔举世无双”。冠豸山被誉为“客家神山”、“生命神山”。

连城冠豸山新开辟的九龙湖景区，水面 1200 亩，山水相依，山徊水转，是个珊瑚状的湖泊。湖面清风碧玉，倒影幽幽，山、石、水层次分明，异彩纷呈。四季花木，葱葱郁郁；鸟语花香，神秘诱人。2004 年元旦，九龙湖景区已全面对外开放，现已成为冠豸山主游线路之一。

世界 A 级、国家级自然保护区梅花山，主体坐落在连城，这里林海茫茫、奇花异草比比皆是，华南虎等猛兽珍奇游弋山中，充满原始的震撼力，被誉为“北回归线荒漠带上的绿色翡翠”、“动植物基因库”。梅花山上的“水流三江源头”、衫木王、红豆杉群等景点奇妙天成，给人一种自然魅力的震撼。其腹地的赖源溶洞群，如一座美丽神奇的迷宫，妙不可言又深不可测。

10．泰宁金湖

金湖（见图 6.10）是金溪新湖的简称，位于武夷山脉南端泰宁县境内。金溪是闽江上游富屯溪的一大支流，因河床沙里含金沙而得名。1980 年夏，政府在金溪的卢庵滩兴建一座装机容量 10 万千瓦的池潭水电站。大坝高 78 米，长 253 米，金溪水被堵截后上游形成了一个全长 60 余千米、湖面五万多亩、库容 8.7 亿立方米的人工湖，是目前福建最大的人工湖。

图 6.10　泰宁金湖景观

金湖碧波澄澈，鸟翔鱼跃，丹峰竞秀，林木葱郁，危岩兀立，泉瀑争奇。白水祭瀑布、大赤壁、公子峰、水上一线天、幽谷迷津、虎头岩、猫儿山以及甘露寺、醴泉古刹、尚书墓等 100 处名胜古迹点缀于碧水丹山之中，形成别具一格的游览区。因此，金湖又被中外游客誉为“黄金之湖”。

6.2.2　广东省

广东省简称粤，省会广州，面积约 18 万平方千米，人口 6000 万左右。它位于我国大陆最南部，南临南海，海岸线总长 3368 千米，海岸线总长为全国之冠。岛屿众多。境内河流多，有奇丽的“丹霞地貌”，具有“绿水丹崖”的秀丽景色。地势北高南低，境内山地、平原、丘陵交错。

1．西樵山

西樵山（见图 6.11）位于广东省佛山市南海区的西南部，海拔 346 米，是一座古火山。西樵山是新石器时代珠江三角洲主要的采石场和石器制作场，山势蜿蜒，钟灵毓秀，奇石异洞散落其间，名胜古迹举目皆是，自古便有“南粤名山数二樵”之誉。西樵山历史文化底蕴十分深厚，被称为“珠江文明的灯塔”，已有 6000 多年文明史，古西樵山人创造了灿烂的“双肩石器”文明。明清期间大批文人学子隐居于此，故又有“南粤理学名山”的雅号。西樵山也是“南拳文化”的发源地，一代宗师黄飞鸿就出生于西樵山附近的村落。

图 6.11　西樵山景观

2．丹霞山

中国红石公园——丹霞山（见图 6.12），位于韶关市境内，面积 290 平方千米，是广东省面积最大、景色最美的风景区。1988 年以来，丹霞山分别被评为国家风景名胜区、国家级地质地貌自然保护区、国家 4A 级旅游区、国家地质公园、世界地质公园。

丹霞，地理学上是指红色砂岩经长期风化剥离和流水侵蚀，形成孤立的山峰和陡峭的奇岩怪石，是巨厚红色砂、砾岩层中沿垂直节理发育的各种丹霞奇峰的总称。主要发育于侏罗纪至第三纪的水平或缓倾的红色地层中，以中国广东省北部丹霞山最为典型，故名。丹霞山是丹霞地层和丹霞地貌的命名地，现为国家地质地貌自然保护区。

图 6.12　丹霞山

3．开平碉楼与村落

广东省开平市内，碉楼（见图 6.13）星罗棋布，城镇农村，举目皆是，多者一村十几座，少者一村两三座。碉楼群从水口到百合，又从塘口到蚬冈、赤水，纵横数十公里连绵不断，蔚为大观。这一座座碉楼，是开平政治、经济和文化发展的见证，它不仅反映了侨乡人民艰苦奋斗、保家卫国的一段历史，同时也是活生生的近代建筑博物馆，是一条别具特色的艺术长廊。可以说，开平作为华侨之乡、建筑之乡和艺术之乡，它的特色在碉楼上都得到了鲜明的体现。对碉楼资源进行保护和挖掘，对于研究华侨史和建筑艺术，对于开发旅游资源和开展集体主义、爱国主义、

图 6.13　开平碉楼

社会主义教育，都具有十分积极的意义。

开平地处珠江三角洲西南部，开平碉楼鼎盛时期达 3000 多座，现存 1833 座，其数量之多、建筑之精美、风格之多样，在国内乃至在国际的乡土建筑中实属罕见。2007 年 6 月 28 日，“开平碉楼与村落”被正式列入《世界遗产名录》，成为我国第 35 处世界遗产，广东省第一处世界文化遗产。

4．广州香江野生动物世界

香江野生动物世界是动物的天堂，这里拥有着全世界最大的珍稀动物白虎种群，目前存栏白虎总量将近 100 头，占世界白虎总数的一半以上，被人们亲切地称之为“白虎工厂”。除了拥有白虎、白狮等举世罕见动物外，香江还生活着以“七大国宝”为代表的 400 余种珍稀动物，包括中国的大熊猫、澳大利亚的树袋熊（考拉）、洪都拉斯的国宝——有“南美第一怪”之称的食蚁兽、西非塞拉利昂的侏儒河马、马来西亚的国宝“马来貘”、南非国宝“黑犀牛”……它们悠然自得、亲密无间地生活在同一片蓝天下，共同享受着地球村的美好阳光，这里，是世界级珍稀动物汇聚的大家庭。

香江野生动物世界分为步行区和乘车区，其中乘车区总占地面积近 100 万平方米，它倚山而建，围水而雕，形成了独特的自然景观。2000 年 2 月，香江野生动物世界被广东省科学技术协会命名“广东省青少年科普教育基地”，2005 年，被国家旅游局评定为 5A 级旅游景区，是全国首批获此殊荣的景点之一。

5．深圳华侨城旅游度假区

深圳华侨城（见图 6.14），位于深圳华侨城杜鹃山，是华侨城集团继锦绣中华、中国民俗文化村、世界之窗后兴建的国内最新一代大型主题公园，占地面积 32 万平方米。

图 6.14　深圳华侨城景观

深圳华侨城充分运用现代休闲理念和高新娱乐科技手段，满足人们参与、体验的时尚旅游需求，营造清新、惊奇、刺激、有趣的旅游氛围，带给人们充满阳光气息和动感魅力的奇妙之旅。

景区中，近百处景点大致按照中国区域版图分布，是中国自然风光与人文历史精粹的缩影。这里有名列世界八大奇迹的万里长城、秦陵兵马俑；有众多世界之最：最古老的石拱桥、天文台、木塔（赵州桥、古观星台、应县木塔），最大的宫殿（故宫），最大的瀑布之一（黄果树瀑布）；有肃穆庄严的黄帝陵、成吉思汗陵、明十三陵、中山陵，金碧辉煌的孔庙、天坛；有雄伟壮观的泰山、险峻挺拔的长江三峡、如诗似画的漓江山水和杭州西湖、苏州园等江南胜景；有千姿百态、各具特色的名塔、名寺、名楼、名石窟，以及具有民族风情的地方民居。此外，皇帝祭天、孔庙祭典的场面与民间的婚丧嫁娶风俗尽呈眼前。游客在华侨城可以在一天之内领略中华 5000 年历史风云，畅游大江南北锦绣河山。华侨城主要景点如下：

（1）欢乐谷

深圳欢乐谷是华侨城集团新一代大型主题乐园，国家首批 4A 级旅游景区，总占地面积 35 万平方米，总投资 15 亿元人民币，是一座融参与性、观赏性、娱乐性、趣味性于一体的中国现代主题乐园，集海、陆、空三栖游乐为一身，融日、夜两重娱乐为一体。

（2）“锦绣中华”

“锦绣中华”（见图 6.15）是深圳华侨城的一个旅游区，坐落在风光绮丽的深圳湾畔。锦绣中华微缩景区是绿的世界、花的世界、美的世界，更是中国的历史之窗、文化之窗、旅游之窗。锦绣中华微缩景区占地 30 万平方米，是中华 5000 年历史文化和 960 万平方千米锦绣河山的荟萃和缩影，也是目前世界上面积最大的实景微缩景区，82 个景点均按中国版图位置分布，比例大部分按 1:15 复制，生动地再现了中国各民族风格迥异的建筑、生活习俗和风土人情。

（3）“世界之窗”

“世界之窗”（见图 6.16）毗邻“锦绣中华”和中国民俗文化村，是香港中旅集团在深圳华侨城创建的又一大型文化旅游景区。它将世界奇观、历史遗迹、古今名胜、自然风光、民居、雕塑、绘画以及民俗风情、民间歌舞表演汇集一园，再现了一个美妙的世界。世界之窗景区按五大洲划分，与“世界广场”、“世界雕塑园”、“国际街”、“侏罗纪天地”共同构成千姿百态的人造主题公园。公园中的各个景点都按不同比例自由仿建，精巧别致，惟妙惟肖。

图 6.15 “锦绣中华”

图 6.16 “世界之窗”

（4）中国民俗文化村

中国民俗文化村（见图 6.17）由香港中国旅行社与深圳华侨城经济发展总公司投资建造，选取全国 21 个民族的 24 个村寨景点按 1:1 比例建成，占地 20 万平方米。有着“天下第一村”美誉的中国民俗文化村，是一个荟萃民族民间艺术、民俗风情和民居建筑的大型文化旅游景区，于 1991 年 10 月 1 日建成开业。

6．肇庆星湖风景名胜区

肇庆市的星湖风景名胜区（见图 6.18），包括七星岩和鼎湖山两部分，是中国南方著名的旅游胜地。星湖风景名胜区位于肇庆市北郊 4 千米处，湖面约 5.34 平方千米，大小和西湖相近。整个湖面被蜿蜒交错的湖堤划分为五个湖：东湖、青莲湖、中心湖、波海湖、里湖。湖堤总长 20 余千米，堤上杨柳、凤凰木成行，宛如绿色丝带飘落在碧澄的水面上。

图 6.17　中国民俗文化村

图 6.18　肇庆星湖

七星岩景区由散布在广阔湖区的七岩、八洞、五湖、六岗组成，以山奇水秀、湖水相映、洞穴幽奇见胜。景区内七座挺拔秀丽的石灰岩山峰布列如北斗七星，故名“七星岩”。其中石室岩是星湖的游览中心和名胜古迹集中之处。岩顶名“嵩台”，相传是天帝宴请百神之所。岩下有一特大石室洞，洞口高仅两米有余，洞内顶高达 30 多米，石乳、石柱、石幔遍布其间，泛舟洞中的地下河可游览璇玑台、黑岩、鹿洞、光岩等景。洞内摩崖石刻林立，计有 270 多处，上自唐宋，下至明、清，多出自名家之手，素有“千年诗廊”之称。石室洞右侧有建于明朝的水月宫，与岩前五龙亭、飞龙桥遥相辉映。湖区北部的阿坡岩东麓下有双源洞，长 270 多米，内有两源合一的地下河，曲折幽深，瑰丽奇特。此外新建的星湖游乐园，占地超过 20 万平方米，是现代游乐设施与中国园林融为一体的大型游乐园。

鼎湖山景区（见图 6.19）以亚热带森林、溪流飞瀑、深山古寺见长。从世界范围来看，整条北回归带几乎全是沙漠或干旱草原，而纬度相当的鼎湖山景区，由于受季风影响却是一片生机盎然的亚热带、热带森林，所以为各国科学家所瞩目。它于 1980 年正式加入世界自然保护区网，同时又成为联合国教科文组织“人与生物圈”生态系统定位研究站，是世界重要的自然保护区。

图 6.19　鼎湖山景观

鼎湖山林壑幽深，泉溪淙淙，飞瀑直泻，自然风光迷人，包括鼎湖、三宝、凤来等10多座山峰。原来山顶有湖，故名“顶湖山”。西南坡西龙泉坑有水帘洞天、白鹅潭、葫芦潭等八处瀑布。山南麓有庆云寺，西南隅有白云寺，山腰建有日本僧人荣睿大师纪念碑等。

6.2.3 海南省

海南省简称琼，省会海口，面积33920平方千米，人口为854.18万。海南省是我国最年轻的省份和最大的经济特区，同时又是我国陆地面积最小、海洋面积最大的省。海南岛是中国南海上的一颗璀璨明珠，是仅次于台湾的全国第二大岛。岛上终年气候宜人，四季鸟语花香，动植物资源丰富。所孕育的热带雨林和红树林为中国少有的森林类型，是开展科研、旅游和教学最理想的选择之地。

1．“天涯海角”

在海南岛的最南端，有一处令人神往的游览胜地，名字叫做“天涯海角”（见图6.20），该景区位于天涯镇马岭山麓，距三亚市约23千米。游客至此，似乎到了天地之尽头。古时候交通闭塞，“鸟飞尚需半年程”的琼岛，人烟稀少，荒芜凄凉，是封建王朝流放“逆臣”之地。来到这里的人，来去无路，望海兴叹，故谓之“天涯海角”。宋朝名臣胡铨哀叹“区区万里天涯路，野草若烟正断魂”。唐代宰相李德裕用“一去一万里，千之千不还”的诗句倾吐了被贬谪的际遇。这里记载着历史上贬官逆臣的悲剧人生，经历代文人墨客的题咏描绘，成为我国富有神奇色彩的著名游览胜地。

图6.20 “天涯海角”景观

2．三亚南山文化旅游区

南山文化旅游区（见图6.21）位于三亚南山，距市区40千米，游览区以北有255国道和海南环岛高速公路通过。南山文化旅游区共分为三大主题公园：南山佛教文化园、中国福寿文化园和南海风情园。南山佛教文化园是一座展示中国佛教传统文化，富有深刻哲理寓意，能够启迪心智、教化人生的园区。其主要建筑有南山寺、南海观音佛像、观音文化苑、天竺圣迹、佛名胜景观苑、十方塔林与归根园、佛教文化交流中心、素斋购物一条街等。中国福寿文化园是一座集中华民族文化精髓，突出表现和平、安宁、幸福、祥和之气氛的园区。南海风情文化园，是一座利用南山一带蓝天碧海、阳光沙滩、山林海礁等景观的独特魅力，

图6.21 三亚南山景观

突出展现中国南海之滨的自然风光和黎村苗寨的文化风情，同时兼容一些西方现代化文明的园区，主要建筑有滑草场、滑沙场、黎苗风情苑、神话漫游世界、黄道婆纪念馆、海洋公园、海底世界、花鸟天堂等。

南山金玉观音由观音金身、佛光、千叶宝莲、紫檀木雕须弥底座四部分组成，高 3.8 米，耗用 100 多千克黄金，120 多克拉南非钻石，数千粒红蓝宝石、祖母绿、珊瑚、松石、珍珠及 100 多千克翠玉等奇珍异宝，采用中国传统“宫廷金细工”手工艺制造而成。观音金身由 200 多片平均厚度 1.2 毫米的金片经手工敲打成型，再焊接而成。由于运用了不同的工艺处理方法，从而使金像产生了不同的色彩与质感。

3．三亚“大小洞天”

三亚“大小洞天”（见图 6.22）位于三亚市以西 40 千米处，始创于南宋（公元 1187 年），是海南省历史最悠久的风景名胜区，是我国最南端的道家文化旅游胜地，为国家首批 5A 级景区。三亚“大小洞天”旅游区自古因奇特秀丽的海景、山景、石景与洞景被誉为“琼崖八百年第一山水名胜”。目前，三亚“大小洞天”旅游区年接待游客逾百万人次，是一个以古崖州文化为脉络，汇聚中国传统的道家文化与龙文化，融滨海风光、科普教育、民俗风情、休闲度假于一体的国际化旅游风景区。

图 6.22　三亚“大小洞天”景观

三亚“大小洞天”旅游区山、海、石、林组成的秀美风光，从古至今吸引了无数的文人雅士、各界名流前来探访和游览，留下了众多文物古迹。其“石船”、“小洞天”、“海山奇观”、“寿字碑”等景点均为三亚重点保护文物，历代文人多有吟诵和记载。近代更有郭沫若等人留下诗刻墨迹，是海南省著名的名胜古迹保护区。

4．三亚热带海湾

三亚被称为“东方夏威夷”，它拥有全海南岛最美丽的海滨风光（见图 6.23）。这里有闻名中外的“天下第一湾”亚龙湾和大东海、三亚湾等优质海滨，它们的共同特点就是海蓝沙白、浪平风轻。亚龙湾是中国最美的海岸之一，位于三亚市东南 28 千米处，是海南省最南端的一个半月形海湾，全长约 7.5 千米，是海南名景之一。亚龙湾沙滩绵延 7 千米且平缓宽阔，浅海区宽达 50 ～ 60 米。沙粒洁白细软，海水澄澈晶莹，而且蔚蓝，能见度为 7 ～ 9 米。海底世界海洋资源丰富，有珊瑚礁、各种热带鱼、名贵贝类等。亚龙湾年平均气温 25.5℃，海水温度 22 ～ 25.1℃，终年可游泳，被誉为“天下第一湾”。

图 6.23　三亚热带海湾风光

5．鹿回头公园

鹿回头公园（见图6.24）坐落在三亚西南端鹿回头半岛内，1989年建成开放，总面积82.88公顷，有大小五座山峰，最高海拔181米。公园三面环海，一面毗邻三亚市区，是登高望海和观看日出日落的制高点，也是俯瞰三亚市全景的唯一佳处。鹿回头公园曲径通幽，顺着山势建有哈雷彗星观测站、白色的听潮亭、情人岛，此外还有猴山、鹿舍、黎家寮房、龟鳖天堂、游鱼仙池等景点供赏，使游人乐而忘归。鹿回头山上鲜花四季盛开，姹紫嫣红，异彩纷呈，还可以品尝到海南椰子中的珍品——红椰子。在鹿回头山脚下，可以看到色彩斑斓的鹦鹉鱼群、五光十色的海星、奇形状寄蟹、其貌不扬的海参、海蚯蚓和珍奇的小亚鱼。此外还有海铁树、海柳、珊瑚树、海葵、鸡毛草、软珊瑚和海蚌、水母、海刺、海绵等海底观赏物，绚丽多姿，令人神往。

图6.24 “鹿回头”雕像

趣味知识

鹿回头的传说

“鹿回头”有一个海南黎族美丽的爱情传说：很久很久以前，有一个残暴的峒主，想取一副名贵的鹿茸，强迫黎族青年阿黑上山打鹿。有一次阿黑上山打猎时，看见了一只美丽的花鹿，正被一只斑豹紧追，阿黑用箭射死了斑豹，然后对花鹿穷追不舍，一直跑了九天九夜，翻过了九十九座山，追到三亚湾南边的珊瑚崖上。花鹿面对烟波浩瀚的南海，前无去路。此时，青年猎手正欲搭箭射猎，花鹿突然回头含情凝望，变成一位美丽的少女向他走来，于是他们结为夫妻。鹿姑娘请来了一帮鹿兄弟，打败了峒主。他们便在石崖上定居，男耕女织，经过子孙繁衍，把这座珊瑚崖建成了美丽的庄园。“鹿回头”也因此名扬于世。现在，鹿回头山顶已建设成一座美丽的山顶公园，并根据传说在山上雕塑了一座高12米、长9米，宽4.9米的巨型雕像。三亚市也因此被称为“鹿城”。这里山岬角与海浪花辉映，站在山上可俯瞰浩瀚的大海，远眺起伏的山峦，三亚市全景尽收眼底，景色极为壮观。

6.2.4 台湾省

台湾省简称台，省会台北。总面积为3.6万平方千米，人口2228万。台湾岛是我国最大的岛屿，全省由台湾本岛和周围附属岛屿以及澎湖列岛两大群岛，共80余个岛屿组成，为中国的“多岛之省”。台湾本岛南北长而东西狭，南北最长达394千米、东西最宽为144千米，呈纺锤形。台湾自古以来就是我国的神圣领土，美丽富饶，自然资源丰富，有“祖国宝岛”之称。

1．日月潭

日月潭（见图6.25）位于台湾岛中部，翠绿水色映着环绕四周的玉山风光，呈现出一幅清静

美景。日月潭位于南投县鱼池乡水社村，是台湾唯一的天然湖，由玉山和阿里山之间的断裂盆地积水而成。湖面海拔760米，面积约9平方千米，平均水深30米，湖周长约35千米。日月潭四周群山环抱，重峦叠嶂，潭水碧波晶莹，湖面辽阔，群峰倒映湖中，优美如画。日月潭中有一小岛远望好像浮在水面上的一颗珠子，名"珠子屿"（光华岛），以此岛为界，北半湖形状如圆日，南半湖形状如弯月，日月潭因此而得名。

a

b

图6.25　日月潭

趣味知识

美丽传说

关于日月潭有很多美丽的传说，相传日月潭的发现归功于一只神鹿。300年前当地有40个山胞集体出猎，发现一只体型巨大的白鹿窜向西北，于是尾随追踪。他们追了三天三夜，白鹿在高山富林中失去踪影。山胞们又在山中搜了三天三夜。第四天，他们越过山林，只见千峰万岭、翠绿森林的重重围拥之中，一派澄碧湖水正在晴日下静静地闪耀着宝蓝色的光芒，就像纯洁的婴儿甜蜜地偎依在母亲怀中酣睡。山胞们又发现，碧水中有个树林茂密的圆形小岛，把大湖分为两半，一半圆如太阳，其水赤色；一半曲如新月，其水澄碧。于是他们把大湖称为"日月潭"，那小岛叫做"珠仔岛"。他们发现这里水足土沃，森林茂密，宜耕宜狩，于是决定全社迁居此地。环潭一带地方古称水沙连，分属南投县鱼池乡，是高山族邵族人的聚居地。

2．阿里山

阿里山（见图6.26）坐落在台湾中部，海拔2000米，以遍植的樱花树为傲。阿里山位于嘉义市东方75千米处，东临玉山山脉，与玉山国家公园相邻，四周高山环列，气候凉爽，平均气温为10.6℃，夏季平均气温为14.3℃，冬季平均气温为6.4℃。阿里山国家森林游乐区西靠嘉南平原，北界云林、南投县，南接高雄、台南县，阿里山国家森林游乐区全部属于国有林地，总计面积高达14万平方千米。阿里山的日出、

图6.26　阿里山风光

云海、晚霞、森林与高山铁路，合称“阿里山五奇”。阿里山铁路有 70 多年历史，是世界上仅存的三条高山铁路之一，途经热、暖、温、寒四带，景致迥异，搭乘火车如置身自然博物馆。

6.2.5 香港特别行政区

香港特别行政区面积只有 1098 平方千米，服务业却发达得令人吃惊。1997 年 7 月 1 日香港回归祖国后稳步发展，依然是“东方之珠”。香港是自由港，被称为“购物天堂”，绝大多数的货品是没有关税的。香港作为中国对外开放的一个重要门户和亚太地区的国际金融、贸易、航运、旅游、信息中心，其经济发展与内地经济有着越来越密切的依存关系。

1. 香港海洋公园

香港海洋公园（见图 6.27）位于香港岛黄竹坑南朗山，于 1977 年 1 月正式开放。公园占地 0.17 平方千米，主要包括山下花园、南朗山南麓及大树湾。

图 6.27　海洋公园

香港海洋公园是以海洋为主的大型主题公园，山下花园与南朗山以登山缆车和海洋列车连接。而南朗山与大树湾之间，则以登山电梯连接，是全世界第二长的户外电动扶梯。

香港海洋公园拥有东南亚最大的海洋水族馆及主题游乐园，凭山临海，旖旎多姿，是访港旅客最爱光顾的地方。在这里不仅可以看到趣味十足的露天游乐场、海豚表演，还有千奇百怪的海洋性鱼类、高耸入云的海洋摩天塔，更有惊险刺激的越矿飞车、极速之旅，堪称科普、观光、娱乐的完美组合。

2. 太平山

太平山俗称扯旗山，因山上建有许多维多利亚风格的建筑，所以又叫维多利亚山，它位于香港岛的中西区，海拔 554 米，为香港岛最高点。在殖民地时期，太平山是香港上流社会政府高官及富贾巨商的居住集中地，一般的平民只有经过殖民政府的许可才能进入。而如今，太平山上虽然还是有很多独立式的住宅和别墅，但它同时也是香港闻名世界的旅游景区。太平山顶还是远眺香港全景的最佳地点之一，无论是红日西沉的黄昏美景，还是璀璨迷人的夜景，都十分动人，尤其是风和日丽时，站在凌霄阁顶部的观景台上，不仅可以看到维多利亚港两岸的美景，还可以看到九龙和新界。

3. 浅水湾

浅水湾位于港岛南部，是香港最具代表性的泳滩。浅水湾水清沙细，海滩绵长，滩床宽阔，而且波平浪静。夏季是浅水湾最热闹的时候，大批泳客蜂拥而至进行日光浴或畅泳，沙滩上人山人海，各式各样的泳装组成了一幅色彩斑斓的图画。

浅水湾东端的林荫下，是富有宗教色彩的镇海楼公园。园内面海矗立着两尊巨大塑像——“天后娘娘”和“观音菩萨”，其旁则放置海龙王、河伯和福禄寿等吉祥人物塑像，栩栩如生。附近建有七色慈航灯塔，气势雄伟，吸引着众多游客在此留影。在沙滩周围有一些酒家、快餐店和超级市场。临海的茶座，则是欣赏日落及涛声拍岸的好地方。

浅水湾的秀丽景色，使它成为港岛著名的高档住宅区之一，区内遍布豪华住宅。这些依山傍水的建筑，构成了浅水湾独特的景区，令人流连忘返。

4. 香港迪士尼乐园

香港迪士尼乐园坐落在美丽的大屿山上，是亚洲第二个迪士尼乐园，中国的第一个。

香港迪士尼乐园囊括了其他四所乐园之精华，又融合了中国传统元素，在全球迪士尼乐园中独具特色，已然成为了让“幻想变成现实的地方”，让每位前往的游客都能在“美丽新世界里实现梦想”。

香港迪斯尼乐园共包括四个主题游览区，分别为美国小镇大街（main street）、幻想世界（fantasy land）、探险世界（adventure land）以及明日世界（tomorrow land）。四个绝妙的游览区让香港迪士尼乐园尽情地充分挥洒幻想、展现奇妙。迪士尼乐园是献给理想和美梦的乐园，是快乐的诞生地。

知识链接

“香港”名称的由来

“香港”这个名称的来源历来众说纷纭，其中最为人们所熟悉的有以下几种传说。

1）由“红香炉山”一名演变而来。据说清初在铜锣湾海旁有红香炉从海上飘来，于是村民便在沙滩上建庙，庙后的小山便被命名为“红香炉山”，由此演变成“红香炉港”，后简称“香港”。

2）芬芳的港口。香港早期常有外国商船停泊，水手们上岸游览时见遍地是芬芳的野花，他们非常高兴，就把这个地方称为芬芳的港口，于是被译为“香港”。

3）鳌洋甘瀑。据说在香港附近有一山溪，是行船者喜欢汲取的溪水，被称做“香江”，其入口的港口被称做“香港”，而全岛也被叫做“香港岛”。

4）与“香水”有关。香港在明代至清初盛产香水，名叫“莞香”。种香及制香盛极一时，不少居民以此为生。莞香先运至九龙的“香涉头”，然后运到石排湾（香港东北），再乘船运至广州甚至江浙一带，所以运香木的海湾就被称做“香港”。

6.2.6 澳门特别行政区

澳门特别行政区位于中国东南沿海的珠江三角洲，距离香港特别行政区约 40 千米，由澳门半岛、氹仔岛和路环岛组成。澳门位于北回归线以南，又位于海岸地区，深受海洋和季风影响，因此澳门的气候具有温暖、多雨、湿热和干旱季明显等特点，属于热带季风气候。

澳门具有 400 多年历史，东西文化一直在此地相互交融，使澳门成为一个独特的城市，既有古色古香的传统庙宇，又有庄严肃穆的天主圣堂，还有众多的历史文化遗产，以及沿岸优美的海滨胜景。

图 6.28　妈祖阁

1．妈祖阁

妈祖阁（见图 6.28）俗称天后庙，相传天后乃福建莆田人，又名娘妈，能预言吉凶，死后常显灵海上，帮助商人及渔民消灾解难、化险为夷，福建人遂与当地居民共同在现址立庙奉祀。

400 多年前，葡萄牙人抵达澳门，于庙前对面之海岬登岸，注意到有一间神庙，询问居民当地名称及历史，居民误认为是指庙宇，故此答称“妈阁”，葡萄牙人以其音译而成“MACAU”，这就是澳门葡文名称的由来。

每年春节和农历三月二十三日娘妈诞期，是妈祖阁香火最为鼎盛之时。除夕午夜开始，不少善男信女纷纷来拜神祈福，庙宇内外，一片热闹，而诞期前后，庙前空地会搭盖一大棚作为临时舞台，上演神苏戏。

2．大三巴牌坊

大三巴牌坊（见图 6.29）是圣保禄教堂的前壁遗迹，是澳门著名的名胜，该景点已于 2005 年 7 月列入《世界遗产名录》。牌坊高约 27 米，宽 23.5 米，为意大利文艺复兴时期“巴洛克”式建筑物，共分五层，底下两层为同等的长方矩形，3 ～ 5 层构成三角金字塔形。顶端竖有“十”字架，其下嵌有象征圣灵的铜鸽。铜鸽像的旁边围着太阳、月亮及星辰的石刻，铜鸽之下则是一尊耶稣圣婴雕像。大三巴牌坊上各种雕像栩栩如生，既保留传统，更有创新；既展现了欧陆建筑风格，又继承了东方文化传统，体现着中西文化结合的特色，堪称“立体的圣经”，是著名的石雕宗教建筑。现在，大三巴牌坊已经成为澳门的象征之一，也是游客澳门之行的必到之地，许多澳门人结婚时喜欢在此留下婚纱照以作纪念。

图 6.29　大三巴牌坊

阅读之窗

惠安女

惠安女是福建泉州惠安县惠东半岛海边的一个特殊的族群，她们以奇特的服饰、勤劳的精神闻名海内外。惠安女，从狭义上来说其实是惠东女，主要分布在福建惠安东部崇武、山霞、净峰和小岞四个镇。她们的服饰，也深深地影响着周边的乡镇，如东岭、东桥和辋川等。据当地人说，几百年前，她们由中原移居于此，是地地道道的汉族，因在海边生活，为防风而佩带花色头巾和橙黄色的斗笠，花巾上还有编织的小花和五颜六色的小巧饰物；上身穿着紧窄短小的衣服，露出肚脐；下身穿着特别宽松肥大的裤子，腰带扎在肚脐下面。

这里的男人们出海捕鱼，女人们就挑着海产品，走街串巷吆喝叫卖，再用所得的钱买或直接用海产品交换红薯、大米等粮食作物，一年四季，风里雨里，朝出是沉沉的担子，晚归依然是沉沉的担子。也许是大海的喜怒无常，出海捕鱼的男人们生命朝不保夕。出海前最让他们牵挂的是他们孩子的未来，所以早早地为孩子们订好婚事，渐渐地就约定俗成，她们的孩子八九岁就定亲，甚至是指腹为婚，十四五岁就结婚。结婚时只在婆家住三个晚上，天黑才去，斗笠不摘，头巾紧裹，半躺半坐在床沿上，天蒙蒙亮就离开。每年也只有春节、端午和中秋才回婆家。他们那里流传着这样的笑话，一个年轻男孩年底打工回到家乡，向一个女孩买了甘蔗，付钱时那女孩总是拒不收钱，让那男孩莫名其妙。后来才知道那女孩是他结婚三年的老婆。凄美的笑话听来却让人心酸、无奈。

现在这个有着传奇色彩的"小乍"半岛已今非昔比，这里不再是当年让海风欺侮的小渔村了，已是海岸线上亮丽的风景区。高大茂密的防风林下的是金色的沙滩，已成为人们休闲、娱乐的场所；宽阔的街道，两边已是石头小别墅了；繁华的渔市里，穿梭着，忙碌着身着民族服饰的惠女们。这里的婚俗早已修正。法院特别设立一个惠东法庭，对以前残留下来的不幸婚姻，能挽留的挽留，该解除的解除。人们也不再单一靠捕鱼为生，男人们还是常常在外打工，妇女们在家从事着建筑、石雕、服装等各种行业，她们以瘦弱的肩膀建起了房子、撑起了家。正如闽南歌唱的："用我的双手，用我的打拼，一起创造美好的家庭。"

思考与练习

1．游区的主要旅游景点有哪些？有何特色？

2．分析港澳两个地区的旅游特色。

3．分析香港成为世界著名旅游胜地的综合原因。

案例探究

本旅游区不仅自然旅游资源得天独厚，人文旅游资源也丰富多彩。例如，福建的武夷山，广东的丹霞山，台湾的阿里山、日月潭，深圳的"锦绣中华"、"世界之窗"，香港的海洋公园、迪士尼乐园，澳门的博彩项目、大三巴牌坊等都令人向往。

请联系当地实际，利用周末时间走出校门，对周边景观进行考察，探究当地有没有为发展旅游业而人工建造的旅游资源。如果有，请就其选题、区位选择、建设规模等谈谈自己的看法。

6.3　旅游线路设计

在国家旅游局将"中国欢乐健康游"定为 2012 年中国旅游宣传主题的大背景下，如何在健康旅游中制造最大化的欢乐价值成为旅游业直接面临的问题。本节的旅游线路设计意在充分挖掘和组合各类"欢乐健康"旅游产品，依托资源特色，在"山水健身、民俗风情、梦幻乐园、海岸沙滩"等特色旅游中寻求最大的快乐体验，做到真正的"欢乐健康游"。

东南旅游区有很多迷人的旅游资源，如有风情万种的惠安女民俗，有"温泉之乡"的福州和"山水天下奇"的武夷山，有梦幻世界——迪斯尼乐园……

6.3.1 厦门—武夷山—福州旅游线

1. 行程

厦门—鼓浪屿、万石山—永定土楼—武夷山、九曲溪—福州（西湖公园、三坊七巷）。

2. 特点

人说福建“八山一水一分田”，“闽道更比蜀道难”。险峻山地、壮丽水系，成就了闽山闽水的秀美奇异。因地处祖国的东南，福建素有“东南山区”之称。

海上花园——鼓浪屿，既有独秀倚丽的自然风光，还有积淀深厚的文化底蕴，成为国家重点风景名胜区。万石山是厦门市城区的一座风光秀美的山，这里山山相连，山水相依；峰峦叠翠，巨石互倚；曲径通幽，步移景异；绿荫连绵，莺燕啼飞；是中国大中城市中少有的紧依闹市、面积最大的观光游览区。

民间故宫——永定客家土楼，以历史悠久、风格独特、规模宏大、结构精巧等特点独立于世界民居建筑艺术之林，在中国传统古民居建筑中独树一帜，被誉为“东方文明的一颗璀璨明珠”。

素有“碧水丹山”美誉的“世界双遗产”地——武夷山，是由红色沙砾岩组成的低山丘陵，属典型的丹霞地貌，有独具特色的“三三”、“六六”、“七十二”、“九十九”之胜。

九曲溪在武夷山风景区南部，发源于黄岗尖以南的三保山，曲折东流至星村，进入武夷山风景区后折成九曲，蜿蜒而下，故名九曲溪，这段流程长约9.5千米，至武夷宫附近注入崇阳溪。九曲景物恬静幽深，色彩淡雅，每曲自成异境，浅的成滩，深的成潭；游览九曲山水，乘竹筏从星村顺流而下，或从武夷宫溯流而上，时而掠过浅滩，急浪飞溅，忽又泛游澄碧深潭，波平如镜。坐筏遨游，随波逐流，尽览秀丽的山水风光；抬头可览奇峰，俯首能赏水色，侧耳可听溪流，伸手能撩碧波，只半日时光，可览尽湖光山水，意趣无穷。

西湖公园是福州迄今为止保留最完整的一座古典园林，被人称为“福建园林明珠”。福州西湖公园虽然没有杭州西湖的平湖秋月，也看不到竞相啼鸣的柳浪闻莺，但福州西湖公园以她旖旎的自然风光，尽显其恬静而秀丽。园内长堤卧波，垂柳夹道，原堤建于1930年，宽8米，长139米，中段为桥，即仙桥。1985年拓宽堤面为18米，堤边有石栏杆，并种植垂柳、碧桃及花灌木。春来佳日，柳丝泛绿，桃花似火，远望如湖中锦带。

6.3.2 港澳旅游线

1. 行程

海洋公园—浅水湾—太平山—黄大仙祠—迪士尼乐园—澳门大三巴牌坊—妈祖庙—澳门大桥—渔人码头—珠宝行。

2. 特点

港澳两地经济高度发达，民众消费水平较高，他们善于利用本地优势，充分开发旅游资源，这里自然胜景虽然不多，但人造景观极为丰富，且很多项目迎合现代人的口味，使旅游的内容广泛而丰富多彩，如海洋公园、迪士尼乐园、澳门的博彩项目等。

游海洋公园，游客可看到全世界最大的水族馆、鲨鱼馆及海洋剧场中海豚、海狮、杀人鲸等精彩特技表演，还有过山车、摩天轮、海盗船等各式各样的机动游乐设施。香港著名的风水宝地——浅水湾，风光秀丽，是香港众多优美海滩之一。在太平山可欣赏“东方之珠”、中银大厦、汇丰总行大厦、海港政府大楼；在九龙码头可乘观光游轮夜游美丽的维多利亚海港，沿着九龙半岛及港岛北面海岸畅游维多利亚港观赏香港华丽的夜景。参观黄大仙祠——全港香火最旺盛的庙宇之一，并为香港首个获批举行婚礼的法定庙宇。庙内装潢雄伟、宫殿气派，别具特色，所供奉的黄大仙，据说有求必应，故每天前往膜拜的善信如鲫。

梦幻世界——迪士尼乐园。走过睡公主城堡，来到充满 20 世纪初的美国风情的美国小镇大街，游客便会不其然地放缓步伐，享受烘饼及糖果的阵阵香味，欣赏两旁雅朴怀旧的建筑物。在妙想天开的幻想世界中，那迷人的故事和永恒的国度，都生动地展现在游客的眼前。还可到探险世界里寻幽探秘，在明日世界内探索宇宙的无穷奥秘。任意穿梭时空，融入童话世界之中，充分感受迪士尼乐园带来的欢乐，重温童时的梦想。

一直以来香港自由贸易港的地位，使许多商品在这里实行零关税贸易。价格的优势、货源的充足、质量的保证使香港成为人所共知的“购物天堂”。

东方赌城——澳门。来到世界第一大赌城，不看看赌场是白来此地。澳门博彩分幸运博彩（即赌博）、相互博彩（包括赛狗、赛马车、赛马、回力球等）、碰运气博彩（即彩票）三类。葡京娱乐场是澳门最著名的赌场，赌台总数达 75 个，中西式赌具一应俱全。

澳门地标——大三巴牌坊，自从 1835 年一场大火，原为中西合壁的圣保禄教堂，变成了只有前壁的遗址。大三巴牌坊虽然已失去教堂的实际功能，但它与澳门人的生活息息相关。这里不定期举行各种文化活动，牌坊前长长的梯级正好成为天然的座位，让牌坊刹那间变成巨大的布景，舞台浑然天成。相信几百年前生活在澳门的人，想不到这座教堂竟成为举行文化活动的理想户外场地。

6.3.3 宝岛游

1．行程

台北—日月潭—阿里山—高雄。

2．特点

中国台湾位于祖国大陆东南 100 多千米的海面上，西隔台湾海峡与福建相望，是我国第一大岛，岛上自然资源丰富而风光优美，自古以来享有“祖国宝岛”之美誉。这里气候温暖湿润，地貌景观众多，水景丰富，动植物种类繁多，少数民族风情独特。

台北市为台湾省省会，是台湾人口最多的城市，也是台湾政治、文化、商业与传播等的中心。台北市名胜颇多，如孙中山先生纪念馆、台北 101 摩天大楼、台北故宫博物院等，均为风景优美、适宜游览的好地方。

风光明媚的日月潭是台湾最大的天然湖泊，全潭面积100多平方千米，以拉鲁岛为中间点，北半部形如日轮，南半部形如月钩，故而得名。湖水晶莹，翠山环抱，湖面的涵碧楼是观赏湖光山色的最佳处，可搭乘豪华游艇饱览日月潭美丽风光，也可登临玄光寺一览日月潭全景。

阿里山位于嘉义市以东72千米处，以登山铁路、森林、云海、日出、晚霞闻名于世，号称阿里山五大奇观。尤其是在阿里山观云海，看日出，望晚霞，景象万千，令人心旷神怡。

玉山群峰在台湾嘉义、南投、高雄三县交汇处的北回归线上，西接阿里山，东与中央山脉高峰大水窟山、秀姑恋山遥遥相望，气势磅礴，冠绝东南，是登山游览胜地，被誉为“台湾屋脊”。主峰高达3997米，虽身居热带和亚热带，但山顶终年积雪，色白如银，极为壮观，“浑然美玉”，故称“玉山”，是冬季滑雪的好场所。

高雄是台湾南部的海港，也是台湾最大的工业重镇。游客可搭乘观光客船，由高雄港出发，环绕高雄港口，欣赏高雄港区的雄伟建筑与美丽风光。沿途可看到100多年历史的高雄国际灯塔、乌干达号沉船、台湾最大钢铁中心、最大远洋渔港前镇渔港等建筑，直接体会港都忙碌的转运中心作业。

6.3.4 海南游

1．行程

海口—东郊椰林—兴隆温泉—亚龙湾—鹿回头—三亚—天涯海角。

2．特点

海南岛是中国唯一的热带海岛省份，被称为世界上“少有的几块未被污染的净土”。岛上四季常青，森林覆盖率超过50%。海南是一个色彩斑斓的世界，阳光、海水、沙滩、绿色、空气五大旅游要素俱全，具有得天独厚的热带海岛自然风光和独具特色的民族风情。

热带海岛 - 海南岛，是一个美丽富饶、历史悠久的海岛，是一个“四时常花，长夏无冬”的地方。海南岛的气候属于海洋性热带季风气候，年平均温度为22～26℃，岛上常年气候宜人，四季鸟语花香，一年四季皆宜旅游。海南岛的旅游资源得天独厚，海岸线长，多数地方风平浪静，海水清澈，沙白如雪，椰树茂盛，有“不是夏威夷，胜似夏威夷”之说。

在海南岛的所有地方，都生长着各种热带植物，椰子树，更是随处可见。有“椰子之乡”之称的文昌县境内的东郊椰林，是海南岛椰林中的佼佼者。游览东郊椰林，可尽情领略热带海洋、椰林海滩之迷人风光。新鲜的椰子汁，是一种清凉解渴的上好饮料。在旅游景观上，椰树亭亭玉立，直耸云天，又随海风婆娑起舞，娇媚多姿，最具热带风光；在经济价值上，可以说，椰子树浑身是宝，是一种较重要的经济作物。

玩海天堂 - 海南岛的水上运动丰富多彩、应有尽有，有海水浴、日光浴、海上摩托艇、游船、帆板、垂钓、潜水、沙滩体育运动等，堪称玩海天堂。潜水是海南的主要水上运动项目之一。海南岛海域广阔，港湾众多，波平浪静，海水清澈见底，海底平坦，海底生物繁多，是潜水运动的“绝佳之处”。游客可参加潜水运动，观赏海底珊瑚、海洋生物和地震陷落海底村庄。

千百年来，古朴独特的民族风情使海南岛社会风貌显得更加丰富多彩。其中最具有特色的便是黎族与苗族的生活习俗。据历史记载，黎族是海南的土著民族。早在远古时代，黎族同胞就在这块土地上刀耕火种，民族风情质朴、敦厚，长久以来就以独特的民族文化和绚丽的织锦工艺著称于世。

黎族同胞主要聚居在五指山区地势较平的山麓或临河的盆地，村寨大小不等，错落有致。黎族传统住宅以茅舍为屋，称为“船形茅草屋”，已被列入国家级非物质文化遗产。传说黎族的祖先是乘船渡海而来的，所以住船形屋被作为传统保留了下来。低矮的茅草房掩映在严严实实的椰子树与槟榔树间，树的空隙间用竹篱笆围成小块菜地，各色蔬菜娇嫩欲滴。槟榔是黎胞走亲访友的贵重礼物，以数目多少表示情意厚薄。黎族是一个能歌善舞的民族，每逢喜庆佳节，黎族男女要相互对歌或载歌载舞通宵达旦。黎族的传统服饰为男子缠红色或黑色头巾，上衣开襟，布巾缚腰；妇女的服饰各支系不同，但筒裙是她们共同的服饰。

知识链接

海南椰子节

海南岛又称“椰岛”，椰子树是海南的象征。每年3月下旬或4月上旬（农历“三月三”期间）海口均要举行海南国际椰子节，活动内容包括举办椰城灯会、椰子一条街、黎族苗族联欢节、国际龙舟赛、民族武术擂台赛、文体表演、黎族苗族婚礼、祭祖等。它是国际性的大型商业旅游文化节庆活动，融旅游、文化、民俗、体育、经贸于一体，以海南椰文化和黎苗“三月三”民俗为主要特色。自1992年举办以来，每年都是海南省规模和影响最大的地方节庆活动，吸引了众多国内外旅游者和客商，起到了“让世界了解海南，让海南步步走向世界”的作用。

阅读之窗

深 圳 旅 游

深圳是充满阳光和现代气息的年轻现代化城市、中国优秀旅游城市、国际花园城市。深圳是一幅画、一首诗、一个梦。“精彩深圳，欢乐之都”真诚欢迎五湖四海的朋友。

深圳是中国最重要旅游城市之一、重要的旅游创汇基地，被誉为“中国主题公园和旅游创新之都”。其中华侨城旅游度假区和观澜高尔夫球会是中国首批最高等级的4A级旅游景区。深圳拥有立体化的旅游交通网络，安全快捷，海陆空口岸俱全，陆路、水路和市内交通方便，食、住、行、游、娱、购协调发展，荟萃全国和世界各地的美食与名、优、特、新商品。

2004年12月，历时半年多的“深圳八景”评选活动揭晓，“大鹏所城”、“莲山春早”、“侨城锦绣”、“深南溢彩”、“梧桐烟云”、“梅沙踏浪”、“一街两制”和“羊台叠翠”在31处候选景观中脱颖而出，共同组成新的“深圳八景”。

1. 羊台叠翠

“羊台叠翠”位于宝安区的羊台山，主峰海拔587.3米，雨量充沛，气候宜人，是深圳河流的重要发源地，山上林木繁茂，野生动物出没其间。羊台山下是客家人聚居地区，抗日战争期间，羊台山游击队从日寇占领下的香港拯救出以茅盾、邹韬奋、何香凝等为首的数百名中外闻名的文化界人士和爱国民主人士，并安全转移、隐蔽到羊台山区，故羊台山有“英雄山”的美誉。

2．一街两制

中英街位于深圳市盐田区沙头角镇。1898年刻立的“光绪二十四年中英地界第×号”的界碑树于街中心，将原沙头角一分为二，东侧为华界沙头角，西侧为英（港）界沙头角，故名“中英街”，至今仍为“一国两制”分界线的标志。中英街以其“一街两制”的独特政治历史闻名于世。

3. 梅沙踏浪

大小梅沙海滩位于深圳市大鹏湾畔，大梅沙湾口宽约2000米，小梅沙湾口宽约800米，海沙黄白细腻，平坦柔软，犹如一弯新月镶嵌在苍山碧海之间，人称“东方夏威夷”，是人们度假、休闲娱乐、踏浪健身的好去处。

4. 梧桐烟云

梧桐山主峰高944米，为珠三角第一峰，上有“梧岭天池”。现建有森林公园、体育公园，是登山观光的最佳点之一。站在好汉坡一带，迎着晨晖眺望香港、大鹏湾、盐田港和沙头角，海阔天空，心旷神怡。

5．深南溢彩

横贯深圳市区中心地段的深南大道是深圳最繁华的道路。东起沿河路口的三九大酒店，西至南头检查站，为双向八车道，两车道间为宽阔的绿化带，全长17.2千米。深南大道沿线集中了深圳建筑的精华，集中了深圳最重要的旅游景区和著名的企业，是国内少有的具有高度现代化特征的景观街道。

6．侨城锦绣

位于深圳市区西部的华侨城景区，包括“锦绣中华”、“中国民俗文化村”、“世界之窗”和“欢乐谷”等主题公园，集中华传统文化、中国民俗文化与世界文化精华于一体，融自然景观、人文景观于一炉，并采用声光电等现代科技表现手段，配之以东方“百老汇”式的歌舞演出，动静结合，花样翻新，令人流连忘返。

7．莲山春早

莲花古有圣名，以美而清纯著称。莲花山位于深圳市中心区北端，因山形似莲花而得名。莲花山总面积达1660平方千米，是中心区最大的公共绿色空间。莲花山是深圳最重要的市政公园之一，景观丰富，山水灵秀。在山顶可以俯看中心区全貌。

8．大鹏所城

位于深圳市东部龙岗区大鹏镇的大鹏所城，全称“大鹏守御千户所城”，为抗击倭寇而设立，占地11万平方米，始建于明洪武二十七年（公元1394年），是深圳目前唯一的国家级重点文物保护单位。鸦片战争时抗英名将广东水师提督赖恩爵的“振威将军第”和福建水师提督刘启龙的“将军第”规模宏大，气势不凡。1839年9月，赖恩爵指挥抗英取得胜利的九龙海战，拉开了鸦片战争的序幕。这里是访古凭吊、了解历史、领略明清古风的好地方。

思考与练习 》

根据自己的偏好、时间、距离、经济因素、安全因素等评价上述旅游线路，并根据自己的情况，分别设计一日游、三日游和七日游的旅游线路方案。

案例探究

广州旅游经典线路

(1) 羊城古迹游线路

A 线：兰圃—南越王墓—越秀公园—镇海楼—三元宫—中山纪念堂。

B 线：陈家祠—光孝寺—六榕寺—怀圣寺—五仙观。

C 线：广州苏维埃政府旧址—万木草堂—农讲所—省博物—烈士陵园—七十二烈士墓—十九路军纪念碑。

D 线：丹水坑风景区—南海神庙黄埔军校旧址。

特色：广州 2200 年的历史，留下 100 多处古迹名胜。广州是中国的历史文化名城之一，历史、文化、宗教、民俗各类景观应有尽有。羊城古迹游通过实地考察和大量的实物，让游客感受到昔日广州辉煌遗迹的深厚内涵。

(2) 广州购物游线路

北京路购物街—西湖路购物街—高第街购物中心—海珠广场—上下九路步行街—天河城广场。

特色：广州是中国古代海上“丝绸之路”的起点，今日广州，作为华南地区以至全国重要商品集散地，许多商品在这里销售和出口。广州商品门类齐全，商品信息灵通，服务质量好。旅游商品品种繁多，购物场所遍及大街小巷。购物游从满足游客购物需要出发，让游客亦购亦游，乐在其中。

1. 以上广州的旅游经典线路组织的依据是什么？
2. 除以上几条经典旅游线路外，你还可以组织哪些旅游线路？

第7章

西北旅游区

探　究

本区旅游资源形成的主要自然和人文地理条件是什么?

学习目标

1. 了解本旅游区的优势旅游资源，掌握其独特的自然和人文地理环境。
2. 掌握本区主要的旅游景观和风景名胜概况。
3. 了解区内主要旅游线路。

新疆葡萄沟

宁夏南关清真寺

内蒙古草原风光

甘肃鸣沙山

内蒙古沙漠风光

新疆天池

7.1 区域旅游概况

本区位于我国北部和西北部边疆，包括新疆维吾尔自治区、内蒙古自治区、宁夏回族自治区和甘肃省，总面积达300多万平方千米，幅员辽阔，地广人稀，旅游资源有着明显的地方特色和民族特色。广袤的沙漠、戈壁，奇特的风沙地貌、景色宜人的温带草原、繁华一时的丝路古迹、多姿多彩的民族风情，令人流连忘返。

7.1.1 自然地理环境

1．风成地貌景观

本区是我国沙漠（见图 7.1）集中分布的地区，包括塔克拉玛干沙漠、古尔班通古特沙漠、腾格里沙漠等。沙漠地区的风力活动十分活跃，形成多种多样的风蚀地貌和风积地貌。区内风蚀地貌形态各异，有风蚀洼地、风蚀长丘、风蚀蘑菇、风蚀城堡、雅丹地形、蜂窝石和风蚀柱等，其中以准噶尔盆地西北部乌尔禾“风城”最为著名。本区风积地貌主要是沙丘，沙丘有流动、固定和半固定沙丘之分。沙丘的形态各异，有新月形沙丘、复合形沙丘链、金字塔形沙丘、穹状沙丘和纵向沙丘等。

图 7.1　风成地貌

响沙是沙漠地区一种有趣的自然现象，由于沙粒中含有石英和云母等变质岩，沙粒又大又硬，猛烈移动或受摩擦时，就会发出雷鸣般的响声，最著名的是敦煌鸣沙山。

2．草原绿洲景观

本区的内蒙古草原是中国典型的温带草原。早在南北朝时期就流传着“天似穹庐，笼盖四野，天苍苍，野茫茫，风吹草低见牛羊”的吟诵。草原上河流众多，大小湖泊更是星罗棋布，本区拥有呼伦贝尔、锡林郭勒、科尔沁、乌兰察布、鄂尔多斯和乌拉特等六个天然草原。在这里游人在观赏草原风光的同时，还可以切身感受草原牧民的生活，参加赛马、赛骆驼、狩猎等娱乐活动，品尝草原风味美食等，使人充满了新奇，乐不思返。

西北内陆水源相对充足的地区经过历代开发，在自然与人的共同作用下形成了绿洲，是一种观赏性极强的特色生态环境。例如，新疆吐鲁番、哈密等绿洲已成为全国闻名的“瓜果之乡”，其独具风情的成片葡萄园和果林风光也为一种特殊的旅游资源。

3．冰川山地景观

我国是世界上山岳冰川面积最大的国家，这里有全国最大的冰川——乔戈里峰北坡的音苏盖提冰川。甘肃西部祁连山的“七一”冰川，是亚洲距城市最近的可游览冰川。本区拥有昆仑山等多条世界著名高大山系，海拔 7000 以上米的山峰就有 16 座。壮丽的雪峰、冰川形成了高山平湖、雪岭云杉、原始森林、山地草场等特色自然风景，对登山探险、科学考察、猎奇观光的旅游者具有较强的吸引力。

7.1.2 人文地理环境

1. 宗教艺术

本区由于是信仰佛教（喇嘛教是佛教的变种，或称藏传佛教）、伊斯兰教的少数民族世代聚居地，形成了以石窟、清真寺、古佛塔和庙宇等宗教建筑为载体，绚丽多彩的宗教艺术旅游资源。

本区以石窟艺术最为显赫，也是我国石窟艺术最为集中的地区，如甘肃敦煌莫高窟、麦积山石窟、炳灵寺石窟、新疆的克孜尔千佛洞、宁夏的须弥山石窟等是我国石窟艺术的重要代表。其中莫高窟是我国规模最大、文化艺术价值最高、享有盛誉的石窟艺术宝库。

本区清真寺以新疆维吾尔自治区最为密集和最富有特色。喀什艾提尕清真寺气势宏大，华丽夺目，是全区最具代表性的清真寺。

本区的寺庙主要是明、清时代遗存的藏传佛教寺庙，普遍具有汉藏结合的风格。甘肃的拉卜楞寺是我国占地面积最大的寺庙，张掖大佛寺则以拥有全国最大的室内卧佛而闻名。内蒙古众多的喇嘛教召庙中，以包头附近的五当召为现存最大、最完整的一处。本区还有著名的佛塔，如万部华严经塔、五塔寺古塔、青铜峡 108 塔等，都是我国著名古塔。

2. 丝路古迹

沟通亚、非、欧三大洲的古代丝绸之路，东起长安（今西安），经渭河流域，穿过河西走廊和塔里木盆地，跨越葱岭（今帕米尔），经中亚地区和阿富汗、伊朗、伊拉克、叙利亚而抵达地中海东岸，全长 7000 多千米。几千年来，中西各国沿着这条丝绸之路进行政治、经济和文化方面的交流，留下了大量文物古迹，形成了丝路古城敦煌、张掖、武威、喀什等四座全国历史文化名城。其中军事设施方面有自战国秦昭王长城至明长城，汉代阳关、玉门关，明代嘉峪关。本区古墓遍地，出土了大量的珍贵文物，具有很高的历史价值和艺术价值。其中雷台东汉墓出土的马踏飞燕铜奔马已成为中国旅游的形象标志。曾经跋涉在这条古道上的张骞、班超、李广、高适、岑参、玄奘、左宗棠及意大利的马可波罗等中外名人的故事及遗留的游记、小说、诗词等，为这条古道增添了丰富的历史文化内涵，赋予其更为神奇豪壮的色彩。

3. 民族风情

本区是我国少数民族聚居的地区，除维吾尔、回族以外，还有哈萨克、蒙古、锡伯、乌兹别克、东乡、藏、撒拉等多个少数民族。该区少数民族风格的特征是热情、奔放、欢乐、勇敢。在这里，游客可以时刻感受到强烈的民族特色，兄弟民族花园似的庭院、陈设华丽的帐篷、鲜艳的服饰、民族风味的饮食（抓羊肉、烤全羊等）、熙熙攘攘的集市（巴扎）、欢乐剽悍的民间文体活动、风情典型的宗教活动、“花儿会”等都使人流连忘返。

思考与练习

1. 西北旅游区包括哪几个行政区？
2. 西北旅游区有哪些独特的自然和人文旅游资源？

7.2　主要旅游景观和风景名胜地

西北旅游区是我国少数民族主要居住的地区之一，其辽阔坦荡的草原风光、绚丽多姿的民族风情，悠久古道、美妙驼铃——古老的丝绸之路，成为本区旅游资源的特色。

7.2.1　甘肃省

甘肃省历史悠久，是中华文化的发祥地之一，华夏始祖伏羲氏曾在这里推八卦、授渔猎，马可·波罗东游中国时也曾在此停留。甘肃省以古甘州（今张掖）、肃州（今酒泉）两地首字而得名，简称甘。又因省境大部分在陇山之西，古代曾有陇西郡和陇右道的设置，故又简称陇。

1. 敦煌莫高窟

敦煌莫高窟又称“千佛洞”，位于距敦煌县城东南 25 千米的鸣沙山下，因地处莫高乡得名。它是我国最大、最著名的佛教艺术石窟，分布在鸣沙山崖壁上三、四层不等，全长 1600 米。现存石窟 492 个，壁画总面积约 45 000 平方米，彩塑佛像等造型 2100 多身。石窟大小不等，塑像高矮不一，大的雄伟浑厚，小的精巧玲珑，其造诣之精深、想象之丰富，十分惊人。

2. 鸣沙山

鸣沙山位于敦煌市南郊 7 千米处。古代称神沙山、沙角山。全山系沙堆积而成，东西长约 40 千米，南北宽 20 千米，高数十米，山峰陡峭，势如刀刃。沙丘下面有一潮湿的沙土层，风吹沙粒振动，声响可引起沙土层共鸣，故名。据史书记载，在天气晴朗时，即使风停沙静，也会发出丝竹管弦之音，犹如奏乐，故“沙岭晴鸣”为敦煌一景。人若从山顶下滑，沙粒随人体下坠，鸣声不绝于耳。据说晚间登沙山，还可看到沙粒滑动摩擦产生火花。鸣沙山与宁夏回族自治区中卫县的沙坡头、内蒙古自治区达拉特旗的响沙湾和新疆维吾尔族自治区巴里坤哈萨克自治县境内的巴里坤沙山并被为我国“四大鸣沙山”。这是大自然现象中的一种奇观，古往今来以“沙漠奇观”著称于世，被誉为“塞外风光之一绝”。

3. 月牙泉

月牙泉（见图 7.2）在鸣沙山下，古称沙井，俗名药泉，自汉朝起即为“敦煌八景”之一，得名"月泉晓彻"。月牙泉南北长近100米，东西宽约25米，泉水东深西浅，最深处约5米，弯曲如新月，因而得名，有"沙漠第一泉"之称。

4．麦积山石窟

麦积山石窟（见图7.3）位于天水市东南约30千米的山中。中国四大石窟之一麦积山石窟，因该山状如堆积的麦垛而得名。据文献记载，麦积山石窟于后秦时开窟造像，创建佛寺。后经北魏、西魏、北周、隋、唐、五代、宋、元、明、清十多个朝代1500多年的开凿重修，遂成为我国著名的大型石窟之一，也是闻名世界的艺术宝库。

图7.2　月牙泉

图7.3　麦积山石窟

麦积山的洞很多修成别具一格的"崖阁"，大多在20～80米高的悬崖绝壁上开凿，层层相叠，密如蜂巢。现保存北魏、北周、隋、唐、五代、宋、元、明、清等各代洞窟194个，泥塑、石雕像7000余身，壁画1300多平方米。麦积山石窟的塑像有浮雕、圆雕、模制影雕、壁雕四种。数以千计的塑像的大小与真人相若，以形传神，神形兼备，被誉为"东方雕塑艺术馆"。在东崖泥塑大佛头上15米高处的七阁，是我国典型的汉式崖阁建筑，建在离地面50米以上的峭壁上，开凿于公元6世纪中叶。

阅读之窗

兰州牛肉面

牛肉面，又名牛肉拉面。兰州清汤牛肉面，是兰州历史悠久、经济实惠、独具特色的地方风味小吃。牛肉面最早始于清光绪年间，系回族老人马保子首创。牛肉面不仅具有牛肉烂软，萝卜白净，辣油红艳，香菜翠绿，面条柔韧、滑利爽口，汤汁诸味和谐，香味扑鼻，诱人食欲等特点，而且面条的种类较多，有宽达二指的"大宽"、宽二指的"二宽"、形如草叶的"韭叶"、细如丝线的"一窝丝"、呈三棱条状的"荞麦棱"等，游人可随爱好自行选择。

一碗刚好盛一根面条，这面条不仅光滑爽口，味道鲜美，而且外观也很别致。当地人们描述它是一红、二绿、三白、四黄、五清，即辣椒油红，汤上漂着鲜绿的香菜和蒜苗，几片白萝卜杂于红绿之中显得纯白，面条光亮透黄，牛肉汤虽系十几种调料配制，但却清如白水。因此，马保子牛肉面的声誉一直延续至今。

趣味知识

敦煌壁画

敦煌壁画（见图7.4）是敦煌艺术的主要组成部分，规模巨大，内容丰富，技艺精湛。5万多平方米的壁画大体可分为下列几类。

1．佛像画

作为宗教艺术来说，它是壁画的主要部分，其中包括：

各种佛像——三世佛、七世佛、释迦、多宝佛、贤劫千佛等；

各种菩萨——文殊、普贤、观音、势至等；

天龙八部——天王、龙王、夜叉、飞天、阿修罗、迦楼罗（金翅鸟王）、紧那罗（乐天）、大蟒神等。

这些佛像大都画在说法图中。仅莫高窟壁画中的说法图就有933幅，各种神态各异的佛像12208身。

图7.4　敦煌壁画

2．经变画

利用绘画、文学等艺术形式，通俗易懂地表现深奥的佛教经典称之为“经变”。用绘画的手法表现经典内容者叫“变相”，即经变画；用文字、讲唱手法表现者叫“变文”。

3．民族传统神话题材

在北魏晚期的洞窟里，出现了具有道家思想的神话题材。西魏249窟顶部，除中心画莲花藻井外，东西两面画阿修罗与摩尼珠，南北两面画东王公、西王母驾龙车、凤车出行。车上重盖高悬，车后旌旗飘扬，前有持节扬幡的方士开路，后有人首龙身的开明神兽随行。朱雀、玄武、青龙、白虎分布各壁。飞廉振翅而风动，雷公挥臂转连鼓，霹电以铁钻砸石闪光，雨师喷雾而致雨。

4．供养人画像

供养人，就是信仰佛教出资建造石窟的人。他们为了表示虔诚信佛，留名后世，在开窟造像时，在窟内画上自己和家族、亲眷和奴婢等人的肖像，这些肖像，称之为供养人画像。

5．装饰图案画

丰富多彩的装饰图案画主要是用于石窟建筑装饰，也有桌围、冠服和器物装饰等。装饰花纹随时代而异，千变万化，具有高超的绘画技巧和丰富的想象力。图案画主要有藻井图案、椽间图案、边饰图案等。

6．故事画

为了广泛吸引群众，大力宣传佛经佛法，必须把抽象、深奥的佛教经典史迹用通俗、简洁、形象的形式灌输给群众，感召他们，使之笃信朝拜。于是，在洞窟内绘制了大量的故事画，让群众在看的过程中，受到潜移默化的教育。故事画内容丰富，情节动人，生活气息浓郁，具有诱人的魅力。

麦积山石窟虽以泥塑为主，但也有一定数量的石雕和壁画。其主要景点有七佛阁、牛儿堂、千佛廊、万佛堂、127号大石窟等。麦积山石窟被列为国家重点文物保护单位。

5．崆峒山

崆峒山位于距甘肃省平凉市城西12千米处，东瞰西安，西接兰州，南邻宝鸡，北抵银川，是古丝绸之路西出关中之要塞。景区面积84平方千米，主峰海拔2123米，集奇险灵秀的自然景观和古朴精湛的人文景观于一身，具有极高的观赏、文化和科考价值。崆峒山自古就有“西来第一山”、“西镇奇观”、“崆峒山色天下秀”之美誉。

崆峒山属六盘山支脉，是天然的动植物王国，有各类植物1000多种，动物300余种，森林覆盖率达90%以上。其间峰峦雄峙，危崖耸立，似鬼斧神工；林海浩瀚，烟笼雾锁，如缥缈仙境；高峡平湖，水天一色，有漓江神韵。既富北方山势之雄伟，又兼南方景色之秀丽。凝重典雅的八台、九宫、十二院、四十二座建筑群、七十二处石府洞天，气魄宏伟，底蕴丰厚。

7.2.2 宁夏回族自治区

宁夏回族自治区，简称宁，是我国五大自治区之一，省会是银川，处在中国西部的黄河上游地区，东邻陕西省，西部、北部接内蒙古自治区，南部与甘肃省相连，自古以来就是内接中原、西通西域、北连大漠，各民族南来北往频繁的地区。

图7.5 西夏王陵

1．西夏王陵

西夏王陵（见图7.5）又称西夏陵、西夏帝陵，有“东方金字塔”之称，坐落在银川市西郊贺兰山东麓，距市区大约35千米，是西夏历代帝王陵墓所在地。陵区南北长10千米，东西宽4千米，里边分布着9座帝王陵和140多座王公大臣的殉葬墓，占地近50平方千米。西夏王陵受到佛教建筑的影响，使汉族文化、佛教文化、党项民族文化有机结合，构成了我国陵园建筑中别具一格的形式。

2．南关清真大寺

南关清真大寺位于银川市区玉皇阁路南端，始建于明末清初，1915年由南门外迁至城区，曾在文革中被拆毁，于1981年重建，风格确定为阿拉伯民族风格，建筑面积达2000多平方米，主体建筑分为上下两层。

南关清真大寺的上层为大礼拜殿和阳台，下层有沐浴室、小礼拜殿、女礼拜殿、阿拉伯语学校、阿訇卧室、办公室、会客室等，其中的大礼拜殿可同时容纳1300多人礼拜，殿内悬有19盏大宫灯，在殿前面喷水池的两边各建有30米高的宣礼塔。

7.2.3 新疆维吾尔自治区

新疆维吾尔自治区（以下简称新疆），简称新，位于中国西北边陲，面积166万平方千米，占中国国土总面积的六分之一，是中国面积最大的省级行政区。新疆地处亚欧大陆腹地，陆地边境线5600多千米，周边与俄罗斯、哈萨克斯坦、吉尔吉斯斯坦、塔吉克斯坦、巴基斯坦、蒙古、印度、阿富汗等八个国家接壤，在历史上是古丝绸之路的重要通道，现在又成为第二座“亚欧大陆桥”的必经之地，战略位置十分重要。新疆，古称西域，自古以来就是中国领土不可分割的一部分。公元前 60 年，西汉中央政权设立西域都护府，新疆正式成为中国领土的一部分。1884 年清政府在新疆设省，1949 年新疆和平解放，1955 年 10 月 1 日成立新疆维吾尔自治区。

1．火焰山

火焰山位于吐鲁番盆地的北缘，古书称之为“赤石山”，维吾尔语称“克孜勒塔格”（意为红山），由红色砂岩构成，东起鄯善县兰干流沙河，西至吐鲁番桃儿沟，形成一条赤色巨龙，东西走向，横卧于吐鲁番盆地中，全长 98 千米，南北宽 9 千米。火焰山一般高度为 500 米左右，最高峰在鄯善县吐峪沟附近，海拔 831.7 米。火焰山寸草不生，每当盛夏，红日当空，地气蒸腾，焰云缭绕，形如飞腾的火龙，十分壮观。明人吴承恩著名神话小说《西游记》，以唐僧师徒四人西天取经的故事而脍炙人口。第五十九和六十回，写唐三藏路阻火焰山，孙行者三借芭蕉扇的故事，更给火焰山罩上一层神秘的面纱。书中描写虽有夸张，但高热这一基本特征与火焰山是完全符合的。

2．天池

天山天池位于新疆阜康县境内，是以高山湖泊为中心的自然风景区。天山博格达峰海拔 5445 米，终年积雪，冰川延绵。天池在天山北坡三工河上游，湖面海拔 1900 多米。湖畔森林茂密，绿草如茵。随着海拔高度不同可分为冰川积雪带、高山亚高山带、山地针叶林带和低山带。

3．香妃墓

香妃墓位于新疆喀什市东北郊，是伊斯兰教白山派首领阿巴和加及其家庭的墓地，始建于 1640 年。墓中所葬共计五代 72 人。陵墓建筑包括墓室、礼拜寺、讲经堂等，规模宏大，充满维吾尔族特色。主墓室呈圆拱形，高 40 米，四座小型尖拱支持中心圆拱顶，周围以厚墙依托，四周以塔楼固定。墓室平台上，排列着 72 座坟丘，香妃的墓室设在东北角（香妃是清乾隆皇帝的爱妃，她本是阿巴和加的孙女，在清宫生活了 28 年，于 1788 年病逝后被葬入清东陵，这里是她的衣冠冢。因此此墓原名虽为“阿巴和加麻扎”，但人们习惯于称其“香妃墓”）。陵墓左为礼拜寺，其外殿装饰华丽，转角处的高大塔楼与大门两侧塔楼构成了伊斯兰教的建筑特征。

4．艾提尕尔清真寺

艾提尕尔清真寺坐落于新疆喀什市中心艾提尕尔广场西侧，是新疆也是中国最大的伊斯兰教寺院。公元 1442 年开始兴建的时候只是一座小寺，公元 1872 年达到了今天总面积 16 800 平方米的规模。

图 7.6　艾提尕尔清真寺大门塔楼

艾提尕尔清真寺的外景最引人注目的是大门两侧十多米高的塔楼（见图 7.6），在大门的门楣上方镶嵌着古兰经文，常常有一些闲人靠在门边的石阶上享受阳光。礼拜殿（正殿）是寺内最有代表性的伊斯兰古建筑，殿外的 158 根雕花立柱托撑，是伊斯兰建筑装饰手艺的杰作。平时每天来这做礼拜的有2000～3000人，主麻日（星期五）有5000～6000人，这是一周内最大的礼拜，所以艾提尕尔清真寺又叫“星期五清真寺”。

但是最大规模的礼拜，则是每年一次的“古尔邦”节，当日前来礼拜的伊斯兰教徒数以万计，最多可达10万人。

阅读之窗

新疆旅游注意事项

1）“早穿皮袄午穿纱，围着火炉吃西瓜”是新疆气候典型的写照。新疆属于大陆性干旱气候，昼夜温差大，不同季节、不同海拔区域气候差异显著。如遇恶劣天气，气温乍暖乍寒，故请注意及时增减衣服，做好预寒及防暑工作。早晚温差较大，可达到10～15℃的差距，一般来说夏季旅游仍需准备外套或羊毛衫。

2）新疆部分地区海拔较高，紫外线照射强烈，如吐鲁番地区夏季最高气温可达40℃。所以请带好防晒物品，同时应配备清热防暑的药物或冲剂。

3）新疆气候干燥且风沙大，建议多饮水，准备润唇膏。

4）新疆线路长，景点分散。故乘车时间长易疲劳，请做好吃苦准备并注意休息。在新疆旅游时部分景点须下车行走、爬山或骑马，建议最好在出发前准备一双舒适、便于行走的鞋。

5）注意时差。新疆地理位置位于东六区，北京位于东八区。新疆与北京等内地城市有两小时时差，旅游活动通常安排在9：00～20：00。

6）新疆素有“瓜果之乡”之称，到新疆吃水果是一大乐事，但千万注意不要在吃完水果后喝热茶，以免造成腹泻。

7）新疆属于少数民族聚居地区，各少数民族有其独特的宗教信仰。请游客注意尊重少数民族风俗习惯，与少数民族接触时，不当众询问或谈及其宗教信仰，以免造成不必要的误会。除了蒙古族，新疆其他各民族基本不食猪肉，所以到了新疆还应入乡随俗，暂时放弃吃猪肉的习惯。

8）新疆天山南北长线旅游，景色迷人，但大多数地区较落后，住宿和餐饮条件较差，部分旅店无法提供标准间及冲凉洗澡服务，用餐多为民族快餐。

9）新疆物产丰富，少数民族土特产及手工艺品也堪称一绝。但请游客注意，当地客运民航及铁路对维吾尔民族工艺小刀有禁运的规定。

10）新疆景点之间距离较长，车程比较漫长枯燥，最好准备一些零食和充足的水。

趣味知识

火焰山的传说

关于火焰山的传说之一：当年美猴王齐天大圣孙悟空大闹天宫，仓促之间，踢倒了太上老君炼丹的八卦炉，有几块火炭从天而降，恰好落在吐鲁番，就形成了火焰山。山本来是烈火熊熊，孙悟空用芭蕉扇，三下扇灭了大火，冷却后才成了今天这般模样。其实，火焰山是由侏罗纪、白垩纪及第三纪红色砂砾岩和泥岩构成，年龄距今有6000万岁了。

关于火焰山的传说之二：维吾尔族民间传说天山深处有一只恶龙，专吃童男童女。当地最高统治者沙托克布喀拉汗为除害安民，特派哈拉和卓去降伏恶龙。经过一番惊心动魄的激战，恶龙在吐鲁番东北的七角井被哈拉和卓所杀。恶龙带伤西走，鲜血染红了整座山。因此，维吾尔人把这座山叫做红山，也就是我们现在所说的火焰山。

7.2.4 内蒙古自治区

内蒙古自治区（以下简称内蒙古）简称蒙，自治区首府为呼和浩特，位于中国北部边疆，西北紧邻蒙古和俄罗斯，面积 118 万平方千米。其民族以蒙古族和汉族为主，还有朝鲜、回、满、达斡尔、鄂温克、鄂伦春等民族。全区分设 9 个地级市，3 个盟。其下又辖 12 县级市、17 县、49 旗、3 自治旗。包头、赤峰、乌兰浩特、乌兰察布、乌海、呼伦贝尔、通辽、鄂尔多斯等为自治区内主要城市。主要山脉有大兴安岭、贺兰山、乌拉山和大青山。东部草原辽阔，西部沙漠广布。

1. 成吉思汗陵

成吉思汗陵（见图 7.7），在内蒙古鄂尔多斯高原中南部、鄂尔多斯市伊金霍洛旗阿腾席勒镇南甘德尔敖包上。现今的陵园是解放以后兴建的。国务院于 1982 年 2 月公布其为全国重点保护单位。这座宏伟的陵园长宽各 15 千米，主体建筑是三座蒙古包式的大殿，连接在一起，分正殿、寝宫、东殿、西殿、东廊、西廊等部分。它建筑在高台基上，台基前有 81 级台阶，两边砌有栏杆。正殿高 26 米，东西殿高 23 米，东西走廊高 20 米。殿的平面为八角形，南面开门，上设重檐，呈蒙古包式的穹庐顶。殿顶用黄蓝两色琉璃瓦与殿的朱门白壁相辉映，显得绚丽多彩。

图 7.7　成吉思汗陵

正殿门的下两檐当中悬挂着蒙汉文合璧的“成吉思汗陵”匾额。陵宫正殿内是一座五米高的成吉思汗塑像，后面的寝宫里有三个用黄缎子覆盖的蒙古包，正中的蒙古包里，有三具灵柩。正中是成吉思汗和夫人蕃孛儿贴，东侧是二夫人呼伦（忽兰），西侧是三夫人伊绪（也速）。东边的蒙古包里是成吉思汗的胞弟（别里古台）的灵柩，西殿里供奉是成吉思汗九员大将的九尖角的旗帜和苏鲁定。东殿里独设一座蒙古包，里面放着成吉思汗四儿子托雷和他的夫人伊喜哈图的灵柩。成吉思汗陵园一直由专门担任守护的达尔扈特护卫着，如今是他们的第 35 代子孙。现在每年举行祭奠成陵的活动，特别是夏历 3 月 21 日为传统的祭礼日期。随着对外开放的发展，这里已成为著名的旅游景色，1992 年评为全国四十佳景点之一。

图 7.8　五当召

2. 五当召

五当召（见图 7.8）位于距包头市东北 90 千米处。五当是蒙语柳树的意思。五当召因为坐落在杨柳繁茂的五当沟得名，始建于乾隆十四年（公元 1749 年），全部殿宇为西藏式建筑，整个建筑沿山势而行，给人以雄伟壮观的感觉。第一层是苏古沁独宫，殿为 3 层，高 22 米。佛殿大门两侧绘有四大天王像。拾级而上第二层是洞阔尔独宫，该宫后半部分为黄色，俗称黄庙。这里是学术考试、神学辩论之所。第一代五当召活佛塑像端坐正殿。巍然屹立在山顶的是日本伦宫，殿正中供奉着宗喀巴 9 米高的巨型铜像，是内蒙古最大的一尊铜像。阿会独宫，是五当召内唯一一座坐西朝东的佛殿，位于洞阔尔独宫后面，殿内有十八罗汉。

在阿会独宫旁有一座小巧的二层楼叫苏卜盖陵。它是五当召一世活佛东科尔的寝室。阿会独宫南面是三座活佛府，东西是青山翠柏，下面是溪泉流淌，环境甚为幽雅。

3．大召寺

大召寺（见图 7.9）汉名为“无量寺”，蒙语“伊克召”，意为“大庙”，位于呼和浩特市玉泉区大召前街，大召占地 3 万平方米，主体建筑布局为“伽蓝土堂”式，沿中轴线建有牌楼。万历七年（公元 1579 年）土默特部俺答汗，在明廷的支持下，正式动工兴建，是呼和浩特最早兴建的寺院。这个新建的城寺，将城与寺分开。寺在城南路西，两年落成，城在第三年竣工。明廷赐寺名为弘慈寺，城名为归化城，即呼和浩特旧城。由于寺中供奉着银制释迦牟尼像，也称“银佛寺”，大召寺中的建筑有山门、过殿、经堂、九间楼及配殿等。其中经堂与佛殿相连，通称大殿，殿内采用减柱方法，扩大空间，虽规模不大，却有宏伟之感。大召寺是呼和浩特现存最大、最完整的寺庙。

图 7.9　大召寺

4．昭君墓

昭君墓又名青冢，蒙语称“特木尔”、“乌尔虎”，坐落在大黑河之滨的呼和乡，距呼和浩特市 9 千米。墓高 33 米，占地 33 平方千米，为西汉元帝宫女王昭君之墓。王昭君，名嫱，字昭君，西汉南郡秭归人（今湖北省兴山县）。公元前 33 年出塞到匈奴，做了呼韩邪单于阏氏，封号“宁胡阏氏”（阏氏为匈奴皇后号）。晋时因避讳司马昭的昭字，改称明妃或明君。

阅读之窗

内蒙古的那达慕

那达慕的前身是蒙古族“祭敖包”，是蒙古族在长期的游牧生活中，创造和流传下来的，具有独特民族色彩的竞技项目和游艺、体育项目。

那达慕有久远的历史。据铭刻在石崖上的《成吉思汗石文》载，那达慕起源于蒙古汗国建立初期，早在公元 1206 年成吉思汗被推举为蒙古大汗时，他为检阅自己的部队、维护和分配草场，每年 7～8 月举行“大忽力革台”（大聚会），将各个部落的首领召集在一起，为表示团结友谊和祈庆丰收，都要举行那达慕。起初只举行射箭、赛马或摔跤中的某一项比赛。到元、明时，射箭、赛马、摔跤比赛结合一起，成为固定形式。后来蒙古族人亦简称此三项运动为那达慕。

在元朝时，那达慕已经在蒙古草原地区广泛开展起来，并逐渐成为军事体育项目。元朝统治者规定，蒙古族男子必须具备摔跤、骑马、射箭这三项基本技能。到了清代，那达慕逐步变成了由官方定期召集的有组织、有目的的游艺活动，以苏木（相当于乡）、旗、盟为单位，半年、一年或三年举行一次。此俗沿袭至今，每年蒙古族人民都举行那达慕大会。

过去那达慕大会期间要进行大规模祭祀活动，喇嘛们要焚香点灯，念经诵佛，祈求神灵保佑，消灾消难。现在，那达慕大会的内容主要有摔跤、赛马、射箭、赛布鲁、套马、下蒙古棋等民族传统项目，有的地方还有田径、拔河、排球、篮球等体育竞赛项目。此外，那达慕大会上还有武术、马球、骑马、射箭、乘马斩劈、马竞走、乘马技巧运动、摩托车等精彩表演。参加马竞走的马，必须受过特殊训练，四脚不能同时离地，只能走得快，不能跑得快。夜幕降临，草原上飘荡着悠扬激昂的马头琴声，篝火旁男女青年轻歌曼舞，人们沉浸在节日的欢乐之中。今天，那达慕大会除了进行男子三项竞技外，还增加了马球、马术、田径、球类比赛、乌兰牧骑演出等新的内容，同时举行物资交流会和表彰先进。举行那达慕大会时，牧区方圆数百里的牧民穿起节日的盛装，骑着骏马或乘坐汽车、勒勒车络绎不绝地前来参观。那达慕大会期间帐篷林立，组织广泛的物资交流会，以促进生产。晚上还举行各种形式的文艺活动。锡林郭勒盟举办的那达慕已成为全民健身和群众娱乐的重要活动。

趣 味 知 识

成吉思汗陵的传说

传说，成吉思汗在率军征西夏时，路过鄂尔多斯。他目睹这里水草丰美，花鹿出没，是一块风水宝地，被美丽的自然景色所陶醉，失手将马鞭掉在地上。部下正要拾起马鞭，被成吉思汗制止了，他自语道：这里是“梅花鹿儿栖身之所，戴胜鸟儿育雏之乡，衰落王朝振兴之地，白发老翁享乐之邦”。并对左右嘱咐道：“我死后可葬于此处”。成吉思汗去世后，运送其灵柩的灵车行至鄂尔多斯时，车轮突然陷进沼泽地里，套上很多牛马都拽不出来。护送灵车的将领回想起成吉思汗曾经说过的话，于是将其“毡包、身穿的衫子和一只袜子”安放在这里，并进行供奉。

思考与练习 »

1. 西北旅游区有哪些景点最能体现少数民族特色？
2. 查阅收集西北旅游区少数民族的民族风情。

7.3　旅游线路设计

西北旅游区的坦荡草原、浩瀚大漠、沙漠绿洲、“丝绸之路旅游”是本区最显著的旅游特色，已成为现代旅游的一条“热线”，吸引着众多旅游者进行旅游、探险等活动。

7.3.1 新疆民族风情游

1. 行程

天山天池—吐鲁番（坎儿井、葡萄沟、火焰山、交河故城）。

2. 特点

丝绸之路沿线的自然景观，奇特而壮丽。天山深处的天池、吐鲁番的火焰山和克拉玛依的魔鬼城等，均为丝绸之路增添了无穷魅力。

天山天池风景区以高山湖泊为中心，雪峰倒映，云山环绕，碧水似镜，风光如画。到葡萄故乡吐鲁番的路上，途经因王洛宾一首《达坂城的姑娘》而名扬天下的小镇——达坂城以及吐鲁番的生命之源——坎儿井和绿荫郁郁、果实累累的葡萄沟，还可以参观唐僧师徒四人西天取经受阻的火焰山，游览世界上最大最古老、保存最完整同时也是世界上唯一的生土建筑城市——交河故城，了解少数民族的民族风情。

7.3.2 内蒙古风情游

1. 行程

成吉思汗陵—响沙湾—乌兰察布草原。

2. 特点

成吉思汗陵、响沙湾、乌兰察布草原为重点的民族文化、民俗风情、草原沙漠旅游线，是内蒙古配套设施最为齐全完备的旅游产品。响沙湾是国家4A级景区，属于沙漠类自然风景区，融汇了雄浑的大漠文化和深厚的蒙古底蕴，荟萃了激情的沙漠活动与独特的民族风情，拥有罕见而神奇的响沙景观、浩瀚的库布其大漠风光、世界第一条沙漠索道、中国最大的骆驼群、中国一流的蒙古民族艺术团，有几十种惊险刺激独具沙漠旅游特色的活动项目。乌兰察布草原位于内蒙古中部，它和呼和浩特紧紧相依，是我国重要草原之一，又是全国的牛羊肉及畜产品主要基地。

思考与练习 »

1. 如果去新疆体验少数民族风情，你最想去哪些地方？
2. 设计一条内蒙古风情游的精品旅游线路。

案例探究 »

试策划丝绸之路旅游路线及活动内容。学生以小组为单位，每组八人，在课后完成以下任务。

1. 搜集古代丝绸之路沿线的旅游景点及其旅游特色的有关资料；
2. 根据古代丝绸之路沿线景点的相关资料设计旅游资料，制成PPT课件进行评比。

第8章

西南旅游区

探　究

西南石林洞乡少数民族农业文化旅游区的形成原因是什么？

学习目标

1. 了解本区的主要自然和人文地理环境特征。
2. 认识本区地理环境对旅游发展的影响。
3. 掌握本区主要旅游特色和主要旅游景点。
4. 掌握设计旅游线路的方法。

北海银滩

洱海

贵州山区

桂林象鼻山

云南滇池

贵州荔波

8.1 区域旅游概况

西南旅游区包括云南、贵州两省和广西壮族自治区，面积约80万平方千米，人口约1.3亿。本区位于中国的西南部，地形复杂，岩溶地形发育最典型、分布最广泛；气候四季宜人，动植物资源极为丰富；本区少数民族众多，民俗风情资源甚为丰富，为旅游业的发展奠定了重要的物质基础。

8.1.1 自然地理环境

1．地形以高原、山地、盆地为主，岩溶地形发育典型

本区除滇西位于我国三大阶梯地形中第一级阶梯外，其余位于第二级阶梯上。主要有滇西与滇南山地、云贵高原和广西丘陵盆地三大地貌单元。滇西与滇南山地属横断山脉高山深谷区，山岭和谷地呈南北走向，高低悬殊，高差可达2000～3000米。云贵高原地势西北高、东南低，平均海拔2000米，分布许多盆地和断层湖。广西丘陵盆地被云贵高原和群山环绕，中间分布郁江、浔江平原和玉林盆地。本区厚层石灰岩面积广，在湿热条件下形成大面积的岩溶地形。

2．气候类型复杂，垂直和水平分异显著

本区大部分地区属热带、亚热带气候，气候普遍温暖湿润。受大气环流和地形影响，各地气候差异明显。云贵高原气候冬暖夏凉，四季如春，年降水量约1000毫米，空气湿润，多云雾，日照时数相对较少，“天无三日晴”是本区的真实写照。广西南部和云南南部没有真正的冬季，夏季炎热，但下雨就凉，因此有“四季皆为夏，一雨便成秋”之说。广西北部属热带季风气候，温暖湿润。

3．河流密布，河水落差大、水流急、峡谷深

本区大的河流有长江支流湘江、珠江支流桂江、沅江、澜沧江、怒江等。本区地处我国地势第一、第二级梯，河流大多具有落差大、水流急、峡谷深的特点。著名的峡谷有金沙江上的虎跳峡，湍急的江水在16千米长的峡谷中落差竟达196米，山顶与江面高差达3000多米。湘江和桂江的上游漓江只隔低矮的分水岭，秦朝时修建了连接两水的灵渠，是世界最早的运河，至今航运和旅游价值依然很高。

4．动植物资源丰富——天然的动植物园

本区地形复杂，气候垂直和水平分异显著，环境多种多样，为多种动植物的生存提供了适宜的条件。区内植物资源丰富，多达15000多种，其中仅云南省植物种类就多达12 000多种，几乎占全国植物种类的一半，被誉为“植物王国”。区内药材品质闻名杏林，药材的种类难以尽数，如“云苓”、“云木香”、“开化三七”、“迤西虫草”、“苍山贝母”等。本区内动物种类多达1000余种，

丰富程度也冠于全国。其中不乏珍稀品种，如云豹、水獭、小熊猫、绿孔雀等。本区建有许多自然保护区，如梵净山国家级自然保护区、西双版纳国家级自然保护区等。

8.1.2 人文地理环境

1．少数民族风情

本区是我国少数民族聚居区最多的地区之一，除汉族外，还有藏族、苗族、彝族、侗族、回族、白族、布依族、瑶族等 30 多个少数民族居住于此，其中云南省少数民族最多，有 26 个民族，占全国少数民族人数的二分之一。这些少数民族都有悠久的历史，形成了独特的民族风俗，创造了各自富有民族特色的文化。少数民族的民俗和礼仪、传统的民族节日、喜庆活动及民居建筑等对旅游者均具有极大的吸引力，如傣族的泼水节、彝族的火把节、苗族的龙舟节、白族的三月节、水族的“过端”赛马、壮族的山歌会等，构成了独具优势的人文旅游资源。

2．陆地疆界长，跨国旅游资源丰富

本区位于我国西南部，有绵延数千千米的陆地疆界，与缅甸、老挝和越南近邻，而且山水相连，一脉相承，如怒江、澜沧江和元江等分别与邻国的萨尔温江、湄公河、红河同为一江水。1993 年中国、老挝、泰国、缅甸四国联合考察湄公河航道，并试航成功，解决了一日游四国的问题。国际公路和航道的开通为跨国旅游和边境旅游的兴起提供了条件。

思考与练习

1．本旅游区自然地理和人文地理环境有何特点？简述其对旅游业的影响。
2．本旅游区有哪些独具特色的旅游资源？

8.2 主要旅游景观和风景名胜地

本区位于我国西南边陲，以岩溶地貌为特色的自然旅游资源和以少数民族风土民情为特色的人文旅游资源极为丰富。本区的岩溶山水风景、热带雨林风景、龙脊梯田的自然生态旅游、少数民族风情文化、历史文化名城以及边境旅游等以独特的魅力深深吸引着中外游客。

8.2.1 云南省

云南省位于我国西南边陲，与缅甸、老挝、越南交界。战国时期，这里是滇族部落的生息之地，故云南简称为“滇”，另简称为“云”。云南省总人口达 4596.6 万，省会昆明。云南省旅游资源丰富，悠久的历史和浓郁的少数民族风情造就了七彩云南的民族文化。无论是自然生态考察游还是民族风情游、探险游都会给游客带来神奇、美丽而回味无穷的感受。

1．路南石林风景名胜区

路南石林风景名胜区（见图 8.1）位于云南省路南彝族自治县境内，距昆明东南 120 千米。石林面积约 30 万平方千米，由形态各异的岩溶地貌组成，以怪石林立、突兀峥嵘、千姿百态、变化无穷为特征，一支支巨大的青灰色石峰、石柱拔地而起，远望犹如一片莽莽森林，享有“天下第一奇观”的美誉。游览区可分大石林、小石林、外石林三个游览区，其中大石林区为主景区。许多石峰如“莲花峰”、“剑峰池”、“望峰亭”、“孔雀梳翅”、“双鸟啄食”、“万年灵芝”等惟妙惟肖、栩栩如生。1982 年，石林景区被国务院列为第一批国家重点风景名胜区。

2．大理风景名胜区

大理风景名胜区（见图 8.2）位于云南省西部大理白族自治州，苍山之麓、洱海之滨。大理风光秀丽，历史悠久，古迹众多，下关风、上关花、苍山雪、洱海月四景各有特色，有“东方瑞士”的美称。苍山挺拔壮丽，主峰马龙峰海拔 4122 米，山顶常年积雪，山上飞云变幻多姿，森林密布，悬流飞瀑，四季不绝。云、雪、峰、溪被誉为苍山“四大奇观”。洱海为断层湖，因“湖形似人耳，风浪大如海”而得名，洱海有“三岛”、“四洲”、“九曲”之胜。金梭岛上有南诏避暑宫遗址，湖滨建有洱海公园。大理是唐宋时期南诏、大理国都城，旧城有南诏、大理国时期古刹感通寺、大理古城、崇圣寺三塔、太和城遗址以及遗址上记载南诏初期历史及与唐王朝关系的德化碑等。

图 8.1　路南石林

图 8.2　云南大理

3．丽江玉龙雪山风景名胜区

丽江玉龙雪山风景名胜区位于云南省丽江、宁蒗、中甸三县境内，景区以玉龙雪山为中心，包括玉龙雪山、丽江古城（见图 8.3）、万里长江第一湾、泸沽湖四个片区。玉龙雪山如巨龙腾飞，四时变幻多姿，有 13 座山峰终年积雪，主峰扇子陡，海拔 5596 米。至今，它还是一座处女峰，尚未被人类征服。在这里，人们不仅能观赏到雪山奇景，还可以领略高原森林的风姿和珍稀动植物的情趣，它被人们誉为“现代冰川博物馆”和“植物王国”。丽江古城是纳西族聚居地。古城民居依山傍水，古朴雅致，城内形成主街傍河、小巷临水、门前即桥、屋后有溪、跨河筑楼、引水入院的景象。民居独具风格，在中国建筑史上占有重要地位。纳西族千余年前创造的东巴文、纳西古乐、白砂壁画等有较高的历史文化价值，民族风情五彩斑斓。金沙江虎跳峡山高谷深，江面最窄处仅 30 米，江滩至两岸峰顶高差约 3900 米，为世界最深峡谷，江狭水急，水声如雷，数里之外可闻其声，景观波澜壮阔。泸沽湖畔摩梭人的婚恋及生活，被视为母系社会的活化石，举世罕见。

4．西双版纳风景名胜区

西双版纳风景名胜区（见图 8.4）位于云南省西南端的西双版纳傣族自治州境内，古代傣语为“勐巴拉那西”，意思是“一块神奇、美好的理想国土”。这里属北回归线以南的热带湿润区，以神奇的热带雨林自然景观和傣家风情而闻名。

图 8.3　丽江古城

图 8.4　西双版纳热带森林

景区包括景洪市风景片区、勐海县风景片区、勐腊县风景片区三大块。每一块内又有若干景区，共有 19 个风景区，800 多个景点。景观以丰富迷人的热带、亚热带雨林、季雨林、沟谷雨林风光、珍稀动物和绚丽多彩的民族文化，民族风情为主体。热带森林茂密（见图 8.4），古木参天，遮天蔽日。原始森林面积广大，蕴藏着两万多种植物资源，被称为“热带植物王国”，有特有、稀有、孑遗种约 300 多种。景区被列入国家重点保护对象的珍稀、濒危、渐危植物达 51 种，是“植物物种基因库”。这些树种至今已繁衍了 100 多万年，既原始又古老，被人们称为“活化石”。这里居住着傣族、哈尼族、布朗族、基诺族、拉祜族、佤族、瑶族等十几个民族，与老挝、缅甸接壤。

西双版纳是傣族之乡，傣族人基本上都是虔诚的佛教徒，佛寺、佛塔星罗棋布。曼飞龙白塔是西双版纳佛塔的典范，极富东南亚情调；景真八角亭亦是西双版纳有名的佛教建筑，酷似傣家竹楼。傣族的音乐悦耳动听，除了为舞蹈伴奏外，常与诗歌相结合。傣族民居——竹楼，是我国现存最典型的干栏式建筑，造型古雅别致，住在里面清凉舒爽。

5．腾冲风景名胜区

腾冲风景名胜区位于云南省腾冲县境内，景区内有沸泉、气泉、喷泉、温泉群等地热景观和 90 多座火山锥，以及浮石、火山蛋、火山溶洞等火山景观。在这些地热景观中，最吸引人的是热海沸泉（见图 8.5）。热海位于腾冲县城西南 20 千米处，面积约 9 平方千米，较

图 8.5　腾冲热海沸泉

大的气泉、温泉群共有80余处，其中有14个温泉群的水温达90℃及以上，到处都可以看到热泉在呼呼喷涌。世界上有温泉的地方很多，但像腾冲热海这样面积之广、泉眼之多、疗效之好，实属罕见。热海中最典型的是"大滚锅"。它的直径3米多，水深1.5米，水温达97℃，昼夜翻滚沸腾，四季热气蒸腾。在澡塘河，有一个地质断裂带和一条大河交叉形成一处飞泻轰鸣的瀑布，下面有十几处热泉、汽泉昼夜喷薄而出，水汽交融，蒸腾弥漫，如烟如雾。腾冲热海还有许多别具一格的温泉，如"珍珠泉"、"美女泉"、"眼镜泉"、"鼓鸣泉"、"蛤蟆嘴"等。腾冲县城西南端的叠水河畔，建有国殇墓园，纪念抗日烈士。腾冲城西有叠水河瀑布、龙光台，城北5000米有护珠寺等景点。

8.2.2 贵州省

贵州省位于我国西南部，简称"贵"或"黔"（因秦时属黔中郡，唐时置黔中道），是一个资源丰富、山川秀丽、气候宜人的内陆山区省份。全省面积17.6万平方千米，是一个多民族省份，有汉、苗、布依、侗、土家、彝、仡佬、水族等49个民族，少数民族人口占全省总人口的37.8%。全省总人口为3474.6万，省会贵阳。

贵州地势西高东低，全省平均海拔1100米左右。西部为高原地区，中部为山地高原，中南部为石灰岩地区，黔北为山地。是世界岩溶地貌发育最典型的地区之一。地形崎岖复杂，"山、水、洞"被称为贵州自然景观中的"三奇"。贵州河流大多河谷狭窄深切、河床坡度大，多瀑布、暗礁和险滩。贵州属亚热带湿润季风气候区，年均气温15℃左右，境内冬无严寒，夏无酷暑，气候温暖湿润，是理想的避暑胜地。

贵州省被誉为天然"大公园"。特殊的喀斯特地质地貌、原生的自然环境、浓郁的少数民族风情，形成了自然风光、人文景观和民俗风情交相辉映的丰富旅游资源。贵州拥有黄果树、龙宫、织金洞、红枫湖、舞阳河、兴义马岭河峡谷、荔波樟江、赤水等八个国家级风景名胜区；花溪、百里杜鹃等24个省级风景名胜区；铜仁梵净山动植物、茂兰喀斯特原始森林、赤水原生林和草海鸟类栖息衍生地和习水中亚热带常绿阔叶林等五处国家级自然保护区；遵义会议会址、从江县增冲鼓楼、盘县大洞等39处全国重点文物保护单位。

1．黄果树风景名胜区

黄果树瀑布（见图8.6），位于中国贵州省安顺市镇宁布依族苗族自治县，是珠江水系打邦河的支流白水河九级瀑布群中规模最大的一级瀑布，因当地一种常见的植物"黄果树"而得名。瀑布高度为77.8米，其中主瀑高67米，瀑布宽101米，其中主瀑顶宽83.3米。河水从断崖顶端凌空飞泻而下，直泻崖下的犀牛潭中，势如翻江倒海，声如雷鸣，是中国第一大瀑布，也是亚洲最大的瀑布。黄果树瀑布属喀斯特地貌中的侵蚀裂典型瀑布。瀑布后的水帘洞相当绝妙，134米长的洞内有6个洞窗、5个洞厅、3个洞泉和1个洞内瀑布。游人可在洞窗观看洞外飞流直下的瀑布，人称

图8.6 黄果树瀑布

"天下第一奇洞"。黄果树瀑布不只是一个瀑布，而以它为核心，在它的上游和下游 20 千米的河段上，共形成了雄、奇、险、秀风格各异的瀑布 18 个，1999 年被大世界吉尼斯总部评为世界上最大的瀑布群，列入世界吉尼斯记录。黄果树风景名胜区 2007 年 5 月被公布为首批国家 5A 级旅游景区。

图 8.7　龙宫溶洞

2．龙宫风景名胜区

龙宫风景名胜区（见图 8.7）位于贵州省西部安顺市境内，由龙宫中心景区、漩塘景区、油菜河景区和玛蝗箐景区四大景区组成，集洞、瀑布、峡谷、绝壁、暗湖、石林、民族风情、宗教文化为一体。其景观独特丰富，展现了神奇的喀斯特地质地貌，可谓"山水林洞、梦幻组合"，堪称"大自然的大奇迹"。

该景区尤以中心景区水溶洞最长，洞内瀑布最高，天然辐射最低，被称为国内"三最"；漩塘景区以漩水之奇、短河之多、洞中佛堂之大号称国内"三绝"。游人可乘舟进入龙宫，置身于内犹入人间仙境、世外桃源。步入龙宫，就是步入"喀斯特景观博物馆"，其地上景与地下景、洞内景与洞外景交替展现，令游客目不暇接、乐不思归。

龙宫神奇秀丽的景观、丰富的自然资源、极佳的生态环境，使之有着"世外桃源，梦幻龙宫"、"绿色龙宫"、"金色龙宫"、"生态龙宫"、"健康龙宫"的美誉，2007 年 5 月被公布为首批国家 5A 级旅游景区，是首批 5A 旅游区中唯一的溶洞景区，同时也是贵州省旅游一张亮丽的名片。

3．织金洞风景名胜区

织金洞风景名胜区位于贵州省西部的织金县境内，有"全国第一的地下艺术宝库"美誉，由织金洞中心景区、东风湖峡谷景区、一线三槽景区、碧云湖景区和织金古城区组成。

织金洞（见图 8.8）属高位旱溶洞，全长 10 多千米，面积 30 多万平方米，两壁最宽处 173 米，垂直高度多在 50～60 米，最高达 150 米，是中国大型溶洞之一。洞内囊括了世界溶洞的各种类型：壮丽的石笋、石塔巍然成林，高大的石幔、石帷犹如从天而降，40 多种沉积物形成了千姿百态、色彩缤纷、玲珑剔透的岩溶奇观，堪称世界精品。"黄山归来不看岳，织金洞外无洞天"，游客称赞其是"举世无双的岩溶博物馆"。洞外还有布依族、苗族、彝族等少数民族村寨，许多民族风情颇受人们的喜爱。

图 8.8　织金洞

织金古城三面环山，一水贯城。古城始建于 1382 年，城内有清泉 71 处，庵、堂、庙、寺 50 余处，其中财神庙以结构奇特著称，保安寺与山洞地势巧妙结合，是国家 4A 级旅游区。

图 8.9　红枫湖

4．红枫湖风景名胜区

红枫湖风景名胜区位于清镇市城区以西，距市区 32 千米。红枫湖（见图 8.9）横跨清镇、平坝两市县，风景区总面积为 200 平方千米，水域面积达 57.2 平方千米，是贵州高原上最大的人工湖泊之一。

红枫湖（见图 8.9）上有大大小小 178 个岛屿，这些岛屿有的似巨礁，有的像屏障，有的如浅渚。湖中有山，山中有洞。登高远望，只见湖面上星星点点，浩浩渺渺，美不胜收。

红枫湖最深处达数十米。两岸或高耸天际的石山，可望而不可即；或茂林绵延，望无尽头。湖面碧波荡漾，四周青山隐隐。泛舟游弋于危崖幽谷、群凫乱飞的汊湾，或换乘小橡皮船驶入湖边的桃湖洞寻幽探奇，别有一番情趣。1988 年国务院批准红枫湖风景名胜区为第二批国家重点风景名胜区，国家 4A 级旅游区。

5．荔波樟江风景名胜区

荔波樟江风景名胜区和世界人与生物圈网络保护区、国家级自然保护区——茂兰喀斯特森林自然保护区位于贵州省南部边陲的荔波县境内。风景区总面积 273 平方千米，由小七孔景区、大七孔景区、水春河景区和樟江风光带组成。茂兰喀斯森林自然保护区总面积 213 平方千米，是典型的生态科普教育和生态旅游的重要基地。

荔波樟江区风景名胜区以樟江（见图 8.10）水系的水景特色和浩瀚苍茫的喀斯特森林景观为主体，景区内峰峦叠嶂，溪流纵横，景物景观动静相间，刚柔相济，风景区内既有奇、幽、俊、秀、古、野、险、雄的自然美，又有浓郁的布依、水、瑶、苗族等民族风情。

图 8.10　荔波樟江

茂兰喀斯特森林是以原始性强、集中连片的森林为特色，被中外专家誉为“全球喀斯特地貌上保存完好、绝无仅有的绿色宝石”。神秘奇特的喀斯特森林，将树、石、水、藤、乔、灌完美地结合在一起，充分显示了大自然的神奇。

6．赤水风景名胜区

赤水风景名胜区位于贵州西北部赤水市，紧靠长江，面积1801平方千米，北接川南，东邻重庆，是黔北通往巴蜀的重要门户。赤水风景名胜区是国务院唯一以行政区名称命名的国家级风景名胜区，旅游资源非常独特和丰富，由自然生态资源和历史文化资源组合而成。景观以瀑布（见图8.11）、竹海、桫椤、丹霞地貌、原始森林等自然景观为主要特色，被誉为“楠竹之乡、千瀑之市、桫椤王国、丹霞之冠、旅游胜地”。景区兼有以红军四渡赤水、酒乡文化为主体的人文景观。

7．马岭河峡谷风景名胜区

马岭河峡谷（见图8.12）位于贵州省兴义市南盘江支流马岭河上，是一条在造山运动中剖削深切的大裂谷地缝。该区分为马岭河峡谷、万峰湖、万峰林三大景区。由于“万峰环绕，千泉归壑，溪水溯蚀，江流击水”的作用，形成了多姿多彩的“百鱼、百瀑、百帘、百泉”的奇观，构成了马岭河峡谷风景名胜区的“百画”。峡内，河水清澈，晶莹透锡，客人漂流，乐此不疲；峡侧，彩崖峡迎风而立，灰色的石崖布景中分布着一道道橘红、灰白、绛紫、果绿各种色彩或粗或细或长或短的线条，故名“彩崖峡”。

图8.11　赤水瀑布

图8.12　马岭河峡谷

8．黎平侗乡风景名胜区

黎平侗乡风景名胜区（见图8.13）位于贵州省黔东南苗族侗族自治州（以下简称黔东南州）东南部的黎平县境内，地处湘、黔、桂三省（区）交界，景区中心黎平县城距省城贵阳市430千米，距黔东南州州府270千米，距枝柳铁路靖州站81千米，是贵州省东线旅游的窗口和主要景区。景

图 8.13　黎平侗乡

区总面积约为 159 平方千米，含肇兴—地坪、茅贡—坝寨、岩洞—口江、八舟河—天生桥四个景区以及黎平翘街古建筑景群和尚重、洪州两个独立景点。黎平侗乡侗族建筑群古朴完整，侗族文化悠久迷人，民俗民风淳朴浓郁，岩溶天桥举世无双。该名胜区于 2004 年 1 月被国务院批准为第五批国家重点风景名胜区，其中侗族大歌、侗族琵琶歌和侗戏列入《国家级非物质文化遗产名录》。黎平侗乡和谐宁静，风光绚丽多姿，气候舒适宜人，加之黎平会议旧址是全国 100 个红色旅游经典景区之一，使该景区成为观光游览和文化教育活动的胜地。

8.2.3 广西壮族自治区

广西壮族自治区地处祖国南疆，北回归线横贯全区中部，简称“桂”，省会南宁。全区总面积 23.67 万平方千米，2011 年 6 月底广西总人口为 5159.5 万，全区聚居壮、汉、瑶、苗、侗、仫佬、毛南、回、京、彝、水、仡佬族等民族。其中壮族人口约占全区总人口的三分之一。

广西壮族自治区地形以低山、丘陵为主，呈四周高、中间低的盆地地形，是我国喀斯特地貌分布、发育最典型的地区之一，以桂林、阳朔附近最为突出。西部是云贵高原的延伸部分，平均高度大部分在海拔 1000 ～ 2000 米。气候温和，阳光充足，雨量充沛，年平均气温在 17 ～ 23℃，为亚热带湿润季风气候。生物资源种类繁多，有柳杉、银杉珍贵树种和白头叶猴、黑叶猴、金丝猴等各种珍禽异兽。

广西壮族自治区旅游资源非常丰富，有奇山秀水甲天下的桂林迷人景色，细沙软浪有着亚热带情韵的北部湾滨海风光，古朴浓郁多姿多彩的各民族风情和独特诱人的中越边关风情，使祖国南疆的广西成为令人神往的旅游观光度假胜地。

1．桂林漓江风景名胜区

桂林漓江风景名胜区是世界上规模最大、风景最美的岩溶山水旅游区，以桂林为中心，北起兴安灵渠，南至阳朔，与漓江一水相连，一向以“山青、水秀、洞奇”三绝闻名中外。其中一江（漓江）、两洞（芦笛岩、七星岩）、三山（独秀峰、伏波山、叠彩山）最具代表性，是桂林山水的精华所在。桂林山水甲天下，千百年来它不知使多少文人墨客陶醉。

图 8.14　漓江

由桂林至阳朔 80 余千米的漓江（见图 8.14），像一条青绸绿带，盘绕在万点峰峦之间。沿途主要景点有穿山、斗鸡山、净瓶山、磨盘山、冠岩、绣山、仙人推磨、画山、黄布倒影、螺蛳山、碧莲峰、书童山等。其中画山是漓江中的名山，峭壁临江而立，由于长年受风雨剥蚀，岩石轮廓明显地呈现许多层次，这些轮廓线条层次的明暗及色彩的变化，仿佛壁上有许多骏马，人称“九马画山”。漓江在不同的季节，不同的气候，有着不同的神韵。

桂林市是一座历史悠久的文化名城，古代城池、石刻以及墓址遗迹比比皆是，而且人文资源丰富，民族风情独特，有许多近代名人故居至今保留完好。独秀峰在桂林市区王城内，平地拔起，四壁如削，孤峰独秀，人称“南天一柱”。从西麓上山，登 300 余级到达山顶，纵目眺望，整个桂林山水画卷展现眼前：奇秀俊美的点点孤峰四立，云山重叠，漓江、桃花江、灵剑溪、小东、南溪、榕湖、杉湖等水景与奇峰相映衬，构成一幅绝妙的泼墨画。桂林市还有伏波山、叠彩山、芦笛岩等旅游景点。

阳朔则素有“阳朔风光甲桂林”之称。阳朔的碧莲峰东临漓江，山腰有风景道、迎江阁、鉴山楼等景点。阳朔名胜古迹、人文景观遍布，阳朔独特的风光、风貌、风俗和风物，使其成为驰名中外的风景旅游胜地。

2. 花山风景名胜区

花山风景名胜区，位于广西壮族自治区南宁市西南部的宁明、龙州两县境内左江流域沿岸，以古代壮族的大批山崖壁画（见图 8.15）为主要景观，最集中的是花山和明江两处。花山风景名胜区在地域上的分布具有连续性条带状的特点，100 千米沿江风光带以左江古崖壁画为主体。花山崖壁画创作于春秋战国时期，距今已 2000 多年了，山崖壁画实为千古之谜。花山临江的一幅画面全长 200 多米，高 40 多米，有各种人物图像 3100 余幅。人像最大的高达 3 米，最小的只有 30 厘米。这些崖壁画，或三五为组，或千百为群，多画在下临深渊、上难攀援的河道拐弯绝壁之上。全部画像是用赭红色单线勾勒，线条粗犷，形象传神。古人是怎样上去作画的，令人费解。50 千米南疆边关风光带则以凭祥友谊关、大新德天大瀑布等景观为主。

图 8.15　花山崖壁画

3. 桂平西山风景名胜区

桂平西山风景名胜区位于广西壮族自治区东南部桂平市区内，以西山名胜为主体，是由太平天国金田起义遗址、太平山动植物自然保护区、紫荆山壮村瑶寨风情、天南福地洞天罗丛岩及白石洞天、麻洞荔枝之乡和浔州古城风光、北回归线标志等景观景点组成的集锦式大型风景名胜区，总面积约 2000 平方千米。

桂平西山以“石奇、树秀、茶香、泉甘”著名。峰峦嵯峨，数十乃至百余立方米的巨石叠嶂，中有怪石嶙峋，石径曲幽。石树参天，绿荫匝地，自然景观壮丽。西山茶名闻遐迩，清香可口，远销各地。其泉甘历来为世人所称道。近年来，人们利用优质的乳泉水，酿制成了不少甘美的琼浆，如被誉为“广西茅台”的乳泉酒，含对人体有益的多种微量矿物元素的“罗汉果露”等饮料，甘洌爽口。

西山景区历史悠久，原是佛教圣地，现仍保留多处较为完整的佛教寺庙和其他古建筑，如龙华寺、李公祠、洗石庵、乳泉亭和飞阁等。历代文人学士留下赞赏西山的诗词对联达 4000 多首。

4．北海银滩旅游度假区

北海银滩度假区位于北海市东南部海滨，东至大冠沙，西起侨港镇渔港，银滩东西绵延约 24 千米，是国务院 1992 年 10 月 4 日批准建立的国家级旅游度假区。度假区内的海域海水纯净，陆岸植被丰富，环境幽雅宁静，空气格外清新。北海银滩的沙质均为高品位的石英砂，沙中二氧化硅（石英）的含量高达 98% 以上，被称为“世界上难得的优良沙滩”。沙子晶莹洁白，细腻致密，在阳光的照射下沙滩会泛出银光，故称银滩（见图 8.16）。游人在潮水刚退去的平坦宽阔的海滩漫步，甚至连脚印也不会留下。由于其具有“滩长平，沙细白，水温净，浪柔软，无鲨鱼”的特点，可容纳国际上最大规模的沙滩运动娱乐项目和海上运动娱乐项目，是我国南方最理想的滨海浴场和海上运动场所。

图 8.16　北海银滩傍晚

北海银滩度假区由三个度假单元（银滩公园、海滩公园、恒利海洋运动度假娱乐中心）和陆岸住宅别墅、酒店群组成。海水浴、海上运动、沙滩高尔夫、排球、足球等沙滩运动以及大型音乐喷泉观赏、旅游娱乐等是北海银滩旅游度假区的主要内容。银滩公园内，楼台阁宇风格各异，林荫小道曲折蜿蜒，椰树林独具风情。信步海堤，海天一色，白云朵朵，令人如入仙境，流连忘返。北海银滩度假区是中国最理想的海滨浴场和度假疗养胜地，有“南方北戴河”之誉。

5．龙脊梯田

龙脊梯田（见图 8.17）位于广西壮族自治区龙胜县东南部和平乡境内，距桂林市区 103 千米。梯田分布在海拔 300 ～ 1100 米，坡度大多在 26 ～ 35 度，最大坡度达 50 度。从山脚盘绕到山顶，小山如螺，大山似塔，层层叠叠，高低错落。从高处望去，梯田的优美曲线一条条、一根根或平行或交叉，蜿蜒如春螺，

图 8.17　龙脊梯田

披岚似云塔，显示了动人心魄的曲线美。其线条行云流水，潇洒柔畅；其规模磅礴壮观，气势恢弘，有“梯田世界之冠”的美誉。

龙脊梯田始建于元朝，完工于清初，距今已有650多年的历史。龙脊梯田包括平安北壮梯田和金坑红瑶梯田两个景区。两者一南一北如双壁辉映，分别构成北壮和红瑶两个文化空间，可谓组合巧妙，相互辉映。从流水湍急的河谷，到白云缭绕的山巅，从万木葱茏的林边到石壁崖前，凡有泥土的地方，都开辟了梯田，垂直高度两三千米，横向伸延两三千米。那起伏的、高耸入云的山，一级一级蜿蜒登上蓝天。梯田，像天与地之间一幅幅巨大的抽象画。看到这一景色的游客，心灵都会被深深地震撼，这是一种难以言表的，一种被大自然的雄奇以及人的伟力所引起的震撼。这里一年四季景观各异。春来，水满田畴，如串串银链山间挂；夏至，佳禾吐翠，似排排绿浪从天泻；金秋，稻穗沉甸，像座座金塔顶玉宇；隆冬，瑞雪兆丰年，若环环白玉砌云端。这种景象称得上是人间一大奇观，形成了世界一绝的自然生态旅游资源。有趣的是，在这浩瀚如海的梯田世界里，最大的一块田不过一亩，大多数是只能种一二行禾的碎田块，因此有“蓑衣盖过田”的说法。在这里游客可以看到古朴的壮族民间舞蹈和保护完美的壮族服饰，可听到优美的壮族山歌，享受原汁原味的壮族风情，铜鼓舞、师公舞、打扁担等也令人耳目一新。古朴的壮乡民居、香醇味美的龙脊茶和龙脊辣椒、沁人心脾的“东方魔水”——龙脊水酒也令人神往。

思考与练习

1．本旅游区有哪些国家级风景名胜区？

2．为什么说石林洞乡—西南少数民族农业文化旅游区发展旅游业的潜力巨大?

8.3 旅游线路设计

西南地区旅游资源丰富，旅游线路众多：石林洞乡，奇山异水；民族风情，古风神韵。这片古老又神奇美丽的地方，令人陶醉。根据本旅游区的自然和人文旅游资源特点，设计准备了四条精品特色线路以供享用。

8.3.1 横断山区、云贵高原风光旅游

1．行程

昆明—路南石林—大理—丽江—泸沽湖／昆明—大理—盈江—腾冲—瑞丽。

2．特点

横断山区、云贵高原是一片古老又神奇美丽的地方。在这里旅游，可以感到处处是爬不完的山，季季有赏不尽的雨，那令人惊叹的峡谷瀑布、奇山异水，令人陶醉的古风神韵、民族风情，以其独特而又丰富的魅力深深地吸引着各地游客。

昆明市位于云贵高原中部、滇池盆地东北部，三面环山，南临滇池。这里气候温和，四季如

春，从春到冬，漫山遍野，鲜花盛开，是一座名副其实的“万紫千红花不谢，冬暖夏凉四时春”的“春城”。昆明汉时为谷昌县地，唐代为南诏国拓东城，元置昆明县，明以后为云南省治所，1928年置昆明市。昆明是国务院1982年公布的全国第一批24个历史文化名城之一。昆明的文物古迹、风景名胜众多，著名的有滇池、世博园、大观楼公园、西山景区、铜瓦寺等。

世界园艺博览园位于距昆明市区4千米东北郊金殿风景区，占地2180平方千米，为迎接“1999年昆明世界园艺博览会”而建。园内布局依山就势而建，使园林、园艺与现代建筑、中国环境的特色有机地结合起来，充分展示博览会的气势。室内展厅主要有中国馆、国际馆、人与自然馆、科技馆等；室外展场有国内展区、国外展区和企业展区。园内建有现代化、多功能服务设施，游览以步行为主。博览会闭幕之后，已被辟为永久性游览区。

滇池，又名昆明湖，坐落在滇西横断山脉与滇东高原之间，是滇中高原的断层陷落湖。滇池南北长40千米，东西宽3.5～13千米，面积约300平方千米。水最深处10米，蓄水15亿立方米，为我国第六大淡水湖。盘龙江、宝象河、金汁河、永昌河等20多条河水注入滇池，形成滇池水系。滇池湖水波光粼粼，西南面海口河为滇池唯一出水口，经螳螂川、普渡河注入金沙江。海埂长堤由东至西伸进滇池，埂南为滇池，埂北为草海。昆明坝子居滇池北滨。1988年国务院公布滇池风景名胜区为国家级风景名胜区。

瑞丽江风光，这里有浓郁的亚热带风光，有祥和宁静的边境风貌，有傣家的竹楼风情。瑞丽江是中国与缅甸的界河，沿岸居住的多是傣族，他们与对岸的缅甸人和华侨世代往来，走亲串友。这里不仅边贸市场十分红火，还能观赏到神圣的国门、庄严的界桩，甚至“一村两国”（国界从村中穿过）的景象。游人到此，还可以到傣家竹楼参观，品尝傣族的竹筒米饭和傣式菜肴，与傣族兄弟互相泼水祝福。

泸沽湖风光，在美妙绝伦的湖光山色之间，生活着国内外罕见的、延续着母系氏族特点的摩梭人，他们有着独特的原始母系社会的大家庭制和男不娶女不嫁的“阿夏婚”习俗、自然而原始的民俗风情，也有较多的禁忌，如禁止说脏话、丑话，忌谈性方面的话题，禁食狗、猫、蛙肉；清早不能谈梦见的事、傍晚不扫地等。这些都为这片古老的土地染上了一层神秘而美丽的色彩。

8.3.2 贵州自然风光旅游

1. 行程

贵阳—安顺—遵义—凯里—西江千户苗寨—剑河温泉—赤水—红枫湖—舞阳河—黄果树瀑布。

2. 特点

贵州省是迷人的“天然公园”。境内自然风光神奇秀美，山水景色千姿百态，溶洞景观绚丽多彩，野生动物奇妙无穷，文化和革命遗迹闻名遐迩；山、水、洞、林、石交相辉映，浑然一体。闻名世界的黄果树瀑布、龙宫、织金洞、马岭河峡谷等国家级风景名胜区和铜威宁草海仁梵净山，茂兰喀斯特森林、赤水桫椤、威宁草海等国家级自然保护区，犹如一串串璀璨的宝石，五光十色，令人目不暇接、流连忘返。以遵义会址和红军四渡赤水遗迹为代表的举世闻名的红军长征文化，更让人驻足凭吊，追思缅怀。多民族悠久灿烂的历史文化，浓郁神秘的民族风情，以及冬无严寒、夏无酷暑的宜人气候，使贵州成为理想的旅游观光和避暑胜地，荔波喀斯特水上森林被列入《世界自然遗产名录》。

黄果树瀑布是中国最大的瀑布、中国最美六大瀑布之一，位于贵州省安顺市镇宁县境内的白水河上。周围岩溶广布，河宽水急，重峦叠嶂，气势雄伟，历来是连接云南、贵州两省的主要通道。瀑布后绝壁上凹成一洞，称“水帘洞”，洞深 20 多米，洞口常年为瀑布所遮，可在洞内窗口窥见天然水帘之胜境。

赤水风景名胜区是国务院唯一以行政区名称命名的国家级风景名胜区，旅游资源非常独特而且十分丰富和罕见，由自然生态旅游资源和历史文化资源组合而成，原始古朴，自然天成，蕴藏有地学景观、水体景观、生物景观、山岳景观、人文历史景观、乡土风俗风情等诸多内容。景观以瀑布、竹海、湖泊、森林、桫椤、丹霞地貌以及原始生存环境和生存状况为主要特色，兼有古代人文景观和红军长征遗迹，被国内外权威专家概括为“千瀑之市”、“竹子之乡”、“桫椤王国”、“丹霞之冠”、“长征遗址”五大特征。

世界奇观织金洞，囊括了当今世界溶洞中的各种沉积形态，它既是一座地下艺术宝库，又是一座岩溶博物馆。织金洞是我国著名的喀斯特风景名胜区，中国旅游胜地四十佳之一。

万峰林是国家 4A 级风景名胜区，由兴义市东南部成千万座奇峰组成，气势宏大壮阔，山峰密集奇特，整体造型完美，被不少专家和游人誉为“天下奇观”。

舞阳河风景名胜区位于凯里市附近的镇远、施秉、黄平三县境内，包括舞阳河三峡、云台山、铁溪、历史文化名城镇远等景点。

红枫湖是岛屿最多的高原岩溶湖泊，湖中有岛屿 100 多个，以岩溶地貌和湖光山色为特色，被誉为贵州腹地的一颗明珠。红枫湖始建于 1958 年，湖边有座红枫岭，岭上及湖周多枫香树。深秋时节，枫叶红似火，红叶碧波，风景优美，故名“红枫湖”。

重庆到贵州旅游——体验少数民族魅力。

8.3.3 西双版纳热带雨林风光游

1. 行程

昆明—石林—景洪—橄榄坝—勐仑热带植物园—景洪—三岔河热带雨林、野象谷空中走廊—曼典瀑布—风情园、民族工艺品街—昆明。

2. 特点

西双版纳旅游区多绿、多雾、多傣家民风，温馨和谐，原生态别有韵味。西双版纳是全国唯一热带雨林自然保护区，林木参天蔽日，珍禽异兽比比皆是，奇木异葩随处可见。离泰国、缅甸很近的西双版纳充满了佛风，佛塔寺庙与傣家竹楼、翠竹古木交相掩映，一派神圣景象。

西双版纳在傣语里，包含了理想、神奇、乐土三层意思。这里有终年温暖湿润、四季宜游的气候，有典型的热带雨林景观，有野象、野牛、蓝孔雀，有浓浓的傣族风情……

胶园风光也是热带风光之一。在我国除海南省外，只有在西双版纳可以看到胶林。朝霞、夕阳中的胶林都很美，如游人能看到割胶、收胶、熏胶，都会得到一份意外的喜悦，还能听到许多胶林创业的动人故事。

树上旅馆，住在树上木屋，有种原始古朴的感受，最重要的是或许可以守候到野象光临，这是极有期望性、诱惑力的活动。

傣族泼水节要到每年清明后的第 10 日，游人也许遇不上，但不要紧，每日傍晚，傣族男女老少均会在河、溪之中沐浴，入乡随俗，游人也可以去分享这份欢乐。只要跃入河中，傣家就会主动向游客泼水祝福，这是友好的举动，游人可以大大方方地回泼，以回赠敬意。傣家人爱吃糯米竹筒饭，软糯清香，吃后满口余香，久久难忘。傣家菜肴也是非尝不可。不少菜是将竹筒一剖为二，将要烤的鱼、肉先抹上佐料，夹在竹筒内，再用炭火慢烤，吃起来软滑喷香，别有风味。

8.3.4 奇山秀水—岩溶地貌—西南边疆民俗风情游

1．行程

桂林—漓江—阳朔—南宁—北海。

2．特点

广西壮族自治区素有绿城之美称，地处祖国南疆，旅游资源丰富，其中景观以峰林、洞穴、瀑布最为著名。桂林山水甲天下，洞奇、水秀、山清、石美。在桂林市主要游览芦笛岩、叠彩山、伏波山、独秀峰、七星岩、象鼻山、七星公园等景点；漓江山水最精彩的一段则在阳朔境内，沿途有冠岩、杨堤、九马画山、大榕树、月亮山等景点，乘船游“百里画廊大漓江”（磨盘山—阳朔龙头山）途中观看草坪乡、鲤鱼挂壁、半边渡、杨堤风光、九龙戏水、童子拜观音、八仙过江、九马画山、骆驼过江、黄布倒影、兴坪佳境等景点。游阳朔西街（又名洋人街，洋人街自由漫步），在仿古的建筑群里感受独特的欧陆风情。途中可看到具有少数民族特色的手工艺制品，如蜡染、刺绣；品味西街独特的酒吧文化……

南宁的景点以德天瀑布和通灵大峡谷为主，在北海主要游览银滩、海洋之窗、海底世界、涠洲岛、北部湾广场等。

有山、有洞，有小桥、流水、人家，有赏心悦目的民俗风情，有扯不断的情丝。冠岩——感受丰富、体验新奇的海、陆、空三项交通工具游览岩洞方式。

到桂林不能不吃桂林风味米粉，南宁的八仙粉、干捞粉、卷筒粉、粥品、酸品也不可错过；阳朔啤酒鱼、荔浦芋头风味独特；北海则是海鲜的天下，但是也不能不尝小吃牛腩粉、猪脚粉；广西一年四季水果不断，有荔枝、菠萝、龙眼、芒果、黄皮果、扁桃等。

思考与练习

根据对本章内容的学习，分别以本旅游区的自然旅游资源和人文旅游资源为主，设计两条特色旅游线路。

知识链接

泸沽湖—东方女儿国—走婚

泸沽湖是中国西南高原上的一颗诱人的明珠，摩梭人称它为“谢纳米”，意思是“母湖”，母亲的湖。她像一个古朴、宁静的睡美人，躺在青山环绕的怀抱之中，又像造物主藏在这里的一块硕大的蓝宝石，一面光彩照人的天镜。湖周长约五十千米，在湖的北岸，屹立着一座秀丽的“格姆”山，意思是女山。摩梭人把她视为女神化身。从南边远远隔湖望去，格姆女山又像一头昂首而卧的狮子，人们又叫它狮子山。这里的一山一水，一草一木，都被赋予女性形象的神话，成为当代名副其实的“女儿国”。

世界各国民间传说中的女儿国，存在至今的，恐怕只有摩梭人这一族了。摩梭人世代生活在泸沽湖畔，他们至今仍保留着由女性当家和女性成员传宗接代的母系大家庭以及“男不婚、女不嫁、结合自愿、离散自由”的母系氏族婚姻制度（俗称走婚）。

在全人类都普遍实行一夫一妻制的今天，泸沽湖却仍然保留着古代早期对偶婚特点的“阿夏”婚姻形态。“阿夏”是泸沽湖摩梭人中有情爱关系的男女双方的互称，彼此又称“夏波”，“阿夏”婚姻的显著特点是：亲密的伴侣之间不存在男娶女嫁，男女双方仍然属于自己原有的家庭。婚姻形式是男方到女方家走访、住宿，次晨回到自己家中。因为是由男方的“走”而实现的婚姻，所以当地人又称这种关系为“走婚”。双方所生子女属于女方，采用母亲的姓氏，男方一般不承担抚养的责任。一个男子或一个女子的“阿夏”数目有多有少。双方的“阿夏”关系不是固定不变的。

案例探究 》

案例项目：地区特色旅游线路设计。

实施过程与要求：

目标：使学生了解所在地大区的旅游优势资源及其分布状况；动手设计所在地大区特色旅游线路，熟悉掌握旅游线路设计的方法。

要求：教师根据讲授的内容，引导学生对所在地大区旅游资源特色进行调查和分析，根据旅游资源特色和地域，设计旅游特色线路。熟悉掌握旅游线路设计的方法。

学生以小组为单位，集体组织调查和分析所在地大区旅游资源特色相关资料，设计旅游特色线路，并把小组设计的旅游特色线路内容制作成 PPT（含景点、交通线路、线路简图、线路特色、可供游客参与的活动项目）在班内进行演示。

教师组织评委对班级各小组的作品和演示情况进行评价及评分。

第 9 章

青藏高原旅游区

探 究

青藏高原有着古老的宗教文化、丰富的风俗民情、内涵深蕴的藏乡艺术、风格独特的寺庙建筑。本区具有这样独特的人文景观的原因是什么？为什么说青藏高原旅游区必将成为世人瞩目的圣地？

学习目标

1. 了解本旅游区的优势旅游资源，掌握其独特的自然和人文地理环境。
2. 掌握本区主要的旅游景观和风景名胜概况。
3. 熟悉区内重点旅游城市及主要旅游线路。

长江源头

西藏风光

布达拉宫

珠穆朗玛峰

藏北草原

青海湖

9.1 区域旅游概况

青藏高原旅游区坐落于“世界屋脊”，包括青海省和西藏自治区两个省区，以高原高山、雪山冰川、大江大河源头为特色。本区的国家历史文化名城主要有拉萨、日喀则、江孜、同仁。本旅游区是一个美丽、独特而又神秘的地区，这里有世界第一高峰——珠穆朗玛峰，有世界第一大峡谷——雅鲁藏布大峡谷，有令人神往的神山圣湖，有涛声阵阵的原始森林，有雄伟壮观的布达拉宫、风格独特的寺庙建筑、历史悠久的文化艺术、别具一格的民俗风情和珍贵奇异的高原动植物。这些唯我独有的自然景观和人文景观构成了青藏高原与世界其他任何地方都迥然不同的旅游资源，使这片神奇的土地为中外游客所向往。

9.1.1 自然地理环境

1．地形地貌

青藏高原是亚洲中部的一个高原地区，它是世界上最高的高原，以“高、大、新”为特色(即海拔高、地壳厚度最大、最年轻)，平均海拔高度在 4000 米以上，有“世界屋脊”和“第三极”之称。青藏高原实际上是由一系列高大山脉组成的高山“大本营”，地理学家称它为“山原”。高原上的山脉主要是东西走向和西北—东南走向的，自北而南有祁连山、昆仑山、唐古拉山、冈底斯山和喜马拉雅山。这些大山海拔都在五六千米以上。高原内部的山脉之间，分布着高原盆地、谷地，构成“远看是山，近看成川”的壮丽景象，是许多登山爱好者向往的地方。

青藏高原构造运动强烈，岩浆活动频繁，是我国地热资源最丰富的地区。这里的地热类型众多，地球上已经发现的 20 多种地热类型这里应有尽有。其中，以羊八井地热气田最著名。

2．江河湖海

青藏高原是亚洲许多大河的发源地。长江、黄河、澜沧江（下游为湄公河)、怒江（下游称萨尔温江)、森格藏布河（印度河)、雅鲁藏布江（下游称布拉马普得拉河）以及塔里木河等都发源于此，水力资源丰富。

青藏高原在地形上的另一个重要特色就是湖泊众多。高原上有两组不同走向的山岭相互交错，把高原分割成许多盆地、宽谷和湖泊。这些湖泊主要靠周围高山冰雪融水补给，而且大部分都是自立门户，独成“一家”。著名的青海湖位于青海省境内，为断层陷落湖，面积为 4456 平方千米，高出海平面 3175 米，最大湖深达 38 米，是中国最大的咸水湖，也是我国著名的自然保护区。其次是西藏自治区境内的纳木湖（“纳木错”，藏语意为“天湖”、“灵湖”或“神湖”)，面积约 2000 平方千米，高出海平面 4650 米，是西藏湖泊之冠，也是世界上海拔最高的咸水湖。这些湖泊大多是内陆咸水湖，盛产食盐、硼砂、芒硝等矿物，有不少湖还盛产鱼类。另外，察尔汗盐湖位于青海省格尔木市，是中国最大的盐湖，也是世界上最著名的内陆盐湖之一，有青藏铁路穿行而过。盐湖东西长160多千米，南北宽20～40千米，盐层厚约为2～20米，面积5800平方千米，海拔2670米。湖中储藏着500亿吨以上的氯化钠，可供全世界的人食用1000年。它还出产闻名于世的光卤石，晶莹透亮，伴生着镁、锂、硼、碘等多种矿产，钾盐资源极为丰富。在湖泊周围、山间盆地和向阳缓坡地带分布着大片翠绿的草地，是仅次于内蒙古、新疆的重要牧区。

3．独特的高原气候

由于青藏高原块体巨大，在地势高耸的特殊自然环境条件下，形成了独特的高原气候，主要特征是空气稀薄，气压低，含氧量少，故透明度高，天空分外澄净碧蓝，景色恬静美丽；光照充足，辐射强烈，拉萨是著名的“日光城”；全区气温低，温度年较差小，日较差大，有“一年无四季，一日有寒暑”之说。大部分地区热量不足，高的地方最热月平均温度不足10℃，无绝对无霜期，谷物难以成熟，只宜放牧。牧畜以耐高寒的牦牛、藏绵羊、藏山羊为主。河谷可以种植耐寒作物，以青稞、小麦、豌豆、马铃薯、圆根、油菜等种类为主。雅鲁藏布江河谷纬度低，冬季无严寒，小麦可安全越冬，加以光照条件好，春夏温度偏低，延长了小麦生长期，拉萨冬小麦亩产有819千克的纪录。

在气候的影响下，全区形成了高山草甸草原和高寒荒漠景观。山南地区垂直高差大，出现了自高山冰雪到亚热带常绿阔叶林、热带森林景观。从谷底到青藏高原顶部可看到从热带到极地的各自然带景观，不仅是天然旅游胜地，而且是科学考察宝地。现已划定了多个国家级重点自然保护区，对稀有植物如长叶松、长叶云杉、喜马拉雅山红豆杉、高原巨柏、延龄草等，以及珍禽异兽如白唇鹿、长尾叶猴、小熊猫、藏羚羊等进行保护。另外，这里野生动植物资源较为丰富，出产名贵中药材，如麝香是我国特产，此外还有当归、鹿茸、天麻、冬虫夏草、藏红花等。

知识链接

藏医藏药

藏医藏药历史悠久。早在远古时代，生活在西藏高原的居民在同大自然做斗争的过程中逐步认识到了一些植物的性能及其用于治疗的经验。在狩猎过程中，又逐渐了解了一些动物的药理作用。相传在公元前三世纪，就有了“有毒就有药”的说法。藏药是在广泛吸收、融合了中医药学、印度医药学和大食医药学等理论的基础上，通过长期实践所形成的独特的医药体系，迄今已有上千年的历史，是我国较为完整、较有影响的民族药之一。藏药历史上有许多经典著述，成为今天研究藏药的主要文献和藏药种类发展的历史记录。随着内地与西藏的交流日趋频繁，尤其是旅游业的发展为藏医学的传播创造了外部环境，藏医学神秘而又渊源的历史被更多的人熟知，青藏铁路的修建也为文化的传播提供了便利。在这个大背景下，藏医药与内地交流日趋完善。

9.1.2 人文地理环境

1．宗教文化神秘奇特

青藏高原是藏族人信仰的主要宗教的发源地和传播地，具有浓厚的宗教色彩。本区盛行藏传佛教，因藏语尊称僧侣为喇嘛，故俗称喇嘛教。喇嘛教在发展史上曾两度兴旺，在青藏高原上留下了大量独具特色的宗教寺庙，如拉萨布达拉宫、哲蚌寺、日喀则萨迦寺、西宁塔尔寺等。佛事活动常年兴盛，香火终年不断，保持着古老而神秘的宗教色彩，吸引着国内外游客前来观光、朝圣。

2. 民俗风情多姿多彩

青藏地区是多民族聚居之地，其中以藏族人口最多，此外还有土族、撒拉族、门巴族、珞巴族等。各民族都有自己独特的民风民俗。又由于高原环境的相对闭塞，使民风民俗保持了相对的完整性和原始性。例如，各民族的婚丧嫁娶、宗教节日、歌舞戏曲、绘画雕塑、居住方式、服装、饮食、礼仪等均有浓郁的民族特色，且多姿多彩。另外，原始社会氏族公社的文化遗存、历史上的昆仑神话传说、文成公主进藏、明清古建筑遗留等史实传说或文物，都构成了丰富的文化资源，是人文旅游十分珍贵的资源宝库。

3、交通运输

本区由于自然条件复杂，地势高峻，气候寒冷，发展交通极为困难。解放后，随着经济的发展，交通面貌有很大改善。区内交通以公路为主，有川藏、青藏、滇藏、新藏四条省级公路干线，早已实现了县县通公路。青藏铁路也于 2006 年 7 月 1 日正式通车，结束了西藏不通铁路的历史。民航班机通往西宁、格尔木、拉萨、林芝、昌都等地区。

交通的发展还带动了工业的发展，高原上近年新建有不少水电站、煤矿、钢铁厂、化工厂、毛纺厂、造纸厂。随着工业发展，新的工业城市如西宁、拉萨、格尔木、林芝、日喀则等不断形成。

阅读之窗

藏族特色食品

1. 糌粑

糌粑是藏族人的主食。藏族人一日三餐都有糌粑。实际上糌粑就是用青稞制成的炒面。它是将青稞麦炒熟、磨细、不经过筛滤而成的炒面，与我国北方制作的炒面有点相似，区别是北方的炒面是先磨后炒，而西藏的糌粑却是先炒后磨，而且不除皮。

吃糌粑时，先在碗里放上一些酥油，冲入茶水，放上炒好磨细的青稞面，然后用手将面与茶水搅拌在一起。搅拌时，要注意先用中指将炒面向碗底轻捣，以免将茶水溢出碗外；然后轻轻转动着手中的碗，并用手指紧贴碗边将炒面压入茶水中；待炒面、茶水和酥油拌匀，能用手捏成团，就可以进食了。食时用手不断在碗里搅捏，揉成团，用手往嘴里送。藏族群众吃饭一般不用筷子、勺子，只用手抓。

另一种吃法是烧成糊状，里面放些肉、野菜之类，叫“糌土”。糌粑有青稞糌粑、豌豆糌粑和青稞与豌豆混合糌粑等。青稞的制作分为特细、中细和粗糙等类别。糌粑比冬小麦营养丰富，携带方便，出门只要怀揣木碗和“唐古”（揉糌粑的小幅獐子或羊皮囊），吃时再加适量的茶水就行，无需生火做饭。

2. 酥油茶

在西藏，家家都离不开酥油茶。酥油茶是每个藏族人每日不可缺少的食品。牛、羊是西藏人生活中不可缺少的一部分，而制作酥油茶的酥油就是从牛、羊奶中提炼出来的。

牧民们传统的提炼酥油方法是先将从牛、羊身上挤出来的奶汁加热，倒入特制的大木桶中（这种桶当地叫“雪董”，是专用来提炼酥油的，高约4尺（1尺≈0.33米）、直径在1尺左右），然后用专用的酥油工具用力上下抽打奶汁，来回数百次，搅得奶汁油水分离，上面浮起一层湖黄色的脂肪质。这时就可以将这层脂肪质舀起来，灌进皮口袋中，冷却了便成酥油。现在，许多地方逐渐使用奶油分离机来取代人工提炼酥油。一般来说，每50千克奶可提取2～3千克酥油。

酥油有多种吃法，主要是打酥油茶喝，也可放在糌粑里调和着吃。逢年过节炸果子，也用酥油。藏族群众平日喜欢喝酥油茶。制作酥油茶时，先将茶叶或砖茶用水久熬成浓汁，再把茶水倒入“董莫”（酥油茶桶），再放入酥油和食盐，用力将“甲洛”上下来回抽几十下，搅得油茶交融，然后倒进锅里加热，便成了喷香可口的酥油茶了。

3．青稞酒

青稞酒是用青稞酿成的度数很低的酒，藏族群众男女老少都喜欢喝，是喜庆过节必备饮料。青稞酒的制作工艺很独特，先将青稞洗净煮熟，待温度稍降，便加上酒曲，用陶罐或木桶装好封闭，让其发酵，两三天之后，加入清水盖上盖子，隔一两天后便成青稞酒了。青稞酒色泽橙黄，味道酸甜，酒精成分很低，类似啤酒。喝青稞酒讲究“三口一杯”，即先喝一口，倒满，再喝一口，再斟满，喝上第三口，斟满干一杯。一般酒宴上，男女主人都会唱着酒歌敬酒。盛大宴会上，有专门的敬酒女郎，她们穿着最华丽的服饰，唱着最迷人的酒歌，轮番劝饮，直到客人醉倒为止。

思考与练习

1．青藏高原的主要气候特征是什么？

2．试述本旅游区的自然地理环境和人文地理环境。

案例探究

藏传佛教对藏族文化的影响

藏族文化是世界文化宝库中一颗璀璨的明珠，其悠久的历史、丰富的内容和独特的表现形式越来越受到世人的瞩目。世代生活在高海拔地区的藏族人民，面对恶劣的生存环境和相对匮乏的自然资源，表现出了顽强的生命力和对真、善、美的不懈追求。因而，注重不断地自我完善和追寻生命的真谛便成为藏族文化显著的特点。精神文化是藏族文化最重要的组成部分，也是藏族文化真正的价值所在。佛教自7世纪传入藏地以来，藏传佛教的哲学思想和价值体系作为藏族精神文化的主体和核心，引导、影响着藏族文化的方方面面。“戒律存则佛法存，戒律灭则佛法终”，藏传佛教戒律既是藏传佛教发展的制度保证，也是藏传佛教思想的具体体现，故而在庞大的藏文化体系中占有举足轻重的地位，具有特殊的作用和意义，其影响广泛而深刻。

对文化知识的影响：因为藏王松赞干布信仰佛教才会和文成公主、尼泊尔尺尊公主联姻，这两位公主都为西藏做出了贡献，文成公主为西藏地区带来了作物种子，使西藏一个游牧民族变成了一个半游牧半农牧的民族，同时教会藏民纺织等技术，对藏族文化有着深远影响。

对风俗习惯的影响：以前藏民主要以肉食为主，几乎不吃菜。藏民爱吃青稞，吃牦牛肉，不吃鱼，因为西藏有一种葬法，叫水葬，这也与佛教有联系。在人死后会由专业人士解剖后喂食给鱼吃，所以西藏人民不吃鱼。

高原的人文环境塑造了藏传佛教，藏传佛教也融进西藏社会的方方面面。节庆农耕，衣食住行，婚丧嫁娶无一不透着那特有的信仰气息。不管是社会生活，还是神话传说，都因此更加动人。

合作探究：举例说明藏传佛教对本旅游区的影响还表现在哪些方面？

9.2 主要旅游景观和风景名胜地

本旅游区自然风光雄奇壮美，既有独特的高原雪域风光，又有妩媚的南国风采。而这种与大自然相融合的人文景观，也使本区在旅行者眼中具有了真正独特的魅力。至今，本区居民的民族风情和生活习俗也与高原之外的现代人有着很大的距离，也正是由于距离的产生，才使这里的一切具有了观赏价值。

9.2.1 西藏自治区

西藏自治区（以下简称西藏）简称藏，首府是拉萨，人口 300 多万，面积 120 多万平方千米；位于中国的西南边陲，青藏高原的西南部。西藏历史悠久，长期政教合一的藏传佛教文化为后人留下了众多的名胜和古迹。

1．布达拉宫

布达拉宫（见图 9.1）位于拉萨市市中心，是这座雪域之都乃至整个青藏高原的象征。这座世界上海拔最高、最雄伟的宫殿是藏文化最灿烂的象征。

图 9.1　布达拉宫

这座拔地参天的宫殿始建于公元 7 世纪松赞干布时期，坐落在市中心玛布日山（红山）上，占地 410 平方千米，最初是松赞干布为迎娶文成公主而兴建的。17 世纪重建后，布达拉宫成为历代达赖喇嘛的冬宫居所，也是西藏政教合一的统治中心。主体建筑分为红宫和白宫，红宫居中，白宫横贯两翼。红宫有历代达赖喇嘛的灵塔和各类佛堂及经堂；白宫部分是达赖喇嘛处理政务和生活居住的地方。主楼高 117 米，13 层，东西长 360 米，南北宽 270 米，建筑面积约 12 万平方米，由寝宫、佛殿、灵塔殿、僧舍等 1000 间房屋组成。宫内珍藏大量佛像、壁画等文物，是藏族文化艺术的瑰宝。

“布达拉”，是梵语音译，又译作“普陀罗”或“普陀”，原指观世音菩萨所居之岛，所以布达拉宫又被称为第二普陀山。从松赞干布到十四世达赖的 1300 多年间，先后有 9 位藏王和 10 位达赖喇嘛在这里施政布教。

2．大昭寺

大昭寺（见图 9.2）又名“祖拉康”、“觉康”（藏语意为佛殿），始建于唐贞观二十一年（公元 647 年），是藏王松赞干布为纪念尺尊公主入藏而建，后经历代修缮增建，形成庞大的建筑群。大昭寺是西藏第一座寺庙，建成时只用来供奉佛像、藏经，当时西藏还没有人出家为僧。后来，经历代拆建，四周增设回廊、院落，建筑面积达 25000 多平方米。作为藏传佛教最神圣的寺庙，大昭寺并不从属于哪个教派。佛教盛行后，每年便在这里举行传召法会，历代的达赖或班禅的受戒仪式就在这里举行。

图 9.2　大昭寺

1）唐蕃会盟碑。站在大昭寺前面的小广场，可以看到大昭寺的全貌。首先映入眼帘的是被围墙围起的两块石碑。南边一块便是著名的唐蕃会盟碑，高 3.42 米，宽 0.28 米，厚 0.35 米，唐长庆三年（公元 823 年）用藏汉两种文字刻写。

2）种痘碑。种痘碑是清朝乾隆五十九年（公元 1794 年）驻藏大臣和琳所立。历史上西藏科技水平要比内地落后一些，直到 18 世纪末期还不知道运用种痘来防止天花病的发生，所以把出痘看成不治之症。当时的中央政府了解到这种情况后就让钦命总理西藏事务大臣和琳出面，在藏北浪荡沟地方，投资修建房屋，让出痘的民众去那里居住调养，由中央政府发给口粮，并传授了接种牛痘的方法，使 90% 以上的患者都活了下来。天花这一藏区的绝症得到了治疗和预防，人们便在大昭寺前树立了这块种痘碑。

3．珠穆朗玛峰

珠穆朗玛峰（见图 9.3）是喜马拉雅山脉的主峰，位于东经 86.9 度，北纬 27.9 度，地处中尼边界的东段，北坡在中国西藏定日县境内，南坡在尼泊尔王国境内。“珠穆朗玛”，藏语意为“神女第三”。早在 1721 年，我国清政府编绘的《皇舆全览图》就精确地标出了珠穆朗玛峰的地理位置，并根据藏语名之为“朱姆朗马阿林”（阿林系满语，意为“山峰”）。到了 1771 年，《乾隆内府舆图》以“珠穆朗玛”一名替代了“朱姆朗马”，遂沿袭至今。

图 9.3　珠穆朗玛峰

珠穆朗玛峰地区拥有 4 座海拔 8000 米以上、38 座海拔 7000 米以上的山峰，故亦誉称地球第三极。珠穆朗玛峰终年积雪，高度 8844.43 米，为世界第一高峰，是中国最美、最令人震撼的十大名山之一。珠峰脚下孕育了许多规模巨大的现代冰川，刀脊、角峰、冰斗等冰川地貌分布广泛 。

4．林芝

位于西藏东部的林芝（见图 9.4），海拔只有 2900 米。林芝是莽莽林海、花之海洋，从高寒地带生长的雪莲花，到亚热带盛产的香蕉、棕榈，物产资源丰富，自然风貌保存完好。此处景色与西藏其他地区迥然不同，一派森林云海风光。离林芝不远的巴松措湖，有西藏九寨沟之美誉，是藏族同胞心中的神湖。湖的形状如镶嵌在高山峡谷中的一轮新月，湖水清澈见底，四周雪山倒映其中，沙鸥、白鹤浮游湖面，湖水透明可见游鱼如织，情趣盎然。每到春季，湖四周群花烂漫，雪峰阵列并倒影湖中，景色宜人。秋季万山红遍，层林尽染，天空碧蓝如洗，火红的枫叶折射灿烂的阳光，倒影在碧蓝的湖面，景色美不胜收。湖心有一小岛，小岛上有唐代的建筑措宗贡巴寺，是西藏有名的红教宁玛派寺庙，每年来此处朝圣的信徒络绎不绝。林芝属藏东南河谷地带，冬季平均温度在 0℃以上，夏季平均温度为 20℃，冬暖夏凉，气候宜人。去林芝，于山寨竹屋栖身、于白云山际放歌、于温泉花海沐浴，是融入自然、荡涤尘垢的梦幻旅途，亦是摄影、科考、探险的绝佳去处。

图 9.4　林芝景观

5．雅鲁藏布江大峡谷

雅鲁藏布江大峡谷（见图 9.5）位于“世界屋脊”青藏高原之上，平均海拔 3000 米以上，险峻幽深，侵蚀下切达 5382 米，具有从高山冰雪带到低河谷热带雨林等九个垂直自然带，是世界山地垂直自然带最齐全、最完整的地方。这里汇集了许多生物资源，包括青藏高原已知高等植物种类的三分之二，已知哺乳动物种类的二分之一，已知昆虫种类的五分之四，以及中国已知大型真菌种类的五分之三，堪称世界之最。

图 9.5　雅鲁藏布江大峡谷

被称为人类最后一处秘境的雅鲁藏布江大峡谷，生活着珞巴、门巴、僜人等少数民族，他们以狩猎为生，豪爽好客，民俗奇异，原始淳朴，至今仍然保留着刀耕火种的原始生活方式。雅鲁藏布江大峡谷的基本特点可以用 10 个字来概括：雄、壮、深、润、幽、长、险、低、奇、秀。

阅读之窗

穿越雅鲁藏布江大峡谷

中国科学探险考察队 2006 年 10 月底至 12 月初，经过前后 36 天的艰辛跋涉，实现了人类首次徒步穿越西藏东南全长约 496 千米的雅鲁藏布江大峡谷。大峡谷上游一个叫派乡的地方是入口处，从这里，雅鲁藏布江像条巨龙，在交错重叠的喜马拉雅山脉间往北飞串，到了北端扎曲，又拐了一个马蹄形的大弯，急转而下，往南奔流到墨脱县再出境，是地球上峡谷河流发育史上极为罕见的地理奇观。

大峡谷平均深度超过5000米，从最高峰顶到谷底最深处的记录是5383米。不论长度和深度，它都远远超过美国科罗拉多大峡谷（长440千米）和秘鲁的科尔卡大峡谷（深3200米）。而且，它的最窄处仅有35米左右，其“蜂腰”也傲视群峡。

大峡谷从地图上看是个大马蹄形。深入里面，则是回肠曲折，一座山叠一座山，一个小“马蹄”扣一个小“马蹄”。那里树茂草丰，有“西藏的江南”美誉。虽然已经超过北回归线6度，但山谷仍是热带雨林，芭蕉藤蔓；到了4000米山腰，森林消失；直入云霄山峰则是永久的冰雪带。世人熟悉的“香格里拉”，藏语意思是“世外桃源”，显然就在喜马拉雅山东南端的雅鲁藏布大峡谷。那里的确是名副其实的世外桃源，因为雪山下桃花遍地开。

从喜马拉雅山南面往上看峡谷，在仅仅几十千米的范围内，依序是雨林、常绿阔叶林、铁杉林；向北则会看到栎林；而在数千米高的峰顶，则是白雪皑皑。走一天，就能看到春、夏、秋、冬四季景色。有人形容，这里是“一山有四季，十里不同天”。蓝天、雪峰、绿林、怒涛，构成一幅雄奇的图画。这里孕育着数以千种计的动植物，有奇花异草、珍禽稀兽。

大峡谷中有高等植物3700种，昆虫也多达2000多种，都占整个西藏的80%。对研究生物的考察队员来说，那即使不是人类的香格里拉，也至少是植物和动物的天堂。雅鲁藏布大峡谷科学探险考察队发现，大峡谷的核心区不仅瀑布成群，而且彩虹往往伴着瀑布，美得令人着迷。原来，雅鲁藏布江在大峡谷里落差2700多米，江水就像狂龙怒窜，在峡谷间一路往下落，形成许多瀑布。浪花四溅，涛声震耳，扬起的细密水气，在阳光照射下，就挂起一道道的彩虹。“彩虹瀑布”正是探险考察队要寻觅的。英国探险家沃德曾在20世纪20年代出了一本书，介绍他所发现的一个彩虹瀑布。可是，几十年来，依然没有人能亲自确认彩虹瀑布的存在。此次探险考察队深入秘境，一连确认和发现四个大瀑布群，并且找到了当年的“彩虹瀑布”。

6．雅砻河

雅砻河风景名胜区位于西藏山南地区南部，面积920万平方米，国家级重点风景名胜区，是西藏古代文明的摇篮，藏族的发祥地。雅砻河藏语意为“从上游下来的大河”，发源于雅拉香山，山上终年冰雪覆顶，云雾缭绕。

雅砻河逶迤北行80千米，在泽当镇西边注入雅鲁藏布江，全长仅68千米，但是在藏族历史上极为有名，这里有雪山冰川、田园牧场、河滩谷地、高山植被，也有神山圣湖、历史古迹和古朴的民风民俗。著名的人文古迹有位于乃东县东南雅砻河东岸的山顶上的雍布拉康（藏语意为母子宫），相传建于公元前1世纪涅赤赞普时代，是西藏第一座宫殿建筑；有坐落在扎囊县境内雅鲁藏布江北岸的西藏第一座寺庙桑鸢寺；有坐落在琼结县城对面的木惹山上的吐蕃历代赞普墓——藏王墓等。雅砻河以其得天独厚的自然条件和丰厚的历史文化积淀，成为藏民族历史文化宝库中一颗璀璨夺目的明珠。

9.2.2 青海省

青海省简称青，省会西宁市，面积72.12万平方千米。青海省具有悠久的历史，因其境内有青海湖而得名。青海自然风光雄奇壮美，具有青藏高原特色，是旅游观光的胜地。

1．青海湖

图 9.6　青海湖鸟岛

青海湖古代称为“西海”，又称“鲜水”或“鲜海”，藏语叫做“错温波”，意思是“青色的湖”，蒙古语称它为“库库诺尔”，即“蓝色的海洋”。

青海湖面积达 4456 平方千米，环湖周长 360 多千米，比著名的太湖大一倍还要多，是我国第一大咸水湖和最大的内陆湖。湖面东西长，南北窄，略呈椭圆形。青海湖水平均深约 19 米多，最大水深为 28 米，湖面海拔为 3260 米，由于这里地势高，气候十分凉爽，即使是烈日炎炎的盛夏，这里的日平均气温也只有 15℃左右，是理想的避暑消夏胜地。

著名的鸟岛（见图 9.6）位于青海湖西部，它的面积只有 0.5 平方千米，春夏季节却栖息着 10 万多只候鸟。为了保护岛上的鸟类资源，这里还设有专门机构负责鸟类研究和保护工作。

2．塔尔寺

图 9.7　塔尔寺

塔尔寺（见图 9.7）位于青海省湟中县鲁沙尔镇西南隅，得名于大金瓦寺内纪念喇嘛教格鲁派（黄教）创始人宗喀巴的大银塔，始建于明嘉靖三十九年（公元 1560 年），是我国喇嘛教格鲁派六大寺之一（另外五寺为西藏的色拉寺、哲蚌寺、扎什伦布寺、甘丹寺和甘肃的拉卜楞寺）。整个寺院依山势起伏，由大金瓦寺、小金瓦寺、小花寺、大经堂、大厨房、九间殿、大拉浪、如意宝塔、太平塔、菩提塔、过门塔等大小建筑组成完整的藏汉结合建筑群。每年农历正月、四月、六月、九月举行四大法会，十月、二月举行两小法会，尤其是正月十五举行的大法会，以许多美妙的宗教传说、神话故事和艺术水平很高的“三绝”（指酥油花、壁画、堆绣），吸引了数以万计的藏、蒙、土、汉等各族群众来寺瞻仰朝拜，从而使全寺成为西北地区佛教活动的中心，并在全国和东南亚一带享有盛名。

3．三江源

图 9.8　三江源自然保护区

“三江源”是指长江、黄河、澜沧江的发源地，素有“中华水塔”之称，对我国的生态状况及国民经济发展起着重要作用。在这里，建立了三江源自然保护区（见图 9.8），对保护好分布在三江源地区的生态系统、生物物种及其遗传多样性具有十分重要的意义。

长江、黄河、澜沧江均发源于青藏高原。长江源头景色秀丽，几十米高的冰塔林耸入晴空，绵亘数十里，宛如座座水晶峰峦，千姿百态。黄河源头风光宜人，水草丰美，湖泊、小溪星罗棋布，甚为壮观。黄河上游落差大、水流急，适于探险性漂流。江河源头是探险、考察胜地，在这里会领略到那袒露无遗而又神秘莫测的大自然之美。

知识链接

自然保护区

青藏高原的自然保护区，为在青藏高原独特多样的生态环境中生存的野生动植物提供了较为安全的繁衍场所。在青藏高原上，生活着大约210种野生哺乳动物，占全国总种数的50%左右。在这些野生动物中，国家一、二级保护种占有很大比例，如大熊猫、金丝猴、藏羚、野牦牛、藏野驴、盘羊、雪豹、羚牛、白唇鹿、梅花鹿等著名动物都在其中。青藏高原地区有维管植物12 000种以上，占全国总种数的40%左右，桫椤、巨柏、喜马拉雅长叶松、喜马拉雅红豆杉、长叶云杉、千果榄仁等珍稀濒危植物都在这一地区有分布或特产于此。尤其值得一提的是，青藏高原是世界上杜鹃花种类最为丰富的地区，有“杜鹃花王国”之誉。而这些珍稀动植物均是青藏高原自然保护区的主要保护对象。

阅读之窗

藏族礼仪

藏族的礼仪是多种多样的，礼俗与佛教也有密切联系，主要有以下几种礼仪。

1．献哈达

献哈达是藏族最普遍的一种礼节。婚丧节庆、拜会尊长、觐见佛像、音信往来、送别远行等都有献哈达的习惯。哈达是一种生丝织品，纺得稀松如网；也有优良的、用丝绸做料的哈达。哈达长短不一，长者一二丈，短者三五尺。

献哈达是对人表示纯洁、诚心、忠诚的意思。自古以来，藏族人民认为白色象征纯洁、吉利，所以哈达一般是白色的。也有五彩哈达，颜色为蓝、白、黄、绿、红。蓝色表示蓝天，白色象征白云，绿色象征江河水，红色象征空间护法神，黄色象征大地。五彩哈达是献给菩萨和近亲时做彩箭用的，是最隆重的礼物。佛教教义解释五彩哈达是菩萨的服装，所以五彩哈达只在特定的时候用。

哈达是在元朝时传入西藏的，萨迦法王八思巴会见元世祖忽必烈回西藏时，带了第一条哈达回来。当时的哈达，两边是万里长城的图案，上面还有“吉祥如意”字样，故可以说哈达是从内地传入西藏的。后来，人们对哈达又附会上宗教解释，说它是仙女的飘带。

2．磕头

磕头也是西藏常见的礼节，一般是朝觐佛像、佛塔和活佛时磕头，也有对长者磕头的。磕头可分磕长头、磕短头和磕响头三种。

在大昭寺、布达拉宫及其他有宗教活动的寺庙中，常常可以见到磕长头的人群。磕时两手合掌高举过头，自顶、到额、至胸，拱揖三次，再匍匐在地，双手直伸，平放在地上，划地为号，然后，再起立如前所做。过去，有些虔诚的佛教徒，从四川、青海各地磕长头到拉萨朝佛，行程数千里，三步一拜，一磕几年，有许多人死在路途之中也觉得尽诚尽意、毫无怨言。大昭寺前的粗石板，也被磕长头的人磨光了。

在寺庙里，也有一种磕响头的磕头方法。不论男女老少，先合掌连拱三揖，然后拱腰到佛像脚下，用头轻轻一顶，表示诚心忏悔之意。

3．鞠躬

过去遇见长官、头人和受尊敬的人，要脱帽、弯腰45度，帽子拿在手上低放近地。对于一般人或平辈，鞠躬只表示礼貌，帽子放在胸前，头略低。也有合掌与鞠躬并用的，对尊敬者合掌得过头，弯腰点头；回礼动作也相同。

4．敬酒茶

逢年过节，到藏族家里做客，主人便应敬酒。请喝青稞酒是农区的一项习俗。青稞酒是不经蒸馏、近似黄酒的水酒，度数为15～20度，西藏几乎男女老少都能喝青稞酒。

敬献客人时，客人必先喝三口再一满杯喝干，这是约定俗成的规矩，不然主人就会不高兴，认为客人不懂礼貌或客人瞧不起自己。喝茶则是日常的礼节，客人进屋坐定，主女或子女必来倒酥油茶，但客人不必自行端喝，得等主人捧到客人面前才接过去喝，这样才算是懂得礼遇。

思考与练习

1．青藏旅游区有哪些主要的佛教寺院？各有什么特色？

2．选取本旅游区的四个风景名胜地进行具体介绍。

案例探究

藏族服饰

藏族历史悠久，文化灿烂。服饰基本结构为肥腰、长袖、大襟长袍。穿用这种结构肥大的服装夜间和衣而眠可以当被。袍袖宽敞，臂膀伸缩自如，既防寒保暖又便于起居、旅行，白天气温上升更可脱出一个臂膀，方便散热，调节体温。久而久之，脱一袖的装束便形成了藏族服装特有的风格。据史料记载和考古发现，藏族服饰的这种基本特征大约远在战国以前就已形成了，至今仍保留了浓厚的高原民族特点。

1．男女皆爱饰物

各地藏族男女特别讲究饰物，饰品的质地较多，有银、金、珍珠、玛瑙、玉、松石、丝、翡翠、珊瑚、琥珀等。运用广泛，有头饰、发饰、鬓饰、耳环、项链、胸饰、腰饰、戒指等。造型美观，多为自然形状。妇女都喜欢戴珊瑚、玛瑙、项链和银质佛盒；男子普遍佩戴各种腰刀、火镰等饰物、也有戴耳环、戒指和手镯的。

2．配色大胆精巧

藏族服饰的另一特点还突出地表现在色彩的依次递增和构图上。牧区皮袍的花边，常用蓝、绿、紫、青、黄、米等竖立色块，依次组成五彩色带。女皮袍的肩部、下摆和袖口，常用近10厘米宽的黑、红、绿、紫色条纹依次排列。她们常用十字纹样的花领袍和靴上作装饰，给人以“慈善”、“爱抚”、“与人为善”的联想。她们大胆地运用红与绿、白与黑、赤与蓝、黄与紫等对比色，并且巧妙运用复色、金银线取得明快又和谐的艺术效果，配色十分大胆、精巧。

请结合当地的气候特征探究藏族服饰的优缺点。

9.3 旅游线路设计

随着生活水平的提高，旅游已经成为人们一种普遍的休闲活动。以前去西藏，比登天还难，要么坐汽车，得坐一个星期；要么坐飞机，有时候等飞机也要等好久。现在有了青藏铁路很方便，从北京到西藏坐火车才48个小时。2010年西藏观光旅游人数达到251万，增长39.5%。提供以下几条线路，以供参考、修订、完善。

9.3.1 黄河源头、草原风光游

1．行程

西宁、湟中、塔尔寺—日月山、倒淌河、青海湖—玛多（扎陵湖）—麻多黄河源头、曲麻莱—玉树（文成公主庙）—玛多、西宁。

2．特点

黄河源头、草原风光游是一条由青海进入西藏的传统路线，也就是历史上的“唐蕃古道”。1300多年前，文成公主进藏和亲，走的就是这条线路。沿线虽然多是荒漠、草原与山峦，却是极具魅力的一条旅游线路。它既可以作为一条综合性的长线游，也可以分别成为三个特色鲜明的专题游览线路：青海湖鸟岛世界考察观光游、唐蕃古道历史考察游、江河源头风光考察观光游。

选好旅游季节，沿线年平均温度在−5℃左右，一年有半年封冻时期。虽然如今有汽车作为交通工具完成旅游，不像历史上文成公主靠畜力那么艰难。但高海拔缺氧、高寒地冻，依然是对旅游者的挑战。

重点在江河源头，对于初次踏上这条线路的游人来说，沿途都有惊异不已的风光，如渺无人迹的荒漠、茫茫的草原、与天相接的山峰、夏日里的冰雪世界等，但“无限风光”毕竟在源头。长江、黄河、澜沧江的源头都在青藏高原。这里有无数的湖沼、有涓涓细流、有丰富的植被、有原始的自然生态环境，是一个充满生机的世界。

9.3.2 藏北草原、地热、纳木错、日喀则游

1．行程

拉萨布达拉宫、大昭寺—当雄、纳木错—藏北草原、羊八井地热—羊卓雍错圣湖、日喀则、拉萨。

2．特点

这是一条奇丽、险峻，极具诱惑力的特色旅游路线。沿线既包含了西藏的地热奇观、高原湖

泊景观，又有藏北大草原上的羌塘无人区。正是这“无人区”里许多“独一无二、奇丽难解”的自然景观，令游人着迷，不惜冒着危险深入大草原进行探险之旅。

庄严神圣：拉萨布达拉宫海拔 3700 多米，依红山而建。“布达拉”是普陀罗的译音，即菩萨住宫殿。布达拉宫是集宫殿、寺院和灵塔殿三位一体的建筑。大昭寺，距今已有 1350 年的历史，是拉萨最古老的寺庙，至今仍然是整个藏区地位崇高的中心寺。寺内供奉有释迦牟尼 12 岁时的等身镀金像，及松赞干布和文成公主、赤尊公主的塑像。八角街是拉萨乃至整个藏区人文景观的缩影，汇聚着来自各地的朝拜者，还有那些令人眼晕的摊点，围绕在四周的众多建筑，也暗藏着众多古迹，它们述说着拉萨的历史。八角街不仅是一条转经道，同时它也是拉萨最大的商业街。

险峻奇丽：游览西藏圣湖——纳木错，沿途观赏拉萨河、藏北大草原、青藏公路，参观圣火采集点，翻越那根拉山，远观“光明之神”念青唐古拉山。游羊八井地热景区，领略藏北草原迷人风光，观看世界罕见的爆炸泉、间歇泉，在五彩经幡飘荡之地，遥望念青唐古拉山雪峰，并可沐浴温泉，游人可在温泉中洗尘除病。地热水温保持在 47℃左右，含丰富的矿物质，对于各种皮肤疾病有绝佳疗效；途观中国最大的地热发电站——羊八井地热发电站。

雪域胜景：游羊卓雍错圣湖，从拉萨翻越海拔 4900 米的冈巴拉雪山。在雪山之巅可以远眺冈巴拉雷达站，翻越冈巴拉雪山后就可以前往西藏第三大圣湖之一（与藏北的纳木错、阿里的玛旁雍措齐名，并称为西藏的三大圣湖），世界上最高的淡水湖、有天上圣湖之美誉的羊卓雍错圣湖，在羊卓雍圣湖边的蓝天雪山下学跳锅庄舞、观赏世纪冰川。游后藏重镇——日喀则的路上，沿途可欣赏高原雪域风光。日喀则是目前西藏的第二大城市，是当年后藏的政教中心，因美丽旖旎的自然风光和独具特色的后藏生活被誉为“最如意美好的庄园”。

游览扎什伦布寺。整个寺院依山而建，殿宇毗连、群楼叠叠，金顶红墙的主建筑群雄伟、浑厚、壮观、金碧辉煌。寺内供奉有高 26 米、世界上最大的室内铜像——强巴佛。瞻仰十世班禅喇嘛的灵塔，游览日喀则自由市场，后经中线返回拉萨。

游览的过程中要尊重、了解民族习俗，藏族同胞有不少传统的习俗，如天葬、洞葬、岩葬等。这些殡葬习俗与内地的火葬、土葬有较大的不同。游人如同意观看天葬仪式，既不要感到恐惧，也不要大发议论，要从历史的、民族的角度去看待它存在的合理性。入乡随俗，游人在进入藏区时，要从导游处多了解些藏民的习俗，尽快地适应环境。

知识链接

西藏旅游温馨提示

游客到西藏旅游需带物品如下：①御寒衣物。高原气候早晚温差比较大，藏北、阿里终年穿棉袄，在七八月也下雪，因此要带羽绒服（连帽子）、羊毛衣、毛裤、手套、保暖鞋（勿穿皮鞋、高跟鞋）、雨衣等，自备干粮、口罩。②防晒护肤品。因日照强烈及气候干燥，请带太阳帽、太阳镜、防晒油、润唇膏、护肤品等。

另外，拉萨市海拔 3650 米，含氧量只有内地的 65%，多数游客会出现不同程度的高原反应。除了保持平常心态以外，多饮水、多吃水果、充分休息是预防高原反应的最佳办法。还要做到不饮酒、少抽烟，当晚不要洗澡。对于初次进藏的游客来说，这些都非常关键。

9.3.3 拉萨、林芝游

1．行程

拉萨布达拉宫—大昭寺、八角街—林芝—巴松措—尼洋河观光带—比日神山。

2．特点

这条线路是一条中长线游，旅途中既能感受到西藏的神圣，又能体验到“西藏江南”（林芝）风光，感受“西藏江南”山清水秀带来的心旷神怡。

神圣。首先参观世界上海拔最高的古代宫堡式建筑——有“高原明珠”之称的布达拉宫，它始建于公元7世纪，自五世达赖喇嘛以来一直是西藏的政治和宗教中心，珍藏有存放历代达赖喇嘛真身的金质灵塔和大量珍贵的壁画、唐卡、佛像，是藏民族文化的集中体现。其次，参观建于吐蕃王朝时期的最早的佛堂——大昭寺，它供奉有文成公主所带的佛祖释迦牟尼12岁的等身像，是藏族老百姓心中最为神圣灵验的一尊佛像。在这里游客不仅能够看到老百姓朝拜的虔诚，还可随老百姓一起围绕寺院转经为众生祈祷。随后可在充满了浓郁藏族特色的工艺品一条街——八角街上自由购物。

秀明。参观林芝，翻越海拔5230米的米拉山，沿途欣赏尼洋河河谷风光。传说中尼洋河是女神的眼泪汇聚而成，绿波见底，水色格外清幽明澈。河畔星星点点的各色水鸟，还有层层梯田和风格独特的藏式村寨，使游客有走进桃源深处之感。这是林芝地区融人文与自然于一体的生态大型景区，游客可下车拍照，感受西藏江南山青水秀带来的心旷神怡。游客还可参观红教圣湖——巴松措。雪峰、冰川、原始森林，各种古迹将巴松措紧紧环绕。每逢春季，湖四周群花烂漫，雪峰倒映湖中，景色更是令人沉醉，客人在这里可乘豪华游艇，游览湖光山色。

神山魅力。比日神山，是西藏四大神山之一，“比日”意为“猴子山”。这是一座西藏原始苯教推崇的神山，据传当年佛苯相争时最先出来反对佛教的苯教徒阿穷杰博曾与莲花生大师比试法力。从半山腰俯视，可尽观全景，山上有中国第二大自然博物馆，收藏了大量的如藏羚羊、孟加拉虎、小熊猫等动植物标本。山顶上经幡云动，这些经幡都是藏民们挂上去的，一片片经幡就是他们的祈求、祝福，代表着他们对神山的敬仰。藏民有转山转水转湖的习俗。藏历十五是最大的节日，每月的十五藏民们就会到这里来转山，手里拿着转经筒，围着山转圈，以示他们对神山的虔诚。

知识链接

青藏铁路

青藏铁路（见图9.9），是实施西部大开发战略的标志性工程，是中国新世纪四大工程之一。该路东起青海西宁，西至拉萨，全长1956千米。其中，西宁至格尔木段814千米已于1979年铺通，1984年投入运营。青藏铁路格尔木至拉萨段，北起青海省格尔木市，经纳赤台、五道梁、沱沱河、雁石坪，翻越唐古拉山，再经西藏自治区安多、那曲、当雄、羊八井，至拉萨，全长1142千米。其中新建线路1110

千米，于2001年6月29日正式开工。青藏铁路是世界海拔最高、线路最长的高原铁路。建设青藏铁路是党中央、国务院在新世纪之初做出的战略决策，对加快青藏两省区的经济、社会发展，增进民族团结，造福各族人民，具有重要意义。

2006年7月1日，对世界上很多人来说，也许是一个平常的日子，但对西藏、对中国，却是一个令人难忘的日子，是一个具有划时代意义的日子。因为，在这一天，火车开进了西藏，结束了西藏没有火车的历史。

图9.9　青藏铁路

建设的青藏铁路，技术人员克服了铁路建设的三大障碍：多年冻土、高寒缺氧、生态脆弱；24000名筑路工人在这里洒下了辛勤的汗水。因为他们的艰辛付出，艰苦奋战，这条世界海拔最高、最长的铁路才屹立在世人面前。

青藏铁路是一条天路、神路，也是一条心路、出路，它创造了九个“世界之最”：

1）世界海拔最高的高原铁路：铁路穿越海拔4000米以上的地段达960千米，最高点海拔5072米。

2）世界最长的高原铁路：格拉段全长1142千米，穿越戈壁荒漠、沼泽湿地和雪山草原等三个独特的地质带。

3）世界穿越冻土里程最长的高原铁路：穿越多年连续冻土里程达550千米。

4）世界海拔最高的火车站：唐古拉山车站海拔5068米。

5）世界海拔最高的冻土隧道：风火山隧道全长1338米，海拔4905米。

6）世界最长的高原冻土隧道：昆仑山隧道全长1686米。

7）世界最长的高原冻土铁路桥：身兼冻土铁路桥与野生动物通道两种功能的清水河大桥，全长11.7千米。

8）世界高原冻土铁路最高时速：冻土时速达100千米，非冻土时速达120千米。

9）世界海拔最高的铺架基地：安多铺架基地海拔4704米。

阅读之窗

高原奇观——羊八井

在青藏铁路沿线无数高原美景中，西藏自治区当雄县境内海拔4300米的羊八井，堪称奇观，人们很难想像在雪域高原还有如此规模的高原温泉（见图9.10）。

羊八井，距拉萨市区90多千米，位于拉萨西北方、念青唐古拉山下的盆地内。羊八井两侧是高耸入云的皑皑雪山、冰川、原始森林，中间盆地则为碧绿如茵的草甸，这里山清水秀，风景迷人，而从地下汩汩冒出的热水奔流不息、热气日夜蒸腾。

图9.10　羊八井温泉

乘坐火车一路经过风雪迷漫的唐古拉山，看过美丽的藏北草原，来到羊八井，透过车窗，便可以看到一股股热气从距青藏铁路线不远的地热电厂蒸腾而上，顿感温暖如春。

羊八井拥有丰富的地热资源。从20世纪70年代开始，国家把羊八井开发作为重点科技攻关项目，经过藏汉工程技术人员的艰苦创业，丰富的地热资源开始被开发利用。

羊八井地热电厂，是我国目前最大的地热试验基地。电厂旁边的热水湖，湖水碧波荡漾，湖面热气腾腾，似袅袅轻烟，游客置身周围，如身临仙境。隆冬时节气温低于 -20℃时，热水却保持30～40℃，人们可以尽情领略大自然之趣。羊八井还有西藏著名的硫磺矿，硫磺矿一带的岩浆体被认为是羊八井地热田的热源。

羊八井现在已是一座地热城，利用地热及电力资源，这里建成有蔬菜基地以及畜产品、硼砂加工厂等企业。目前，羊八井已开发出地热温泉旅游，温泉不含硫磺，温度较高。来羊八井，许多游客不是为了看风景，而是来体验一下高海拔地区别有风味的温泉浴，洗去旅途的疲劳。

思考与练习 »

试设计一条青藏高原旅游区暑假七日游的旅游线路。

案例探究

坐在进藏的火车上，沿途可看到许多独特的美景：

1）玉珠峰：昆仑山东段最高峰，有名的“昆仑六月雪”。

2）楚玛尔河：位于青海省可可西里无人区南部边缘，每年6～7月雌性藏羚羊集结成群，长途跋涉前往卓乃湖、太阳湖等地产崽，一个月后带小藏羚羊返回原地，必经此地。目前在可可西里大约有5万只藏羚羊。

3）沱沱河：长江源之一，河谷宽阔，闪着银光，白色的羊群、黑色的牦牛，配着湛蓝的天空浮动的流云。

4）唐古拉站：建在海拔5072米的山口上，列车行驶时如履平地，集中了高原草甸、高原草原和冰雪带的垂直生态分布，非常美丽。

5）措那湖：怒江源湖，是藏民心中的“神湖”。

6）那曲站：位于怒江上游，平均海拔4000米以上。

7）当雄：藏语意为“被挑选出来的好地方”，绿草如茵，牛羊成群，有矿产、冬虫夏草、藏红花、贝母、雪莲花、红景天等名贵药材和旅游资源。

8）羊八井站：距拉萨市区90多千米，热气日夜蒸腾，已开发出价廉物美的地热温泉。

试分析探究青藏铁路沿线的这些景观特色，如果你是导游，你该如何向游客介绍？

第10章

旅游资源开发与旅游资源和环境的保护

探　究

你在旅游中看到过哪些不文明现象？遇到过哪些环境问题？

学习目标

1. 掌握旅游资源开发的定义和指导思想。
2. 理解旅游资源评价的内容和开发原则。
3. 理解我国旅游业的主要环境问题及资源和环境保护措施。

圆明园 1

圆明园 2

环境污染 1

环境污染 2

10.1 旅游资源开发

随着经济的发展和人民生活水平的提高，旅游业已成为我国国民经济新的增长点，有些地方甚至将旅游业作为支柱产业。旅游资源是发展旅游业的基础，但并不是所有的旅游资源都具有现实的旅游价值，无论多么优越的旅游资源，如果没有被开发，那么对旅游业的发展都是没有任何价值的，只有经过开发才能决定旅游资源本身的价值。旅游资源开发得好，价值倍增；开发得不好，则会破坏原有的特色，降低旅游资源的经济价值。

旅游资源开发就是要以旅游资源结构为基础，以旅游者行为和旅游市场为导向，通过适当的方式提高和改善旅游资源对游客的吸引力，使得潜在的旅游资源优势转化成为现实的经济优势，并使旅游活动得以实现的技术经济活动。

10.1.1 旅游资源开发的指导思想与意义

旅游资源开发利用是否充分、合理，直接关系到旅游业的发展，甚至关系到整个社会、经济的发展。旅游资源开发的指导思想：坚持科学发展观，规划建设始终坚持严格保护、合理开发、适度超前、因地制宜的原则，以生态经济和旅游经济理论为指导，以旅游市场为依托，以资源为基础，以市场需求为导向，以经济效益为中心；打造旅游接待、创汇基地。

伴随着旅游资源开发，旅游业得到振兴，必然会收到经济和社会两方面效益。旅游开发能促进国家经济、文化、社会教育、生活福利等多方面的发展，具有活跃地区经济和提高地区居民生活质量的意义。因此，旅游资源开发不仅仅是经济开发，同时也是文化开发。

10.1.2 旅游资源评价

旅游资源评价是为开发与规划服务的。旅游资源评价是指对不同地域旅游资源的组合特点及由此而产生的质和量的差异、对旅游吸引力大小进行的科学划分。包括确定一定地域范围内旅游资源的类型特征、空间结构、数量和质量等级、开发潜力和条件。其目的在于确定旅游资源的开发价值和开发顺序，明确建设方向，是旅游资源开发规划的重要内容。旅游资源评价内容按评价客体的不同主要从以下几个方面进行。

1．资源本身的评价

对资源本身的评价主要包括旅游资源的质量特征（如其美感度、奇特度、医疗价值、体育价值等）、丰度和集聚程度、环境容量、开发利用现状和开发潜力分析。

2．开发利用可行性分析

对开发利用可行性的分析包括气候条件对旅游业的影响（表现为旅游旺季和淡季的节律性变

化)，环境质量现状，铁路、公路及航空交通现状及交通建设的难易程度，服务、配套设施建设现状，旅游资源所在的区位距中心城市的距离，地区经济发展水平及对发展旅游业的扶持能力。

3．客源市场分析

对客源市场的分析包括分析旅游资源对各层次游客的吸引力，确定目标市场、潜在市场及市场的地理区域。

4．旅游资源开发效益评价

旅游业是一项综合性产业，旅游资源开发深入到社会的方方面面，为旅游地带来经济效益、社会效益和环境效益。

经济效益包括具有赚取外汇、回笼货币、改善产业结构、增加税收、提供就业机会、平衡地区经济发展水平等功能。不同地区旅游资源等级、经济发展水平与区位优势不同，旅游资源取得的经济效益也不相同。

社会效益是指旅游资源开发对旅游地的价值观、个人行为、家庭关系、生活方式、道德观念、宗教、健康等方面的影响。一方面，旅游活动可以促进民族文化的保护与发展，推动科学技术交流，改善基础设施等；另一方面，旅游的发展也会带来犯罪率升高，物价上涨，传统文化商品化、庸俗化等不良后果。旅游资源开发应充分考虑各种后果，争取获得最佳社会效益。

环境效益是指旅游资源的开发势必会造成一定程度的环境破坏，如水体、空气的污染，动植物群落的破坏，景区城市化等问题。另一方面，由于环境是旅游的基础，是旅游业持续发展的保障，注重环境保护成为旅游资源开发的一项重要内容，通过科学管理、适当控制客流以及一定的资金支持，不仅使自然景观得以延续，同时也使人文景观得到恢复。

旅游资源评价方法分为两类：一是经验分析法。在大量调查、考察的基础上，凭经验进行评价。二是将评价指标数量化，建立量化模型。旅游资源的多样性、复杂性，给定量评价带来许多困难，纯粹的定量评价往往带有机械性，而单纯的定性评价往往包含主观成分，只有将两者有机地结合起来，才能做出科学评价。

10.1.3 旅游资源开发的原则

旅游资源的最大价值在于特色，因此开发利用时要着重挖掘特色，有所创新。要使资源开发成为具有融知识性、历史性、趣味性、参与性和独特性于一体的优质旅游产品，就必须遵循一定的开发原则。根据旅游资源状况，开发利用的基本原则主要有以下几点。

1．突出特色原则

特色是旅游项目的灵魂，是旅游地形成吸引力的关键因素。一个旅游项目或旅游产品能否吸引游客，是否具有旺盛的生命力和吸引力，关键要看是否体现了人无我有的特色和个性。有个性才会有吸引力；反之，如果缺乏特色没有个性，就很难有市场，更不会有竞争力。因此，在旅游资源开发建设中，要力求做到“人无我有，人有我特”；必须做到重振固有特色，发掘潜藏特色，烘托现有特色，创造新奇特色，尽量保持资源的真实性、原始性和独特性。

2．突出主题原则

旅游资源主题代表了一个地区的旅游形象，在资源综合开发的基础上，必须明确并突出主题。在开发建设时，由于受主客观条件的影响和限制，一个地区的旅游资源不可能全面开发。因此，各地应按整体旅游业发展的总体布局和要求，从实际出发，选择知名度高、市场前景好、已具备一定基础条件的旅游资源作为重点，有组织、有计划地进行开发建设。

3．因地制宜原则

由于各旅游资源地存在很大的地域差异，开发旅游资源应在突出特色、突出主题的前提下，尽量发挥当地自然景观的地域优势，突出人文景观的历史地位，结合当地的社会经济能力，因地制宜地开展旅游活动和设施建设。在开发时遵循“点—线—网—面”的开发规律，从点状开始，扩大至面状昌盛。开发建设要与周围环境相协调，相互增辉，开发建设资源的规模、造型、风格、色彩等应与周围环境相协调，能充分利用地形、地貌、气候等因素，做到“景”与“境”互相衬托与交融，这样既突出了主题，又能兼顾与其他资源开发的彼此协调，避免雷同、重复。

4．经济、社会和生态三大效益有机结合原则

旅游业最主要的特点之一是它的经济性。因此旅游资源的开发和旅游地的建设应以经济效益为前提，开发特色突出、交通方便、投资少、见效快的项目。当旅游价值大、吸引力强的旅游资源转化为优质旅游商品时，也就满足了人们不断增长的物质文化需要和旅游需要，使得开发的旅游资源拥有一定数量的游客，实现了经济效益同社会效益相结合。同时，在利用旅游资源时，不仅要看到永续性特点，也要看到不可再生性的一面。因为绝大部分旅游资源是自然界的系列化和人类历史的遗存，一旦破坏，不可能再生，自然会减弱对旅游者的吸引力。由此可见，旅游生态环境是旅游业经济和社会效益的物质基础，讲求生态效益是保证经济、社会效益的重要条件。因此，在保证最佳经济效益的同时，要兼顾社会效益和生态效益，做到三者有机结合，相得益彰。

5．开发利用与加强保护原则

开发资源是为了利用资源，而保护资源也是为了能持续地利用资源，因此，开发与保护二者也是可以做到协调发展的。但当出现片面苛求某一方面的利益时，则会使二者处于对立地位：一是片面追求经济利益，忽视对资源的合理保护，甚至以牺牲资源的环境为代价，过度开发资源换取一时的经济效益；二是脱离旅游事业甚至区域经济发展的需要和条件，片面强调旅游资源的封闭式保护。这两种错误倾向在旅游资源开发与保护中是必须防止的。在资源开发的同时，应加强对旅游资源本体及旅游环境的保护，以利于旅游业的可持续发展。对资源的合理开发是最好的保护，只要正确规划、科学安排，两者就可实现完美的统一。

阅读之窗

旅游资源面临的危机

我国旅游业发展才短短几十年的时间，已出现了故宫、黄山游客严重超量，九寨沟旅游垃圾堆积，厦门黄金海滩沙滩消失，云南、贵州一些少数民族风情旅游区单纯商业化而美丽渐失等一系列问题。海南省是一个以旅游业为经济支柱的旅游大省，其以自然风光和淳朴民风为特色的旅游资源属于易损型资源，而海岛生态和热带雨林生态也是比较脆弱的生态类型。游客的大量涌入，已经给资源和环境带来了很大的压力。景观破坏、环境污染、野生动物的生存繁衍遭受影响、社会风俗习惯被改变、游人感受性体验降低等许多问题，已在海南初露端倪。三亚的“天涯海角”，是海南省的标志性景点，为游人必到之处。近年来客流量猛增，尤其是旅游旺季，游览区人山人海，摩肩接踵，遍地是垃圾，花草被折踩，景区管理无能为力。

旅游环境被严重破坏

1．工业“三废”对旅游环境的严重污染

据有关方面报道，昆明滇池、杭州西湖、无锡太湖、武汉东湖、桂林漓江、长江三峡等旅游区，受到沿海工业废水、废渣的污染，水质逐年下降。有的地区甚至形成了沿江段污染带。例如，四川乐山大佛脚下的岷江、青衣江、大渡河三水汇流处形成了一条长年不消的黑色污染带；江苏苏州著名的寒山寺下有一条黑臭的河流是造纸厂排放液所致，使得文化灿烂、景观奇特的大佛和寺院大煞风景，严重影响了游人观山赏水的心情。大气污染还引来酸雨对风景名胜区文物建筑的危害，峨眉山顶冷杉大片死亡，这些都是工业“三废”对文物古迹造成的腐蚀和灾害。

2．生活污水、垃圾及燃煤污染日益加重

随着旅游业的发展，在旅游区内各大饭店、宾馆林立，由于旅游人数逐年增加，景区内的楼堂馆所及生活设施也随之巨增，随即带来了生活废水、垃圾粪便和燃煤等污染，使旅游区的环境质量下降，观赏价值也随之降低。以湖南张家界国家森林公园为例，它是武陵源风景名胜区的重要组成部分。1982 年建立国家森林公园以来，各种类型的宾馆、饭店、招待所已有 30 多家，生活煤灶 270 多座，每年排烟尘 225 吨，烟尘和二氧化硫超标率分别为 100% 和 46.2%，生活污水年排放约 20.2 万吨，使景区内水体质量逐年下降，景区内每天垃圾总量约 6.5 吨，有的不加处理，有的埋于林内，造成二次污染。上述种种生活污染，影响了游客的欣赏情趣和游览心境。

旅游管理重开发产值，轻环境保护

环境保护与经济增长一直是个两难选择。在开发和发展过程中，以牺牲长期效益为代价来换取短期利益的现象时有发生。社会上存在着这样一种观点，认为旅游是无烟工业，能产生巨大效益，可大力开发。从国内外的经验教训看，过度地开发旅游资源，会对自然环境和人文景观造成破坏。在景区大量兴建配套设施，造成整体环境的损害。在文物景区内的大量建设工程，会改变文物的原有特色，割裂了文物作为历史和现实连接的纽带。一些“老少边穷”贫困地区，有着丰富的旅游资源，但这些地区的人民急于脱贫致富，在资金短缺的情况下，很容易采取粗放、野蛮、掠夺式的开发方式。随着政策逐步放宽和民间资本的逐步壮大，民营资本也开始大量进入旅游业。急功近利、“杀鸡取卵”、破坏资源的现象时有发生，有些景区对专家的忠告置若罔闻。

思考与练习

1．我国旅游资源开发的指导思想与意义是什么？
2．旅游资源的评价主要从哪些方面进行？
3．谈谈你对旅游资源开发原则的理解。

10.2 旅游资源和环境的保护

中国旅游业在改革开放后迅速发展，已经成为世界上旅游发展速度最快的国家之一：旅游人数迅速递增，旅游收入成倍增加，旅游产业化成效显著，旅游配套设施已具相当规模，旅游接待网络和产品体系初步形成。随着旅游业成为我国国民经济新的增长点，许多地区都大力开发旅游资源，积极发展旅游业，掀起了旅游资源开发的热潮。但是在旅游业迅速发展的背后，也存在着许多不容忽视的问题。在旅游开发利用过程中，不少地区存在着急功近利的思想，对旅游资源重开发、轻保护，甚至只顾开发、不管保护，使生态环境和文化遗产遭到了破坏，严重影响了旅游业的持续健康发展。同时，自然灾害和人类经济活动不当也会对旅游环境造成较大影响和破坏。

10.2.1 目前我国旅游业面临的主要环境问题

旅游环境是指旅游地影响旅游活动行为的各种外部因素，包括社会环境、自然生态环境、旅游气氛和旅游资源等。旅游环境问题指由于外界作用使旅游环境受到影响和破坏，使旅游者旅游活动的满足程度受到影响。目前我国的旅游环境问题主要包括旅游资源本体及旅游资源环境在开发利用过程中，因各种原因受到不同程度的污染、破坏；一些热点旅游地超额接待，旅游地卫生状况差；游客不文明旅游行为等。这些问题伴随着旅游业的发展越来越突出，其主要表现在以下几个方面。

1．自然原因导致旅游资源和环境的破坏

各种自然灾害对旅游资源和环境的破坏，主要指地震、洪涝、暴雨、冰雹、台风、尘暴、海啸、凌汛、风暴潮、山体滑坡等自然灾害的发生对旅游资源和环境的破坏。此类破坏一般比较强烈。

自然演变过程对旅游资源和环境的破坏。自然演变过程往往是一种缓慢的、连续进行的演变或风化过程，如长久的风吹日晒、寒暑变化、流水侵蚀、泥沙堆积、霜打雨淋、含有各种化学物质的空气腐蚀等，都会缓慢地改变或破坏景物的形态。例如，泰山以云集众多的名家石刻碑文而著称，但许多价值很高的刻文却因常年风化而模糊难辨。经石峪中，北齐人所书“金刚般若波罗密经”石刻共2799字，其字大如斗，苍劲有力，历代尊其为“大字鼻祖”、“榜书之最”，但却因千年风雨剥蚀，至今仅存1069个字，实为遗憾。

2．人类活动导致的旅游资源和环境的破坏

人为因素造成的旅游资源和环境破坏的现象十分普遍，有些破坏程度还相当严重。

1）因旅游资源开发建设不当造成的破坏。开发建设中，经常因只顾短期利益或某一方面的需求，发生“三无”（无规划、无计划、无设计）和“三乱”（乱分地、乱选址、乱建造）的现象，忽视了对景点的保护，使旅游资源发生退化、变质，旅游资源和环境受到破坏。

2）由于“废水、废气、废渣”等的过量排放，使旅游资源和环境受到严重污染，旅游环境恶化。

3）旅游活动本身对旅游资源和环境的破坏，主要表现为旅游者不文明旅游行为造成的对景物和旅游环境的破坏。在旅游区内，由于某些游客素质不高，随意形成一些破坏行为，如在景点内随意抛丢废弃物，在古迹建筑上乱刻乱划、涂抹，任意攀摘花木、猎取珍禽，甚至在景区内野炊野餐引起火灾等。在旅游旺季，游客量过大，人满为患，拥挤不堪，旅游地卫生状况差，旅游气氛丧失等。不少风景区管理部门缺乏对旅游资源和环境的科学管理，造成旅游资源和环境的破坏。

因此，在看到旅游开发利用在经济发展中的重要作用的同时，也要看到我国旅游业面临的主要环境问题：对资源造成破坏、对环境构成威胁等负面影响，积极寻求保护措施，坚持旅游业可持续发展的方针，促进旅游开发与环境保护协调发展。旅游业的协调发展也有助于改善产业结构，改变开发和利用生态环境的方式，减轻经济发展对环境和资源的压力，增强人民珍惜和保护旅游资源、环境的自觉性和积极性。

10.2.2　旅游资源和环境的保护措施

目前我国旅游主管部门与实业部门对旅游环境保护的必要性与迫切性均已形成共识，并采取了一定的措施。在政策制定方面，我国先后颁布了一系列关于环境保护与管理的法律、法规，不同程度地与旅游环境保护有关，初步形成了一套环境行政管制体系。在对旅游环境保护的实际工作中，还需加大旅游环境的保护力度，努力使中国的旅游业步入可持续发展的轨道。

1．健全旅游环保的法律法规和管理制度，加强对旅游环境保护的宏观管理

旅游环境保护和一般意义上的环境保护相比，涉及面更广、更复杂。立法部门应尽快制定出符合中国国情的旅游业发展的法律、法规和政策，为旅游业可持续发展提供法律保障。旅游环境保护工作应突出“防胜于治，防先于治”的管理思想，使旅游环境保护工作宏观地贯穿于旅游规划、开发、利用整个过程之中。

2．进行旅游开发的环境影响评价，做好旅游环境规划

在开发前对旅游开发活动进行环境评价，分析、预测建设与经营过程中可能造成的影响，提出相应的减免对策，把可能对旅游环境造成的负面影响降低到最低程度。旅游开发的环境影响评价包括旅游地环境承载力分析、旅游规模分析、开发活动对环境的影响识别、旅游过程对旅游环

境的影响分析等。

旅游环境问题产生的主要原因是人类经济活动不当，因此需要制定出具有科学性、严谨性和预见性的旅游环境规划，用于组织、管理旅游业及其正常发展，以防造成破坏旅游环境活动的发生，使旅游开发利用与旅游地环境保护之间协调一致，以保证经济和旅游活动持续稳定发展。

3．正确认识和发展生态旅游，实现主客共同参与管理

生态旅游是一种具有高度环境责任感，以保护自然环境并为延续当地居民福祉为己任且践于行动的一种旅游形式。旅游者与自然景观生态环境是一个协调一致、有机联系的整体旅游生态系统。生态旅游强调旅游者的行为有利于维持并促进旅游环境的生态平衡，具有明显的生态和社会效益。旅游环境保护需要政府部门、管理部门、当地居民和旅游者的共同参与，这对持续发展旅游业具有十分重要的意义。近年，由旅游者直接参与环境保护的乡村旅游、绿色旅游等生态旅游形式，在一定程度上解决了旅游与环保不能共存的矛盾，是世界旅游发展的新趋势，也是我国发展旅游的优选形式之一。它不仅丰富了旅游活动的内涵，拓展了旅游活动的外延，也有利于解决当前旅游环境破坏问题，有利于旅游活动可持续发展。

4．提倡文明旅游，杜绝旅游污染

游客的文明程度在很大程度上决定着旅游景区的环境质量。游客乱扔垃圾、随地吐痰、乱涂乱画、高声喧哗等不文明行为亟待改善，要加强对游客宣传教育，同时配之以严格的处罚规定，与不文明旅游行为告别。提高旅游者、旅游管理者的自身素质和可持续发展的意识，逐步形成文明旅游、科学旅游、健康旅游的社会氛围。

5．完整理解旅游产业，实现可持续发展

在国内旅游界曾一度流行“旅游业是低投入、高产出的劳动密集型产业”的说法，人们之所以会把旅游业看成是低投入、高产出的产业，重要的一点是没有把旅游资源消耗尤其是环境资源的消耗纳入旅游成本之中，从而忽视或歪曲了旅游成本的构成，低估了旅游的成本水平，虚增了旅游新创造价值部分。其实，旅游业是资源和环境密集型产业，实现旅游业可持续发展要培养高素质的决策人员、规划人才和管理人员。只有提高旅游从业人员的可持续发展思想和专业素养、提高其对资源环境的科学认识和对旅游活动过程的完整理解，才能引导现代旅游业向可持续发展的方向发展。

思考与练习

1．目前我国旅游业面临的主要环境问题有哪些？

2．简述旅游资源和环境的保护措施。

3．请你谈谈应如何做一名文明旅游者。

案例探究

案例项目：本地区旅游资源开发不合理（或旅游资源被破坏）的景点案例调查报告。

实施过程与要求：

1．搜集本地区旅游资源开发不合理（或旅游资源被破坏）的景点的相关资料。

2．在条件允许的情况下，到所调查旅游景点进行实地考察。

3．运用本章所学知识，撰写调查报告。

采取小组合作与个人学习相结合的形式完成调查报告。

教师指导：教师根据当地旅游地理环境的实际，事先让学生多搜集所调查的景点的相关材料，运用本章所学的知识进行分析和总结。撰写调查报告并在班内进行交流评价。

参考文献

程裕祯，等．2001．中国名胜古迹辞典．北京：中国旅游出版社．

梁明珠．2004．中国旅游地理．广州：广东旅游出版社．

庞规荃．2001．中国旅游地理．北京：旅游教育出版社．

徐岩．2006．地理．2 版．北京：人民教育出版社．

余琳．2009．中国旅游地理．北京：机械工业出版社．

邹海晶，等．2000．旅游地理（修订版）．北京：高等教育出版社．